漫漫从医路

叶启彬　著

中国协和医科大学出版社

图书在版编目（CIP）数据

漫漫从医路／叶启彬著．—北京：中国协和医科大学出版社，2011.9
ISBN 978－7－81136－535－1

Ⅰ．①漫… Ⅱ．①叶… Ⅲ．①叶启彬－自传 Ⅳ．①K826.2

中国版本图书馆 CIP 数据核字（2011）第 146644 号

漫漫从医路

作　　者：叶启彬
责任编辑：庞红艳　金孝华

出版发行：中国协和医科大学出版社
（北京东单三条九号　邮编 100730　电话 65260387）
网　　址：www.pumcp.com
经　　销：新华书店总店北京发行所
印　　刷：北京佳艺恒彩印刷有限公司

开　　本：700×1000　1/16 开
印　　张：22.25
字　　数：250千字
版　　次：2012 年 2 月第一版　　2012 年 2 月第一次印刷
印　　数：1—3000
定　　价：40.00 元

ISBN 978－7－81136－535－1/R·535

序

久闻叶启彬教授之名，未得晤面，有一次他邀我阅修英文稿件，畅叙之余，成为深交学友。在后续的交往中，进一步了解他的生平，感人肺腑，勉人上进。为此，我建议他将他的事迹编写出版一本自传，激励医务界（甚至非医界）人士奋力学习，不畏艰苦，报效祖国，为人民服务。日前，他送来传稿，并约我作序，欣然命笔。拜读传稿中，我对他的人生观、价值观，又有更深的感悟。

他豁达地对待人生的升沉辉昃，回思过去，追望未来，保持生命的潜力。童年的经历使他力排学理工的时尚，立志学医，淡薄名利，济世救人。在北京医学院学习时，竟至“舍文娱而取苦读”的境地。毕业后幸运地被分配到北京协和医院，获得精严的临床培训。他原是学俄语的，协医的任务需要英文，他又努力的“从头越”了一番。在湘阴防治血吸虫病期间，行走在田间路上，也寸金寸光阴地背诵英语词句。叶教授体会到，协医除了教会他很多医学思维与实践方法之外，还教会他怎样做人，使他一生受益。

由于他有坚实的骨科和英语基础，他被选派去加拿大师从名医 Armstrong 学习脊柱外科，他的认真负责精神和良好的表现，赢得业师充分信任和器重，结业时授予他渥太华大学骨科研究生证书。然而他心中怀抱的是学以报效祖国。

他遵循希波克拉底誓言和南丁格尔“仁者无敌”的诲导，以仁心仁术服务病人，很多病人家属将要施手术的亲人托付给他。他精益求精，不断探索，将临床的难题，通过相关基础科学结合临床的研究，创新诊疗方法，这就是他提倡的“临床－研究－临床”的途径。儿童脊柱侧弯，由于有发育生长的因素，以往的疗法需行多次手术，叶教授创制板棍矫正装置，解决了这一难题，得到脊柱外科界的广泛重视，并获得国内外的奖励，还有多本相关著述。

叶教授不仅是一位脊柱外科专家，同时还是一个好的全科医生。他曾接受派遣，冒着严重高原反应，翻越海拔 6000 米高山，奔赴西藏阿里高原。在这个严重缺医少药的地方，他做过剖宫产、眼球摘除手术，治疗过哮喘，消毒木匠的锯做截肢，用酒作麻醉整复肩脱位。这些感人的情节，提示了我国当前医学教育重“专科”轻“全科”的明显缺陷，也指引了有些“只有专家高”的同道们走出观点误区。

叶教授以不寻常的文学底蕴，流畅的笔墨，描述了他不畏坎坷，做一个人民的好医生。同时，也抒发了他远离家国时对妻儿的怀念。这是一本深值一读的自传。

最后，献词以颂：

才华出众　勤奋毕生　效民报国　诗意情怀

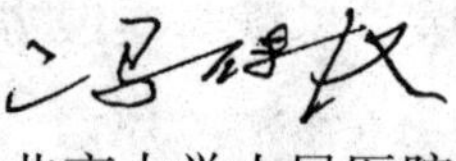

北京大学人民医院

自 序

从医 40 多年，旧事苍茫，岁月峥嵘，时也匆匆，人也匆匆。回首往事感慨良多。

人生像一篇优美的纪事长诗，有辉煌、浪漫，也有严酷的现实。岁月刻在你身上和心灵上的这些痕迹，是无法抹去的，正如刻在老树上的年轮，但回味已逝去的、经历过的人生，却能让自己感到生命的充实。我在摘记自己的医疗记事时，大多会兴奋，还不时会在心底里涌出一丝自豪，但也不乏自愧和忧伤……写着写着让自己悟到“人们应更早地，更经常地回味逝去的时光里那些最原始的梦，它能让你自洁身心”，即所谓：“悟已往之不谏，知来者之可追，实迷途其未远，觉今是而昨非。”（《陶渊明》），也能够多少激活自己的生命潜力，保持旺盛的活力。

人生也像演戏，既有开锣，也有谢幕，每个人都一样，有你发光、辉煌的时候，也会有谢幕和下场的时刻，一切都会变成一个历史的痕迹。所以人们不应过于计较那些已过去的所受到的不公，去做无谓的比较，因为世间一切事物，绝对平等是不存在的，应平淡对待一切，胜似闲庭信步。人们不必恋栈，也不必感伤，只要自己曾为人民做过一点有意义的事，就应该保持一种成功的心态而自慰，这时刻，就证明你已有足够的定力和行动的空间来控制自己

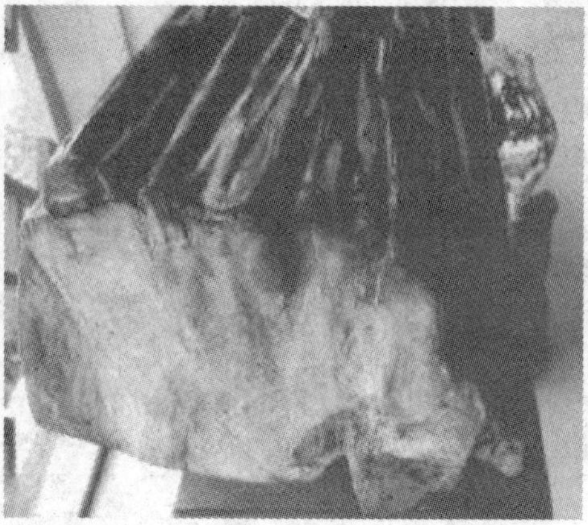

一亿多年前的古树化石，切面上年轮依旧

了，你的内心就会逐渐平静，生活就会变得更简单，更快乐。人到了60多岁以后，就必然会逐渐衰老，这是不可抗拒的自然规律，人老了，好多事情就会变得力不从心，人们大可不必再不切实际地想去再造辉煌，你想大展宏图也难以展翅了，但回首昔日的辉煌和坎坷，把成败的原因总结成宝贵的经验和教训，化作后人的财富，供后人借鉴，我想这是我们这些老头子，老太太应该做的吧。

祝福大家身体健康！

2011年秋于北京

目　录

引子 …………………………………………………… 1
从北医到协和——成长、进步与转折 ……………… 7
从艰难困苦中奋起 …………………………………… 15
我学英文 ……………………………………………… 18
留学加拿大 …………………………………………… 31
人生何时多别离 ……………………………………… 46
立志做一个人民的好医生 …………………………… 54
奔赴西藏阿里高原 …………………………………… 64
翻越昆仑 ……………………………………………… 68
高山昏迷——上阿里地区以后的第一次考验 ……… 73
1974 年，我“生”了三个女儿 ……………………… 75
在阿里，我当了一年的全科医生 …………………… 80
在艰苦工作之余，尽享阿里高原迷人风光 ………… 86
研究创新的思维 ……………………………………… 93
知识与知识——综合利用基础知识 ………………… 93
PRSS 闯入世界生长棒之林 ………………………… 94
病人的需要就是科研课题——我搞髌骨软化症的研究 …… 110
在越南经历 B－52 全面轰炸的日日夜夜 ………… 124
如何看好骨科门诊 …………………………………… 142
祛病强身之道 ………………………………………… 165
科学健身是强身之本 ………………………………… 165
头疼头晕的按摩治疗 ………………………………… 168
肩周炎的病人保健操怎么做 ………………………… 169
“落枕” ……………………………………………… 171
胸背部痛——肌纤维质炎 …………………………… 172
腰肌劳损的压痛点及保健与治疗 …………………… 173

老年人多做仰卧起坐好处无穷 …… 176
仰卧挺腹操给脊柱带来的诸多好处 …… 178
椅子操治颈背腰疼的理论与实践 …… 181
“老寒腿”——膝关节骨性关节炎的防治 …… 183
练好臀中肌，防止老年人股骨颈骨折 …… 186
颈椎病的牵引治疗 …… 187
盘膝、提臀、提肛操 …… 189
为了你的健康，一起去健走 …… 191
两岸同根情意浓 …… 195
推进祖国统一，客家人不能缺席 …… 228
从协和医院到武警总医院 …… 230
转移阵地 …… 230
心系残疾人 …… 247
人生感悟 …… 258
学会感恩 …… 258
同学情 …… 261
随遇而安和知足常乐 …… 267
夫妻之间相处要学会宽容 …… 268
修炼平常心，活得更潇洒 …… 272
做叶老秘书6年的感悟——曹燕自述 …… 280
报刊文章选登 …… 284
著名骨科专家叶启彬 …… 284
中德医生交流宝贵经验 …… 292
“后乐”教授——记骨科专家叶启彬 …… 293
叶启彬攻治膑骨病 …… 296
我国矫正脊柱侧弯手术不再昂贵 …… 297
让孩子们长正长高 …… 300
“翅膀”女孩来京手术 …… 303
后记 …… 307
照片选登
向老前辈和精英们学习，记住他们的教导和帮助 …… 309
国内外学术交流——相互学习，朋友遍天下 …… 314

引　子

退休后，伟人作传留传后世，名人作传给予“粉丝”，吾乃小人物，不在伟人、名人之列，只想将自己作为一个医生的成长过程及医疗实践的点点滴滴记录下来。如果我的病人看了，能说当一个医生也真不容易，也算为医患沟通做了一件小事；如果后辈同仁看到一位不知名的老医生的从医足迹，能省悟到：要想成为一名比较受人欢迎的医生，不仅要有志气，还要奋斗，要作出牺牲，更要不断修炼自己的仁爱之心，则吾愿足矣。正是：满纸闲碎语，浸漫汗泪味，把此话世人，为医岂容易。

萌志：六十多年前的一个晚上，在南方的一个大雨滂沱的夜晚，一盏昏暗的油灯照着一户农家小屋床上的一个昏睡着的小女孩，两颊通红，鼻翼扇动，旁边坐着一位小学教师模样的男子，满脸愁容，不时向大门口张望。“劈啦啦!”耀眼的闪电伴着一声炸雷，照出一对在路上头戴斗笠裤脚高卷的母子俩，他们行色匆匆，急急忙忙赶到江边。雨后暴涨的江水汹涌澎湃，对岸轩江亭下拴着的一叶木舟，在上下颠簸着。“撑船阿哥……”“阿钧哥……”母子二人齐声呼喊。亭上没有灯光，也没有回应，一阵巨浪击打在礁石上，掀起一片浪花，也击碎了他们过江请医生的希望，他们是病孩的母亲和哥哥——年仅9岁的我，“看病难”就这样牢牢地印在我幼小的心灵里，想当一个医生，济世救人，也在此刻蒙眬浮现。

又度过了一个难熬之夜，妹妹已经两天高烧不退，邻居老阿婆贤伯姆过来探问病情，她说:“莫非孩子得了猪毛疔，干吗不用鸡毛水给她刨一刨?”，“是啊！我们为什么就没有想到!”父母异口同声地说，随后就赶紧去宰杀一只大公鸡进行准备。“猪毛疔”这个亦正亦邪的“诊断”至今还在我老家老人里流传通用着，它泛指无名高热，认为是中了邪或一种说不明白的“蛊虫”侵入人身造成的。不一会儿父母拎着半桶热腾腾的宰鸡水，把鸡毛捞出来用大白毛巾包上，蘸上热水不断在妹妹全身“刨挫”，直到皮肤发红，贤伯姆和我爸爸、妈妈还不断在昏暗的光线下查看白毛巾上有无被赶出来的“猪毛疔”，终于在白毛巾上出现了几根闪烁着些绿色光彩的“鸡毛绒”样的东西，贤伯姆说:“好了，可以了。”其实我看这不过是二根较硬一点的质量较好的“精品”鸡绒毛，穿透出来粘在毛巾上罢了。经过处置后，妹妹的高热奇迹般退了，又喝了点鸡汤，身体一天天康复起来了（现今的西方人依然用喝鸡汤治感冒，可能是借用了我们祖先的经验）。这其实是古老的热水擦拭退热法起作用，是我们的祖先——客家人，在远古辽、金、元时代南迁时，从中原带到我们梅县老家的。这可能是现在仍在医院应用着的“物理降温法”的起源，只是我们老家的人们赋予了它神秘的色彩。在我的幼小心灵里，对医越来越感兴趣，许多医生行医的事我也喜欢听、喜欢看，虽然有些方法看起来莫名其妙。例如，我邻居大哥摔伤了，跌打医师看后，指示要赶紧喝童子尿驱伤，大嫂拿着碗到处找小男孩，吓得害臊的小朋友四处逃跑，非得大人强迫着才在碗里尿上一泡，大嫂感激地赶紧拿回家让大哥趁热喝下。也听到当时老医生拿红包的笑话，说的是：城里来了一对夫妻要看不育症，想要孩子，递上红包（当时去看医生，坐下来后得先递上红包），医生一边号脉一边斜眼窥看红包，见红包不厚就草草开了方子，等病人离去后，老医生打开一看，薄薄的钞票里面夹着一枚金戒指。就赶紧叫回病人重开方子，至今仍传为笑话。这算是我上的最早的一堂“医德教育”课，老百姓心里有一杆秤，拿人家的总会遭到人们的厌恶。稍后镇上出现两家西医诊所，一家由军队退役的罗卫生员开办，他自学成材，为人谦和，随叫随到，经常骑自行车出诊，只要听到自行车铃响，我就赶紧跑去“见习”，饶有兴趣地看着他锯“安瓿”小瓶，用酒精灯将小铝盒的注射器煮沸消毒……另一位是大学毕业的李医生，医术较精湛，但派头大，不像罗医生那样随和，老百姓更喜欢罗医生。老百姓对医生的期望至今仍时时在鞭策着我。

立志：童年的一些经历，在我心中形成一个做医生的念头，“不做良相，便做良医”，立志要做一个受老百姓欢迎的医生。在当时社会上认为医生职业是铁饭碗，哪个朝代都需要，这是家里鼓励我学医的一个社会因素。高考报考志愿时，我一直隐瞒着考医的想法，因为当时考医、农属“第二类”专业，第一类专业是理工科，要考数理化，一般成绩较好的同学都去考工。直至分班复习时，班主任在考一类学习班里不见了我的身影，一问同学才知道我这个成绩较好的学生考医去了，非常不满意地说：“乱弹琴，叫叶启彬来找我!”我紧张地来到他的办公室，班主任说：“为什么不考一类?你知不知道国家需要一类人才?”我愣头愣脑的说：“国家也需要二类人才呀。”班主任听到这近于顶人的回答，气得马上涨红了脸，但还好他没有发火，很有修养地让了一步说：“那当然，但国家更

广东东山中学第四十三届高三甲班全体同学留影

需要一类人才，你自己考虑吧。”但我还是痴心地坚持把所有志愿全部填写上医学院医疗系，只报了一个华南师院生物系（因为当时人们不想当老师，所以学校规定，考生必须报一个师范志愿）。当时，我第一志愿是中山医学院，其他报的所有学校都是未过长江的（因为怕冷），班主任又不满意了，因当时中山医学院还不是国家重点院校，我只好说：“那您帮我点一个吧。”他在我的志愿草稿上，用红笔批上北京医学院。

天从人愿，我被第一志愿录取到北京医学院，父母送我到县城，这是我第一次出远门，带着对家乡、对亲人的眷恋经广州北上，从南方坐火车经三天三夜来到遥远的北京，我在前门火车站下车时，适逢医学院马旭院长前来视察新生接待站工作，我就坐上马院长的小车和另一位保定来的女同学一起来到学院（哈哈！坐院长的小车去学校报到，接待规格不低！）。

进了北京医学院大门，看到美丽的校园和热情的同学，激动之情无以言表，乃赋小诗一首自励：

党惜贫儿才，相召入京畿；
父替理文夹，母为缝寒衣；
爷爷怜孙寒，异国寄毛衣；
负笈行重行，纵横千万里；
八方群英杰，风雨一堂聚；
磨研苦读书，以报众恩义；
不图为名相，但愿作良医。

在上北京医学院前，父母和我合影留念

励志：我如愿进入了北京医学院这所高等医学学府，这里学习条件很好，又受到周到关怀和照顾，我暗下决心为祖国医学事业拼搏，做一个人民需要的好医生。从课堂到医院到工厂到农村，毕业后，我踏上了从医的漫漫长路。足迹遍布全国二十几个省市地区，改革开放后又走遍了大半个世界，到过 30 多个国家进行交流。虽然学习工作

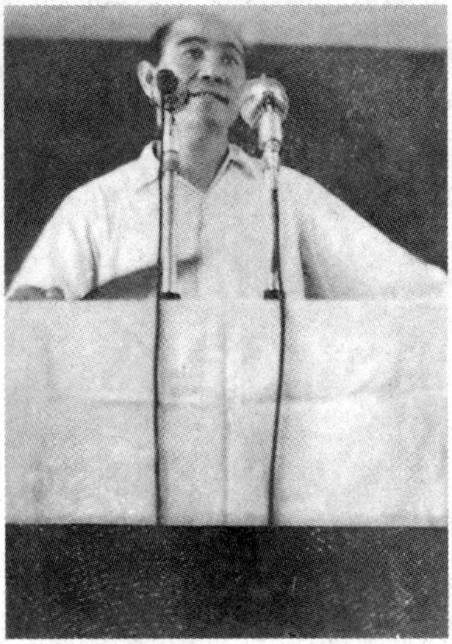

马旭院长号召新生献身于人民保健事业

条件越变越好，也经历了许多风风雨雨，但我自己仍然甘之如饴地坚持着自己最原始、最纯朴的医者理念，做一个老百姓需要的好医生，坚持病人利益第一，不断修正自己的不足。葛洪在“抱朴子·尚博”中说“德行文学者，君子之本也”，古训也，他告诉我们，要注意医德修养，才能成为淡泊名利的君子，保持毕生献身于人民保健事业的宏志，并能根据医疗事业的需要，不断有所发现，有所发明，有所创新，愿吾侪共勉之。

跨过状元桥，北上北京医学院

母校情怀：

当一只脚踏上状元桥端的土地，
离别母校的时刻就已经来临。
母校啊！
我们就要登程去异地他乡，
让我们再回头凝视一眼，
留下那无限的眷恋！
弯弯的周溪水啊，
苍劲伟岸的英雄树，
和老师们慈祥的笑容，
一直荡漾在我们心里。
不管我们走到哪里，
无时不感受到，
从“书院”大门涌出的暖流，
在吹拂着我们！

1959 年 8 月

从北医到协和
——成长、进步与转折

我不大聪明，但我比较勤奋，我相信勤能补拙。

踏进医学院的大门，就感到医学的未知数太多了，在医学科学领域里没有一条平坦之路可走，要想精通一门专科知识，更非易事，想在前人未曾涉足的领域里走出一条路来，能够有所发现，有所发明，这更谈何容易。

刚进大学目标还不明确，反正看到书上的东西感到很新鲜，就想多读一点，如饥似渴地学习。书读得越来越多以后，逐渐感到脑子里积存的知识越积越厚，融会贯通以后，就会产生智慧，你就会变得越来越聪明。人一旦沉浸于知识领域，就会进入另一个天地，这天地的丰富能给人以充实、快乐和满足。

我在北京医学院学习的时候，就喜欢读书，假期和周末基本上是在教室和图书馆里度过的。我不愿浪费任何一分一秒，记得当时学校晚上经常开舞会，我们组的女同学比男同学活跃，一有舞会，她们就忙着派对安排，下课前小纸条就递了过来，X 女邀请 Y 男参加晚上的舞会。我和伍赞群两个客家佬就匆匆吃完晚饭，背上书包提前“突围”，等到女同胞来到我们宿舍前来“围堵”时，我们早已逃之夭夭，气得她们跺脚大呼："真是一对干面包！"

在国家向科学进军的感召下，北医的老师们干劲冲天。他们热爱教学，自编教材，将渊博的知识和科学的思维，都贯穿在编写的讲义中，上课的时候将各门学科之间的联系，都做了非常充分的阐述，这培养了我和我的同学们不满足于课本上的知识的习惯，课下复习完老师讲的知识后，还要花很长的时间去思索这门学科和其他学科之间的联系，去翻阅参考书，拓宽知识面。

我在学习时从不偏废某一科，连妇产科、中医我都学得很努力。我读起书来可以说是如醉如痴，偶有所悟，便欣欣然，自得其乐。这些"所悟"，现在看起来都是很肤浅、幼稚的，但养成这种习惯是好的。可是，我的这种行为在当时却并不被看好，轻者被讥笑为不懂得生活，重一点被视为是"白专"倾向。

我还记得在当时进行过相当长时间的关于"红专"的教育，学习陈毅在《中国青年》上的一篇文章。他生动地用飞行员开飞机来比喻红与专的辩证关系，大意是这样说：一名飞行员如果没有飞行技术，就开不动飞机，但如果你没有正确的政治方向，就会把飞机开到别的国家去，两者不能偏废。当时学校却提出"红"要统帅"专"的口号，但如何"统"呢？实际上这种脱离实际的纯理论的辩论，越辩越糊涂。虽然每次的政治运动告一段落以后，都会按照会议组织者的愿望，得出一个满意的总结，但我心中却始终保持着对专业知识的渴望，没有放弃。但在当时的环境里，并不感到轻松。我不习惯和不善于在大小务虚会上作一套一套的政治理论的发言，甚至在会前要打好底稿，可在会上一发言还是会脸红。自己常常感到在政治上有被边缘化的压力，刻苦学习并不被认为是好事，像是偷偷摸摸的行为，甚至觉得背后好像有双眼睛在盯着，这种感觉让自己很苦闷和彷徨。我本来活泼的性格逐渐淡褪了，让我内心充满了自卑感。好在我所在的三组是个很温暖的集体，我和组长伍赞群、蒋建渝、王茂斌和已故的颜南生同住一个房间，直到实习时才分开。后来又加入了姚树印、万黛、肖荣、张之生、何楚盈等同学，男女同学都始终关心我在"红"方面的进步，女同学还在生活上给予我很多照顾，帮我补衣服，织毛衣，缝被子等等。一次我感染了蛔虫，阵阵腹痛，真是华佗无奈小虫何！黄碧玉就不声不响地到协和给我买了当时非常紧缺的驱虫药，解除了我腹中之痛。组里

三组是个温暖的集体

如花的女同学都有一副好心肠

还安排我当文体干事，让我在为集体做事的情况下锻炼，并没歧视我。伍赞群还经常说：叶启彬的出身经历不会往坏的方向发展。姚大哥（姚树印）一天到我宿舍，无意中翻开我刚入学大一时，考试全优的成绩册和一首满怀豪情的小诗，就深情地对我说：“启彬，这样多好，你应该继续保持这样的情绪和精神。”这些话语都很令我感动。正是有了同学们的支持和鼓励，使我能够在困难的时刻坚持不懈地学习，并在心中始终保持做一名好医生的愿望。

爱因斯坦说："世间最美好的东西，莫过于有几个头脑和心地很正直的朋友"，我很幸运自己身处温暖的三组里。当时自己还常用王勃的"穷且益坚，不坠青云之志"来激励自己，告诫自己不管多么艰难困苦，不可轻言放弃，否则将一无所成。

我和伍赞群

这里更要提到的是我们北医的尊敬的师长们，他们十分赞赏我们在学习中的求知欲和钻研方面的进步，鼓励我们向更深层发展。正如我们班两位院士同学高润林和陈鼎说的，我们的老师不仅教会了我们医学知识，而且还教会了我们利用这些知识的思维和方法，他们给我们的是垂钓的渔竿而不仅仅是一两条鱼（摘自张之生《我的大学生活》）。老师们很支持我们活跃的思维，记得在病理生理科实习时，我们在实习报告里，用学习到的比较丰富的生理、生化和药理等方面的知识，去解释病理生理的实验结果，使得带教我们实习的老师（大多数是从各地医学院校来进修的讲师）无法批改我们的实验报

老三组全体，前排中为黄碧玉

姚大哥

告，所以学校里换上了给乙班讲课的资深的讲师带我们实习。他兴奋地对我们说："听说你们思维很活跃，我愿意与你们一起探索"。我在一次阅读病理生理李秀琴教授的讲义时，看到其中有一段写道：皮肤的黄疸是由胆红汁穿透了血管壁渗透到皮下形成，但是在胆红汁穿透血管壁时，是胆红汁的直接的化学刺激作用呢？还是通过神经的反射作用，使血管壁的通透性增加？这个问题还没有解决，我就在实验报告的后边附上对她讲义的一点小评论，认为可以通过离体的动物肢体实验来解决这个问题。利用在药理学里学到的激素能够减少血管的通透性，利用在生理学里学到的对离体肢体的坐骨神经刺激的实验研究方法，设计了一个实验计划：用离体肢体来做实验，去神经支配加强的松一组，有神经支配加激素一组，加上一个对照组，这样就可以研究究竟是胆汁的化学作用起主要作用呢？还是神经系统在起主要作用。我这样一个很幼稚的实验设计，居然受到了老师的赞赏，她说："你的想法很好！"并告诉我，当时临床上确实已经有人在应用泼尼松减轻重症黄疸病人的症状，她还托人捎话给我："欢迎你考我们病理生理的研究生。"

我毕业实习的时候，被选送到北京协和医院实习。我自己至今还不知道，怎么会选我到协和，因为按照当时的标准，我并不是一个出类拔萃的学生，可能是姚大哥和伍赞群他们在背后研究决定的（至今他们之中没有人明言）。去协和学习，是

高润林

陈鼎

有点代表学校去进行国家级考试和教学质量检查的味道，我们北京医学院同学（我和彭玉，邢文庭，张宏誉，林本耀，程玉芳，孙心铨，顾玲华），以及中山医学院，上海医学院分别派来的 8 名学生（5 男 3 女），和协和医学院的学生一起进行实习和考试。除了在临床实习，期间还连续进行了外语、基础课、政治时事的考试。

北医组和潘瑞芹教授及刘辅导员合影

协和医学院是我国著名的高等医学院校，协和医院是一所很有名望的医院。当时人称协和有三宝：第一宝是教授，协和有许多治学严谨的很有成就的老师；第二宝是有很好、很规范的病历，是几代协和医生辛勤总结出来的；第三宝是图书，当时协和图书馆是亚洲最大的医学图书馆，医学图书对全国开放。

在协和实习的时候，我感到他们的教育方法与北医有许多不同之处，协和鼓励医生和学生大胆地发表意见，鼓励你提出比别人更新、更多的东西——实际上是在鼓励竞争，有一种无形的力量让你不敢也不能偷懒。正因为如此，协和能在过去几十年里培养出许多优秀人才。也就是这个原因吧，协和在“文化大革命”中被批判为“资产阶级大染缸”。

外科组和王桂生合影

在协和，我在刻苦学习时无所顾忌，所付出的努力还会处处受到支持。如我在实习的时候，我头一天去看门诊，开了 X 线片以后，我渴望知道结果是什么，以提高诊断能力，就经常准备个小本子，把名字都登记下来，第二天我就到放射科去查阅门诊放射科的报告，看诊断是什么。放射科的技术员如唐奎福、张春芳、老关等，他们都不认识我，但他们会表扬我："你是哪个学校来的？好样的！我帮你找。"

在协和实习的一年里，我的知识得到了进一步的升华。与当时其他学校来的同学相比，在分析和解决问题的能力和为病人服务的精神等方面，一点也不差。通过医学实习社会实践的检验，我感到自己基本上是及格的，能被社会接受，这也使自己进一步坚信，过去自己走的路子基本正确，所以丢掉了许多的自卑感和压抑感，又逐渐地变得活泼起来。

协和让我获得一个更开阔的心胸，协和的很多风格，至今还在我的医学生涯里面起着很大的作用。例如，在协和做每一件事都是很严谨的，上级大夫要求你做每一件事不仅要知其然，还要知其所以然。记得刚到协和在外科手术室为病人消毒铺巾时，铺了四块小治疗巾以后，没有用巾钳把这四块治疗巾同皮肤一起夹紧，因为当时许多医院，流行一种错误的认识，认为这样做会夹坏皮肤的，手术室的护士长曹玉华在一旁就说："叶大夫，你错了，你应该用巾钳将治疗巾夹在皮肤上。"我说："好，我赶紧改。"这个时候主治医生

北京医学院医学系 1965 年毕业生合影

费立民大夫进来了，他就问我："叶大夫，你知道为什么要把巾钳将治疗巾固定在皮肤上吗？"我愣了，回答不上来。"我告诉你，因为如果用巾钳只夹住这四块治疗巾的话，那么你在手术过程中，四块治疗巾可能会整体向上或向下移动，这样就把脏的东西带到伤口来了。"我终于明白了。当然现在有护皮膜，就不存在这个问题了。一件小事情就看出协和对培养人才的严格要求。

在查房的时候，如果年轻医生要开展一个新手术、新疗法，可以在会上提出来，他会得到上级医生的支持和鼓励。但是，上级医生会要求你要好好地多读几篇文章，了解它的治疗机制是什么，你用的改进方法的机制是什么，你这样做了以后会不会带来新的合并症，新方法在国外随诊了多长时间等，让你充分地准备后，才去进行新的尝试。这些东西在我以后的医学生涯中，一直发挥着重要的作用，它告诫人们不要盲目追新，国外新的东西虽然值得学习，但国外新的东西不一定都是好的，你一定要把它了解清楚了，要对病人负责。

我在这里要深深地感谢北医和协和两所学校的老师和同学们，是他们将我扶上了医学的正路，不仅教会了我很多的医学思维和实践的方法，还教会我怎么做人，这些都让我在以后的医学实践中受用无穷。

北京协和医院 1964～1965 年实习生毕业合影

从艰难困苦中奋起

20世纪80年代，是中国大陆改革开放的初期，百废待举，医学领域也不例外。当时来访的欧美的医生、医学代表团，都要到代表中国医学水平的协和医院来看看。其中不少代表团是有一定水平的，他们给我们做学术报告，让我们开拓了眼界，感到必须出去学习人家的长处，但也有一些代表团的代表是带着无知、偏见与傲慢而来的，在他们心目中，中国的医学只是Acupuncture（针灸）、Herb medicine（中草药）而已。有一次在国庆期间，有个美国代表团，点名要在十月二号的上午来协和医院参观骨科，并做学

PK Chen在我院报告，我当翻译

术报告，我们只好放弃了假期的休息，并且把骨科的进修生、实习生都找来凑数，以免场面冷清。美国代表团一行三人，西装革履，气宇轩昂地来到。王桂生主任带着我们接待了他们。先到我们骨科病房转了转，参观一下。在参观的过程里，他看到我们病房里，有人工关节的病人，也有各种脊柱外科的病人，他们显得有些不自然了，可能是感到他们的报告拿不出来了，就讪讪地对王教授说：“你们的水平很高啊！我们今天不是来做学术报告的，是来和你们交流如何培养住院医生的。”（调门降了）。到小会议室以后，打开他们带来的幻灯片，“哇哈！”原来这只是我们给医学生讲课水平的，关于椎间盘治疗的幻灯片，他们下不了台了，一再说：“我今天只是和你们交流交流住院医师和医学生培养的。”（调门近一步下调了，哈！）。他指着一张椎间盘突出的脊髓造影的幻灯片对我说：“这个问题，我想请坐在后边的实习生来回答，你们看见有什么不正常的表现吗？”没想到我们来自北京协和医学院、北京医学院和中山医学院的几位同学很争气，他们用英文流利地回答了幻灯片上所示病变的一些表现，没给他台阶下。临别的时候，他们的“团长”对王教授说：“你们学生的水平也很高啊，我愿意把我们的学生也送到您这

20世纪80年代初，著名美国脊柱外科代表团访问我院

里来培养”。

1982 年和王桂生教授在美国丹佛，参加 SRS 会议

还有一次，一个日本代表团来参观做学术交流，一阵寒暄之后，会议开始，日本的一位教授说：“我可以用英文演讲吗？”我们说：“可以。”英文演讲开始了，但他的英文水平也露馅了，在一些疾病的英文名词上，他结结巴巴地念不下去，在我们的乐铜教授几次帮他纠正之后，他才顺利地念下去。他脸上微微发红了，尴尬地说：“我还是用日文演讲吧，让我的翻译给大家翻译。”没想到他带来的翻译小姐对医学一窍不通，多亏我们懂日文的王维均教授不断地给她纠正。这两件事让我们触动很大，难怪人家傲慢，这十几年我们落后了嘛！感到只有将我们自己的国家建设强了，我们和我们的子孙才会得到应有的尊重和公平的待遇，民族自尊心的战鼓在我们的心中敲响了，我们必须奋起直追。在我得到了去加拿大学习的机会时，虽然已年过四十，但我依然拿出当年在北医学习时艰苦奋斗的精神，拼命地学，希望能学到一些有用的知识来报效祖国。

我学英文

英文本来只是一种语言工具，但没有料想到，我学英文会有那么多纠结。

初试英文

我在小学三年级的时候，记得当时我们小学的校长突发奇想，在我们学校的五、六年级高小开讲英文。我很好奇，就和一些小伙伴趴在高年级班的窗户外面偷偷地念。调皮的小学生们念着念着就走调了，还记得当时有些淘气的小学生，把刚刚学会的英文编成中英文混合的、俏皮的顺口溜："I am 上街 look girl，look 了半天，也没有 look 到一个 beautiful"。在校园里到处大声嚷嚷，让老师又好气又好笑，英语课就这样不了了之。这就是我的英文启蒙，之后很长一段时间我就跟英文无缘了。

学习俄语走了六年的弯路

广东梅县东山中学本身是一个英文水平很高的高中，是一个教学质量很好的全国重点高中，可当时在向苏联一边倒的政治环境下，全国大多数地方都赶时髦学俄语，说是学习苏联老大哥。上海地区就比较精明，他们不反对学俄语，但拿出一个政策，可以选读俄语，也可以学英语。我的北京医学院的同学们，在高中时期选读英文的蒋建渝，朱国英、颜南生等同学，到了大学以后，继续深造英语，所以他们的英语都很棒。我就苦了，俄语念到大学三年级，下了不少工夫。二十世纪六十年代困难时期的寒假，为了学俄语，跑到没有暖气的小教室里偷偷地读俄语，冻出了风湿性关节炎。后来证实俄语在医学领域里，没有多大用处。

改换炉灶学英文

1965年，我被分配到协和医院以后，我们的上级医生就告诉我，协和医院是英美派的，俄语根本没用，你想要在协和立足，就得学好英文。我刚开始还有点舍不得丢下俄语，可到图书馆一看，书架上只有零星地摆着少得可怜的几种俄文杂志，放俄语专业书的架子上，书就更是少得可怜，一个书架都没有摆满。于是我就下决心改学英文了，我找到和我一起分到协和的神经内科的杨荫昌同学，他学的是英文，我让他教我英文音标的发音。他一边教，我一边在旁边注上各种各样的符号，来帮助我记忆音标。这样的方法是老师最不提倡的，因为用这种注音方式学会的音标，发音是不准的，这就是为什么我今天英文发音不好的原因，因为一开始学习的时候，根就不正。就靠这样一种不标准的方法，我开始苦读英文。一次在外科门诊开诊之前，我和姜永金医生在吭哧吭哧读英文时，正好被外科一个女医生陈梅玲看到。她的英文很好，人也热心肠，她就对我们说，她家里没事，可每天早上早来半个小时，教我们英文。我们去买了一本谢大任主编的《医学基础英语》，开始了我们正规的英文学习，可是一个月才学了十几课，我们新分到协和的医生，全部下乡参加社会主义教育运动，我失掉一个学英语的机会。

地下英文学习

我到了湖南湘阴，参加中央卫生工作队。当时我们的任务是如何防治血吸虫和改造当地的公社卫生院，培训赤脚医生，我还任一个公社医疗组的组长。当时的医疗任务很重，还要学习政治，搞血吸虫防治调查。因工作需要，我还开始认真学习毛选，学习突出无产阶级政治理论等政治学习小册子，一边学一边画上小杠杠。因为是政治工作需要，要跟当地的医生做政治学习演讲，这样，我的政治理论水平得到了“空前”的提高，所以我当组长时，所写的每月一期的工作简报，水平还不错。

因为深知日后英文对我的专业有用，所以在有空的时候，我也不忘抓紧时间偷偷学习英文。我把陈梅玲医生教过我们的那本初级英文教材带下去，反复地读，一边读一边纠正发音，熟悉音标。我学习当时英雄人物雷锋与欧阳海等人在学习毛选时所倡导的“钉子”（坚持）和“楔子”（挤）精神，用这种精神去挤时间，去坚持不懈地学习英文。我把英文单词和句子写在小纸片上，装在口袋里，在步行去巡回医疗时，在外出开会没有人同行的时候，我就把装在口袋里的小纸片拿出来，一边走路一边默默地背诵单词和句子，这样还可以减少走路带来的疲劳。就这样，一年多来，在湖南湘阴的田埂上，湘江的大堤上，留下了不知多少我学习英文的足迹。这事情在当时是需要高度保密的，让人知道了可不得了。当时是在“文革”初期，极“左”思潮泛滥，学习英文会被认为是崇洋媚外。我们有些老师说惯了英文，偶尔会冒出一两句英文，就被说成是“放洋屁”。当时还流行一句极左的话:“不念 ABC，照样干革命”。我们队里有一位原来是留苏的预备生，他俄语比较好，为了不忘记俄语，他带了一本俄语版的《毛主席语录》学俄语，遭到了开会批判，说他是借故学俄语。当时的批判会上，我记得有很滑稽的一幕，我们这位老蔫大夫就是不买账，他对会议组织人说:“你们大方向错了，当前的任务是批判走资本主义道路的当权派，我是资本主义当权派嘛？我是一个小小的刚毕业的住院大夫，你们斗错人了。现在要铲除的是封、资、修的毒草文化，我念的是毛主席的红宝书，虽然是俄文的，难道不是中国出版的吗?”搞得批斗会开不下去，最后只好不了了之。而我当时在工作上、医疗上干得都不错，保密工作也做得好，我是工作、政治学习、外语学习三不误，所以没有遇到麻烦。这一年下来，把谢大任主编的《医学基础英语》上册熟练地念完了，为我以后的英文学习打下了基础。

结束了一年的下乡社教运动，回到医院，当时医院里“文化大革命”正是热闹的时候，我所在的战斗队“反帝公社”很有战斗力，经常写出很有“战斗力”的大字报。当时为了写出有水平的文章，我们还通读了毛选，学习鲁迅的杂文。写的大字报内容比较犀利，论述比较透彻，贴在墙上常常招来很多的围观者。我和郎景和大夫同住一室，志同道合，大字报不少写，英文学习也秘密地坚持着。为了不被发现，我在窗户玻璃上贴上不透明的黑纸，念英文的时候，用细纸条把钥匙孔堵上，然后再开始学习英文，这样的地下英文学习运动坚持了数年，颇有成效。

从地下活动到公开英文学习

一直到了“文革”后期，为了联美抗苏，减少两面作战的压力，毛泽东结束了抗美，邀请尼克松访华。此后，中国的大门打开了一个小缝，好奇的外国人到访中国内地的越来越多。这些“洋人”看病，大多数是到协和医院的，英文又开始吃香了。当时医院发生了一起大夫不懂英文，看病闹出大笑话的事件，给当时的医院领导很大触动，他们这时才大彻大悟，才大力支持学习英文，说：“我们的革命的接班人也要学懂外语，这是干革命的工具。”原来，有一天，协和外宾急症室来了一位美国的女外宾，因为腹疼到协和来看病。内科大夫先看过之后觉得像是阑尾炎，请普通外科的大夫来会诊。这位普外科的大夫一点英文都不懂，当他到达会诊室的时候，恰好懂英文的护士长不在，内科大夫又出去了，就剩那位美国病人在床上躺着。他进去翻开病历一看，哦，是会诊除外阑尾炎，他不懂英文，不会打招呼，就撩起病人的衣服，在她肚子上摸了几下。因不会讲英文，没办法再看下去了，在她肚子上摸了几下就走了，等护士长回来，那病人大发雷霆：“刚才有人摸我的肚子啦！他是大夫吗？”这是一个真实的笑话，所以医院又开始盛行学习英文。到 1973 年，中央广播电台也开始开播英文课程了，我从微薄的薪水里面抽出几块钱买了一个小耳机子，每天跟着中央广播电台课程跟读。我的英文学习终于从地下转到了阳光下，这就是我学英文的曲折过程。

成年人阅读英文

对于成年人，如果能够在短时间内集中学习一批类同内容的英文文章，比较容易和不费力气地记住单词和句子，这是我在西藏阿里医疗队时，学习英文的一个小体会。1974 年我到西藏阿里医疗队时，英文有了一点基础，借助字典能阅读一些短小的英文文章了，但是还是非常艰苦的。我上山时，带了字典和一本英文的骨科小册子《Fracture，Dislocation and Sprain》。我开始翻译、阅读这本书里的骨科知识。开始翻译时，每一页都有几十个，上百个生词。我头天晚上先查好课文中生字，记在本子上，还要挨个标上音标，因为我还要练习发音啊。然后，第二天早上五点多钟，在我们被日出而作的藏族民工的“哼哈，哼哈”的劳动号子叫醒以后，就爬起来大声地朗读英文课文。我们朗读英文的声音和藏族民工为了减轻在劳动中缺氧而发出的“哼”、“哈”、“嗨”声混成一片。我们就这样每天早上反复地念课文、生词，每天重复复习，一个礼拜以后再来个大复习。通过这样艰苦的反反复复，坚持把骨科的小册子通读了两遍，念第二遍时就感到生词越来越少。这样，没有专门费很大力气去苦背生词，慢慢地就记住了。

短期内反复地重复学习内容比较接近的英文文献，是成年人学英文的一个很好的办法。我回到医院以后继续用这个方法，通过写中英文文献综述的形式，查阅英文资料，学习英文。“文革”后期，一些骨科比较早开展的新课题，如间隔区综合征、腰椎管狭窄症、人工关节等课题，我都写了综述，有的在外科文摘杂志上发表了。这样刚好就可以把学英文、学习骨科新知识、学习外语写作三者有机结合起来。刚开始念第一篇论文时，生词很多，一篇论文念过之后，在它后边有很多文献索引，把有关内容复印下来，再继续念，越念生词越少，念上十几篇文章以后，不认识的生词就不知不觉记住了。文献内容熟读之后，我就开始写中英文的综述。

在措勤县期间，一次偶然的机会，我在县妇联主任兼管的小新华书店里，无意中发现了一本薄冰编的《英语语法》，喜出望外，赶紧买下。所以在阿里时，我还抽时间学了点语法，在学习时，不时请教内科的英文较好的潘孝仁大夫。在西藏的一年里，我的英文水平又得到了提高。

后排左一为潘孝仁大夫，背景为措勤县城

参加英文短训班

从阿里回来以后没多久，医学科学院开办了一个英文短训班，每期半年。当时的外科支部书记孙冠军来找我，说:“叶大夫，多年来领导叫你去做什么工作，你从来都没有推辞过，让你脱产你就脱产。现在有了好事了，也得想到你。支部想派你去参加一个英文学习班。”我大喜过望，终于得到了一个正规学习英文的好机会。

学习英文让我失眠

我参加了英文学习班以后，才发现，这是一个提高班，大多数学员都是在大学里学过英文的。他们来，是训练听力和提高口语能力的，我和李振林等同学属于“困难户”，都是原来没有基础，没有经过正规的英文学习的。

课程分成两部分。一部分是精读课，主要是讲课文和语法，由原来协和医学院的徐丽安老师主讲；另一部分是口语课，是一位美国归国华侨、外语学院的一位老师主讲。她上课的时候，一律合上书本进行讲解，她自己先读课文第一句，然后她教鞭指到谁，谁就得赶紧接着背下去，或者她念一句课文让你复述，所以让我们感到压力非常大。我们要将口语课的课文背诵到滚瓜烂熟，这样才能上口语课。

老师讲精读课时，虽尽量中英文结合，但也要每天先预习好课文，要查很多很多的生字，朗读多遍课文，第二天才能听得懂老师讲的课。我在饭桌边上的墙上，厕所门背后，都贴着英文的生词，连吃饭，上厕所的时间都利用上了。由于高度的紧张，常常让我失眠。我的老岳父沈恩森，是一位铁道部的高级工程师，他常常可怜我，帮我查查生词。他的英文学得好，是我的活字典，能脱口而出地告诉我生词的含义，但他的英文发音的音标和我们学的音标不一样，我还要练发音，所以帮我查生字还要帮助我注上音标。他送给我一个笔记本，上边题着字：“日毋忘其所无，月毋忘其所能”，意思是每天学习时，应想着自己什么东西都没有，要刻苦学习，一个月后要回头看看自己所学到的东西，又上了一层楼，要有信心，鼓励我好好学习，学好英文。半年时间的苦读，果然使我的英文又上了一层楼。

沈恩森，慈祥老人，高寿103岁

中国医学科学院脱产英语学习班第二期结业合影

学用结合，不耻下问

从英文短训班回到医院以后，医院领导说："学以致用，你们三个人刚学完英文，先到外宾门诊锻炼，把英文巩固提高一下。"其实看病的口语和普通的口语不尽相同，需要花时间去融会贯通。我们到外宾门诊以后，刚开始还离不开"拐棍"——外宾门诊的一位燕京大学毕业的老护士长陈淑坚大姐。

我备有一个小本子，随时记录一些英文问诊和英文看病表达方式的词汇，没事的时候，还翻看门诊常见病的英文教科书，将书中一些文字式内容改造成口语表达的方式，记录在本子上。遇到不懂的时候，请教行家翻译后，整理记录下来，甚至有时向病人请教。我在问诊的时候，有时需反复说一两次，病人才能明白，就虚心请教："我的英文不太好，刚才我问你的那句话，如何问你才能容易明白？"他们会说，你的英文已经不错了，会高兴地教你1~2个有用的词汇和句子，病人并没有看不起你，相反，对你更友好。一两个月后，我已经分门别类整理成了一个手册。例如，如何问疼痛，是什么时候开始疼痛的，描述疼痛的性质，疼痛是否放散，用何种方法缓解；还有如何问大小便和咳嗽等，还记录有如何带病人到检验科、放射科检查，如何和病人手术术前谈话、签字和各科病人的转诊证明、死亡证明、出院证明等，装订成小册子。2 个月后，我在门诊基本上能应付自如。

陈淑坚和其主编的《医院会话和病例摘要》

有一天，陈大姐感到很奇怪，和我一起同去学英文的几个医生，还在常常去找她当翻译，叶启彬医生怎么就不来了呢？就过来问及此事，我出示我的小本子，她翻看后表扬我：学习努力、刻苦、灵活。不久后，她湖南的一位同学的儿子要参加非洲医疗队，湖南的英文比协和更加不好，当时是 1981 年，“文革”刚结束，很难找到可供学习的任何医学英文书籍，这位“儿子”想起陈护士长在协和，就写信来讨要材料。当时协和也没有任何此类的书籍，陈大姐突然想起了我的小本子，就拿去修改后打印了一份寄去。事后她说:“叶大夫，这种书籍看来还是很需要的，编写一本书吧。”我说:“好主意!”于是，陈淑坚主编的《医院会话和病例摘要》一书很快问世，我参加编写外科的有关章节。本书的编辑得到了在华工作的外科专家大力支持，免费进行审稿，还做了录音带。此后，我们编的《医院会话和病例摘要》一书在很长时间内，是出国医疗队的必备书籍，新加坡还购买了此书的版权，在当地印刷出版。所以学习英文，你要抓住一切机会，敢说，在应用中学习改进，这样才能更快更好地提高。

在这里我要深深感谢在英文学习中教过我的老师们，特别是骨科已故的乐铜教授，他不仅和蔼可亲，为人正直，英文、法文都很流利，为我们骨科年轻医生英文的提高，立下了汗马功劳。他每周英文查房一次，组织英文文献报告会。我发表的几篇英文论文，都经他精心修改过，他出国后，我又得到冯传汉教授的精心指点。王桂生教授和吴之康教授生前查房时，也经常鼓励我们用英文汇报病情，使我们的英文得到了很好的锻炼。

出国到加拿大期间的英文学习

加拿大的 Armstrong 教授，不仅教给我先进的脊柱外科手术（这些我将在另一章节内详细介绍），他对我的外语学习也抓得很紧。他作为一名知名的教授，经常应邀到国外讲学，参加国际学术会议，走之前，总是忘不了给我交代一些任务，第一个任务是要我管理好他的病人，有事可以请教科里某教授，我忠实执行任务，早晚查房。他还总忘不了给我的另一个任务，是留给我英文的家庭作业。有一次他去墨西哥开会前，他把中国寄给他的《中华骨科杂志》给我，其中一篇有关上海叶衍庆教授和宣蛰人教授关于脊柱肌肉大面积剥离后的利弊问题的争论的文章，他要了解，他要我将这篇全文翻译成英文。我费了很大的力气，在他开会的几天，也着实让我忙碌了几天。他到以色列开会前，碰到一个腰 4 下关节突缺如腰痛的病例，很少见，他对这个病例非常感兴趣。他从 Mcnab 处得知 20 世纪 30 年代，某骨科杂志发表过相关文章，就让我把此篇文献查找出来，向他汇报。他走之后，大海捞针，我查找很困难，就找图书管理员帮忙，费了很大的劲，才找到了有关几篇文章，并写了一篇英文的综述，他看了非常高兴。第二天，就让我在脊柱外科和放射科等联合大查房的会上报告。

我平常也很努力，在口袋里总装着小卡片，在看门诊和 Armstrong 教授查房时，随时随地记录一些有用的词汇和句子。出国前，也管过外宾病房，查房时的英文总是那么一句：How are you felling today?（你今天感觉怎么样?），以后就没词了，在国外查房时有很多很富感情的表达方式，病人感觉好时怎么样表达，病人说不舒服时如何表达，我得赶快记下。到门诊时，他们问诊也有很多很好的短句子，我也马上记下，整理成册。《医院会话》一书第二次再版时，增加了很多这方面内容。

Armstrong 教授还教我如何制作幻灯片，训练如何上台演讲。有一次，我休假时想到美国的几个医院去参观，了解情况，Armstrong 教授让我准备好我的骨科进修论文“在发育不良型脊椎滑脱中，骶骨形态分类及其意义”（中译文已发表在《中华骨科杂志》）。在这篇文章中，我一共总结了 23 例严重脊柱滑脱病例，1/3 为 5 度滑脱的病例，我对病情进行了仔细的分析，写的时候，按照 Armstrong 教授提出的关于骶骨三种形态分类初步意见，根据重力传导规律，提出了具体分类的角度：0 度 ~ 25 度为垂直型，25 度 ~ 50 度为正常型，大于 50 度为后凸型。Armstrong 教授在做这些手术的时候，为了更好地放钩子，在手术台上常无意识地摇桥改变手术床的角度，但我在总结病例手术的时候，却归纳找出了 Armstrong 教授在治疗不同类型的骶骨形态的滑脱时，改变手术床角度的规律。写好以后，阿教授看了非常高兴，坚持要把我的名字放到论文署名的第一作者位置，我几经推却都无用，他说：“很多论点都是你提出来的，你应该是第一作者”。我在做幻灯片的时候，偷偷又把他的名字放在前面，他帮我修改幻灯片时发现了，再次把我的名字放在前面。我非常感动，他是一位真正的学者，他的伟大的学者精神，至今仍然在教育着我：重要的不在你挣得了多大名声，更重要的是你教给了别人多少。

幻灯片做好后，他给了我好几份介绍信，安排我到美国几家医院参观，并让我做学术交流。

在美国罗切斯特脊柱中心交流时和 PK Chen 合影，右 1 为罗来葵大夫

在 hospital for special surgery 交流时合影

在国际会议上演讲

出发前的一天晚上，Armstrong 教授提出要看我的幻灯片，让我讲给他听听。我已准备了一周，已背得很熟了，我以为他只是让我念给他听听而已，没想到他来后，径直把我带到会议室，他坐在下边，让我在台上进行演讲。他一边听报告，一边不时打断我，纠正我的一些英文发音或告诉我这个句子应如何表达更好，完事之后，他表扬了我，说他没有想到我能这样不用讲稿进行演讲。从这看得出来，他是在有意训练我在国际会议上如何报告论文。现在我能在国内外各种类型会议上进行学术演讲，非常感谢 Armstrong 教授当年的精心指导。

撰写医学论文的小窍门

乐铜教授

英文并不是我们的母语，让我们用英文来写作并非易事。像我这样半路出家，只受过半年正规英文教育的人，写文章必须另觅捷径。我这几年，在国内外发表了 10 多篇英文论文，都是我自己执笔写的，当然写好了之后，曾请名师修改过（开始是乐铜教授，近几年是得到冯传汉老教授的精心指点）。

通过写论文的实践，总结出像我这样英文水平的人书写英文论文的一些体会：

先练习写英文文献综述，进行模仿和改造，是进行词汇积累和学习各种英文表达方式的一种好办法。可以说，写英文的文献综述，是写作英文论文的前奏曲。比如，先选好题目后，围绕题目选好比较好的、有不同观点的、作者比较有名的文章十几篇，进行精读。

对这些主题有了全面的认识，对其中的精华和取舍之处有了一定的了解后，可以按照提纲要求，写一篇英文综述的文章。由于材料和句子都是现成的，只是分散在不同的文章内，只要在阅读时做好标记，按需取用，不需要去按中文生造一个个句子（按照中文硬翻成英文并堆砌成文的做法，常常是失败的），只需将分散在不同文章内的句子组合起来，运用学过的语法知识进行一些改造，为你所用。通过这样改造和处理写成的文章，不是完全照搬，是经消化后吸收的，这

和冯传汉教授在一起

样别人的知识就能变成你自己的东西。然后再仔细地读几遍，不断修改，特别是语法上和前置词的一些错误，直到你自己感到满意，也可以译成中文，在杂志上发表。

写自己的论文时，同样需要上述步骤。中文论文写完后，论文的结构和如何表达中心内容，已胸有成竹时，在查阅文献、精读参考文献过程中，如感悟到别人的某个句子可以用来表达你的文章的某个论点，就抄下来，稍加改造，加以利用。或者在文章上有用的部分先写上眉批，以供自己写作时参考。与讨论有关内容，特别国外有相同和不同观点的有关内容，都需要整理下来。最后，你会发现在精读的参考文献中，某篇论文的形式和风格，比较符合你自己写论文的要求，你就把它的格式当范本，来编排自己的论文，这样写起来就容易多了。可以这样说，一篇医学论文写下来，60%的句型都是摘录和改造的，只是其中的数据资料各有不同。剩下的40%是要你自己精雕细刻的，如你的新设计、新进展、新观点是前人所没有提出过的，以及在论文的讨论部分和结论部分需要你自己去构思和组织。这样，完成一篇论文就比较容易了。由于是学习和改造了不少人家的句型和表达方式，不是自己完全按中文句子硬造出来的中式英文，所以文章读起来就比较顺畅。这是我写作英文论文的一点小小的体会，见笑了。

留学加拿大

出国到加拿大学习

俗话说：机遇是常常存在的，但它只留给有准备的人。改革开放开始，到国外学习的人越来越多，由于我对英文有所准备，有些进步，所以出国的机遇就降临到我的头上。

1981 年，王桂生教授和吴之康教授有意安排让我出国进修。在吴之康教授的朋友，加拿大的 Armstrong 教授来华做手术时，他们俩让我用英文向 Armstrong 教授详细介绍病历，并与他同台配合手术。他非常高兴地接受了我的出国进修申请，说今年没有名额了，明年一定给我安排。在他和夫人 Molly 临别的时候，嘱咐我在等待的一年中，好好提高英文。

出国前准备

我是协和骨科第一个出国学习的，没有经验可参考。我是去进修脊柱外科的，我就查找了与进修内容有关的脊柱外科资料文献：脊柱侧弯、脊柱后凸、脊柱创伤、脊柱肿瘤及 Armstrong 教授发表的文章。我将它们摘抄或拷贝下来，仔细研究和阅读，还摘抄英文文章中的各式病例个案报告等，摘抄了满满一大本笔记，并精读记牢。由于有了充分的准备，所以，到加拿大后，我很快就适应了那

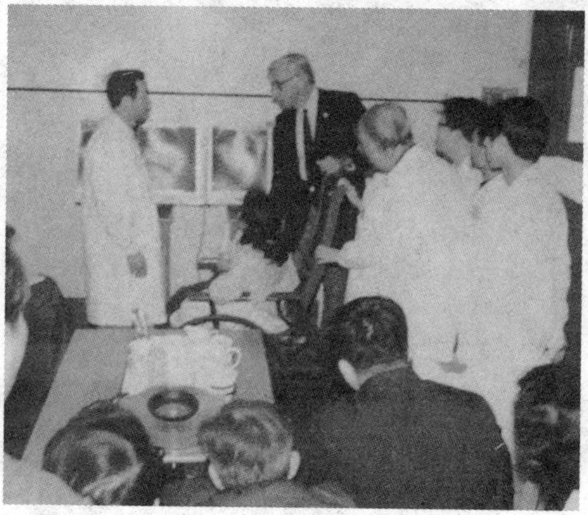

Armstrong 教授在听取病例报告

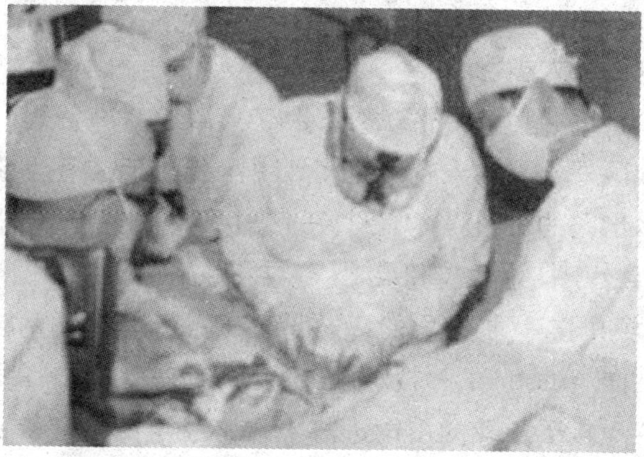

与 Armstrong 教授同台手术者吴之康教授、周力和我

里的医疗工作。我的体会是，出国学习前，一定要充分了解进修范围内的新进展，做好充分的准备，这样才能迅速和国外的东西接轨，更快更多地学到人家更深层次的东西。

来到渥太华

1982 年 7 月的一个上午，我和王慧玲大夫、罗来葵大夫一起来到渥太华。第二天上午 Armstrong 教授帮我们填好一应进修表格，然

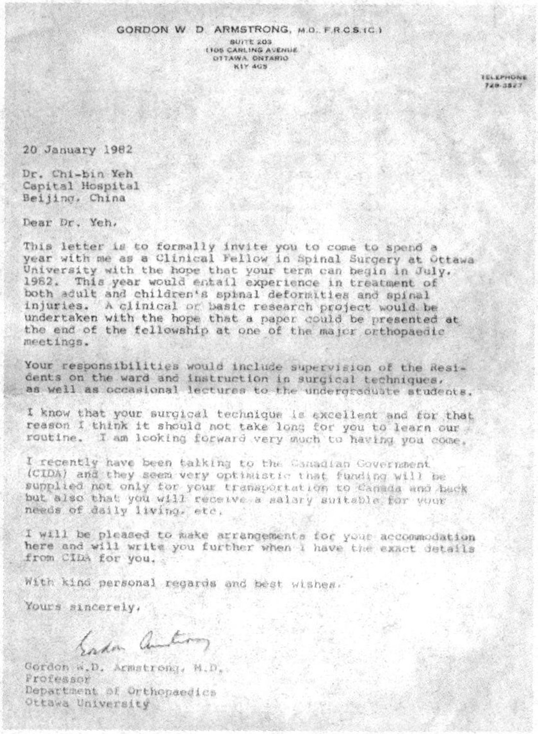

GORDON W. D. ARMSTRONG, M.D., F.R.C.S.(C.)
SUITE 203
1105 CARLING AVENUE
OTTAWA, ONTARIO
K1Y 4G5

TELEPHONE
729-3527

20 January 1982

Dr. Chi-bin Yeh
Capital Hospital
Beijing, China

Dear Dr. Yeh,

This letter is to formally invite you to come to spend a year with me as a Clinical Fellow in Spinal Surgery at Ottawa University with the hope that your term can begin in July, 1982. This year would entail experience in treatment of both adult and children's spinal deformities and spinal injuries. A clinical or basic research project would be undertaken with the hope that a paper could be presented at the end of the fellowship at one of the major orthopaedic meetings.

Your responsibilities would include supervision of the Residents on the ward and instruction in surgical techniques, as well as occasional lectures to the undergraduate students.

I know that your surgical technique is excellent and for that reason I think it should not take long for you to learn our routine. I am looking forward very much to having you come.

I recently have been talking to the Canadian Government (CIDA) and they seem very optimistic that funding will be supplied not only for your transportation to Canada and back but also that you will receive a salary suitable for your needs of daily living, etc.

I will be pleased to make arrangements for your accommodation here and will write you further when I have the exact details from CIDA for you.

With kind personal regards and best wishes.

Yours sincerely,

Gordon W.D. Armstrong, M.D.
Professor
Department of Orthopaedics
Ottawa University

Armstrong 教授发来邀请信

后带我们去他的郊区别墅渡过了一个愉快的周末。从熙熙攘攘的北京来到了连汽车喇叭声都很难听到的安静而美丽的渥太华，晚上寂静得让人有些发毛，所以次日当 Armstrong 教授问我：“对渥太华的印象如何？”我说：“too quiet!”（太静啦!）到渥太华第四天，周一的上午，Armstrong 教授的夫人 Molly 拿着北医的毕业成绩册和协和医院的推荐信，带着我乘飞机到多伦多内外科学院。面试后，拿到了该学院的临床毕业证书，以便我能够在加拿大进行临床工作实践。第二天上午，我就上手术台了。碰到的第一个病人是肌营养不良性脊柱侧弯，这样的病人连血管的平滑肌都发育不正常，出血不止，手术下来，输了 2000 多毫升血，给我一个下马威，可谓万事开头难啊。

刻苦学习，报效祖国

出国以后，我每天晚饭后都带着笔记本到病房摘抄病历、手术记录以熟悉他们的病例、书写病历的格式与术语、手术器械和手术用语等词汇，以及工作的各项常规、在病房工作的程序和方式，这些努力使我到加拿大后不到两个月就可以顺利在病房内开展工作。

我和王慧玲大夫，罗来葵大夫与阿教授和夫人 Molly 合影

我在渥太华大学医院工作时兼管住院大夫，我不需要写病历，但是我坚持每一个病历都自己写。刚开始比较困难，病历中使用大量缩略语和图示等一类东西，像 ROM，开始我不懂，我向住院大夫请教后才知道是 range of motion（关节活动度之意），类似这样的东西我记了很多。Armstrong 教授的病人，大都是周日住院，在周二和周三手术，每个周日晚饭后我都到医院去看看，是否有新病人到来。我常常去和病人聊天、查体、了解病情，写一份病历。我写的病历放在我的讲义夹内自用，住院大夫写的病历放在病房的病历夹里。有时住院大夫在值班时，恰逢急诊手术，来不及写病历，Armstrong 教授第二天查房时看到病人没有准备好，就会不满意，我赶快将我讲义夹内我写的病历取出，交给他补上，Armstrong 教授和住院大夫都为此对我说了许多感谢的话。那些洋住院大夫们，起初在我面前表现出来的那股子傲气迅速消失了，我和他们相处融洽，非常开心。

晚上，我都会再到病房去摘抄 Armstrong 教授的手术记录和病人

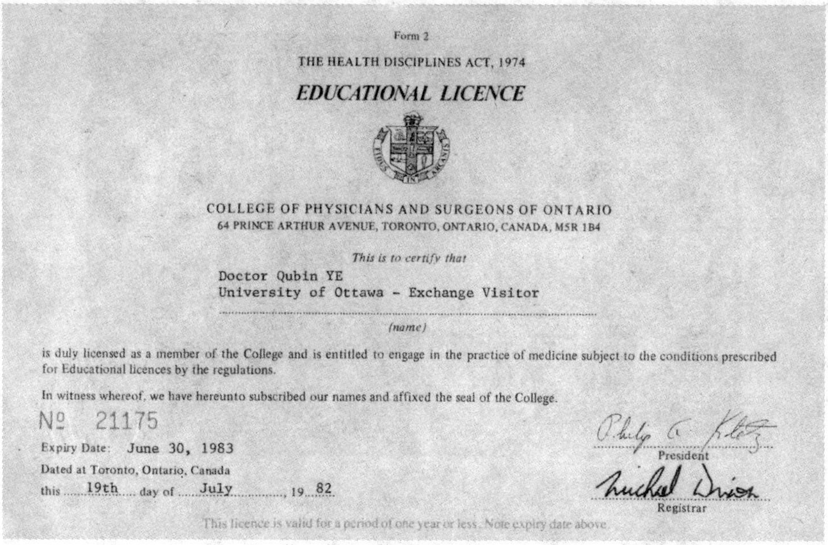

Form 2

THE HEALTH DISCIPLINES ACT, 1974

EDUCATIONAL LICENCE

COLLEGE OF PHYSICIANS AND SURGEONS OF ONTARIO
64 PRINCE ARTHUR AVENUE, TORONTO, ONTARIO, CANADA, M5R 1B4

This is to certify that

Doctor Qubin YE
University of Ottawa - Exchange Visitor

(name)

is duly licensed as a member of the College and is entitled to engage in the practice of medicine subject to the conditions prescribed for Educational licences by the regulations.

In witness whereof, we have hereunto subscribed our names and affixed the seal of the College.

№ 21175

Expiry Date: June 30, 1983

Dated at Toronto, Ontario, Canada

this 19th day of July, 19 82

President

Registrar

This licence is valid for a period of one year or less. Note expiry date above.

多伦多内外科学院毕业证书

和我一起工作的第一位住院医生 Arouesty MC

的资料。Armstrong 教授的手术技术和临床经验都是很丰富的，但我深知我如果不去刻苦学习、努力钻研和总结，它是不会跑到我脑子里来的。所以每次手术后的当天晚上，我都会再到病房去摘抄 Armstrong 教授的手术记录和病人的资料，并且对照病人的 X 线片，回顾当天手术时的操作和病变的关系，做好总结。病人治愈出院以

晚上，我常会再到病房去摘抄 Armstrong 教授的病例资料

后，我又制作了病人手术前后的幻灯片、CT 片，一个病例一份资料，做好归档。有时候在摘抄手术记录时有不明白的地方，我做好标记，下次手术时仔细地盯着看明白，或者是记下问题，专门去请教 Armstrong 教授。他赞赏我这种遇事刨根问底的精神，总是不厌其烦地给我讲明白。回国的时候，我积累了各种病历资料，装了大半个皮箱。因为怕丢失，所以我回国时，资料一直带在身边，而其他衣物都打包托运回国。我的看法是，第一手资料丢失不可复得，其

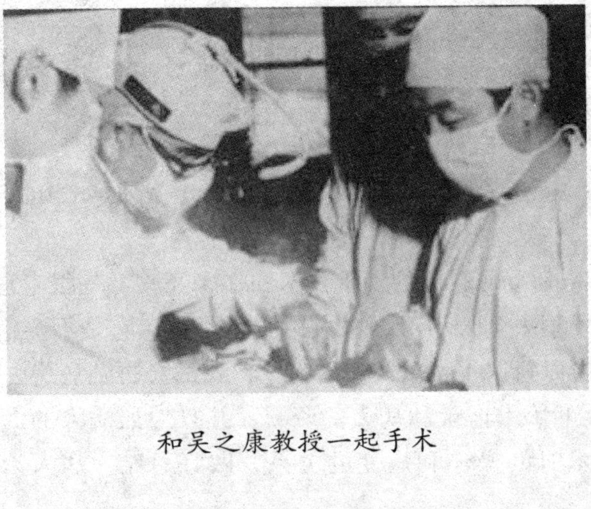

和吴之康教授一起手术

他物品都是身外之物。我回国以后借助这些资料，能够立即在医院里开展各种脊柱外科手术，并到全国各地进行讲学和交流，做了吴之康教授的得力助手。

拼命工作，取得信任

勤奋工作，是取得人家信任的最好的无声语言。我每天都提早到病房，先自己查房了解病人的情况，将要停和要改的医嘱都做好了。Armstrong 教授来查房的时候，满意地看到一切都做得井井有条。我还像在协和医院工作时候一样，每天下班前我都要去查房询问病人有什么不舒服，有什么要求。天天如此，周末也不例外，默默的工作让 Armstrong 教授和病人逐渐都感觉到我这个人很可靠。所以 Armstrong 教授出国开会时或者休假时，都把病人完全放心地托付给我，我也尽量把他交给我的任务、工作一丝不苟地完成。

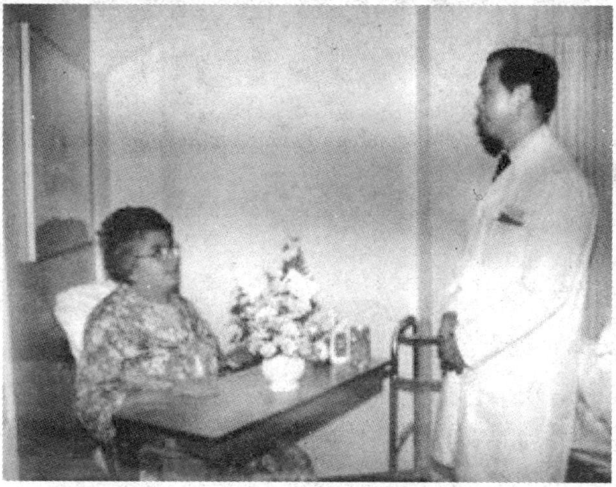

每天早晚查房，关心病人

有一次，他参加国际会议走了，回来还要参加另外一个会议，有些幻灯片来不及做了，他就留下病人的名单，说："你帮我到放射科把这些病人的 X 线片借出来，我回来要做幻灯片。" 我借出这些片子以后，又到科秘书那里去，让她拿出 Armstrong 教授以前做的幻灯片做样板，了解他习惯怎么样在 X 线片上写注释。在他回来前，我帮他做好了全部的幻灯片。Armstrong 教授回来拿 X 线片时，看到我已做好的全部幻灯片完全符合他的要求，非常高兴，立即表态说:“今后,你可以以我的名义制作任何病人的幻灯片,不过要做一式两份,一份交给我。”他还把骨科门诊和阅览室的钥匙交给我,以利我随时可以去做幻灯片,所以我回国时带回几千张幻灯片,对我回国以后早期的几年里,在国内外开展脊柱外科手术和进行学术交流和学术讲座时都发挥了重要的作用。

总结资料,做好幻灯片

孜孜以求,感动上帝

Armstrong 教授经常看到我在孜孜不倦地学习,许多向他请教的问题都有一定水平,让他很受感动,于是他就尽量安排我单独手术,进行锻炼。刚开始,就让我切皮、暴露脊柱肌肉,慢慢地越做越多,后来让我单独手术进行锻炼。

临回国前两个月,Armstrong 教授找我谈话说:“你很努力,我们的东西你已经掌握得差不多了,进修论文也完成了,还写了两篇文献综述,都很好。渥太华大学骨科根据你的表现,决定授予你研究生(Fellow)证书”,并在全科的早会上向我颁发此证书。他还问我,需要哪方面的东西可以尽量提出来,他会想办法满足我的要求,我说:“脊柱前路手术我还是差一点。”他很快就从别的医院转来两例病人,仔细地演示前路手术的技巧。能在这样一个有高尚医德,技术精湛的教授指导下工作,是我毕生的荣耀与幸运。

Armstrong 教授精湛的脊柱外科技术让我倾倒。他对脊柱侧弯的

常常向 Armstrong 教授请教

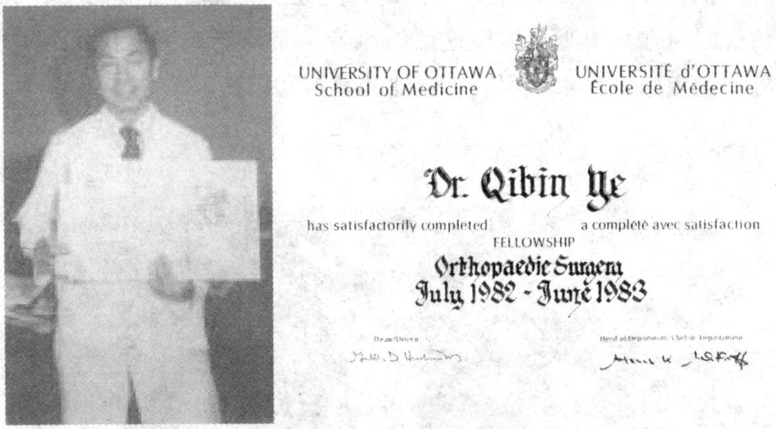

荣获渥太华大学骨科研究生（Fellow）证书

治疗发展有很大的贡献。他在 20 世纪 70 年代就发明了脊柱侧弯的横位连接装置，他是世界脊柱侧弯研究协会（SRS）创始人之一，并在 1982～1983 年担任 SRS 的主席。他的手术技术精巧细致，层次清楚，操作稳准有序，创伤很小出血也很少。他全力培养我掌握这些手术技巧和手术风格，让我至今受用无穷。他还让我掌握了脊柱外科当时比较先进的技术，像 Harrington、Luque 技术、脊柱的各种前后路手术、脊柱滑脱、脊柱骨折、脊柱肿瘤前路切除骨水泥充填钢板固定技术等，还有 4 ~5 度严重脊柱滑脱手术的治疗。

随着我的手术技术的熟练，他上台的时间越来越晚了，经常让我多做多练一些，让我今后能够挑起重担，锻炼我独立工作的能力。有一天，我们一起为一个 T9 脊柱骨折合并有高位截瘫的病人手术，这个病人在院外不当地使用 Harrington、Luque 技术均失败了。Armstrong 会诊以后，认为需要改做 Galveston 手术，将 Luque 棒的下端下延固定在髂骨上。在我们一起做完左半边手术以后，他突然对我说："我有个重要的会议要参加，你带着住院大夫继续做，我大概半小时以后回来。" 45 分钟以后，他回来了一看，说："都做完了？那我就别上了。" 我赶紧说："不，还得请您上来检查一下。" 教授上来看完之后说："很好。" 此后他就让我越做越多，有时候他干脆就不上台了，在台下指挥。和我一起进修的日本医生 Shinoto 非常羡慕我能够享有如此的待遇。我知道这是 Armstrong 教授想让我回到中国以后能更好地开展工作，因为他常常跟我说："希望你回中国以后，能把脊柱外科的工作大力推广，这是我对你的希望。" 我至今仍仿佛时时在耳边听到他说这话的声音。是他老人家把我扶上了脊柱外科的道路，我永远不能忘记他的教诲和嘱托。

和日本朋友 Dr. Shinoto 夫妇在渥太华学习时合影

回国以后，我从医院到工厂，到农村，足迹遍布全国各省市地区，毫无保留地将自己的临床经验（包括失败的教训）和体会全部公开，虚心和同道们互相交流学习。曾有个医生私底下告诫我："别什么都跟人说，小心别人都超过你啦！"对他的好心，我一笑置之，心想能有更多的人了解这些正反两方面经验，才可以少走弯路，救治更多的患者。我认为，要想不被超越，不能靠掖着、藏着、控制着，要靠自己不断创新和不断前进。所以我写论文时除了有报告成果的论文，还非常注意总结错误经验，这也是积累经验的重要方面。自己体会到：重要的不是自己有多大的能力和本事，能掌握多大权力，而是你教给了别人多少本事和能力，你给社会和后辈留下了什么。"What will be matter is not your success, your power but your significance, and what you taught."医学无国界啊！何况是自己家里人。

Armstrong 教授的开拓精神令我折服

Armstrong 教授当时在脊柱外科方面技术已经很精湛了，但他仍然不断地研究和改进手术技术。他常常带着我到五金工具店里去找有利于手术的代用工具，他还常常请合作的工程师来医院查房，甚至到手术室来参观他的手术，向工程师讲解医生要求什么样的器械，在哪些方面现在做起来有困难，应该设计一个什么样的东西出来更好地用于做手术等。过不久，我就看见他研制成功的我们称之为 Armstrong 钢板的前路脊柱钢板成功问世了。是他引导我走上了医生和工程师结合开发新装置之路，使我能够在回国以后在大家的支持之下，在这方面能够做出一些成绩。我至今仍然认为这是一条正确的道路。我们的年轻有志气的医生，不能只停留在引进国外技术的阶段，应该有一些人在学习别人先进技术的基础上，发展我们中华民族自己的东西，否则你只能永远跟在别人的后面走，要不就做人家国外医疗器械或者药

Armstrong 钢板

品的“推销商”；更不应该像一些人挟洋自重，排斥国内产品。我们要知道，在中国还有很多贫穷的老百姓，他们期望我们的医生们能创造出更多、更好的和更便宜的，而效果又不比国外差的东西来，解除他们或他们子女的病痛，而不至让他们因治病而倾家荡产。

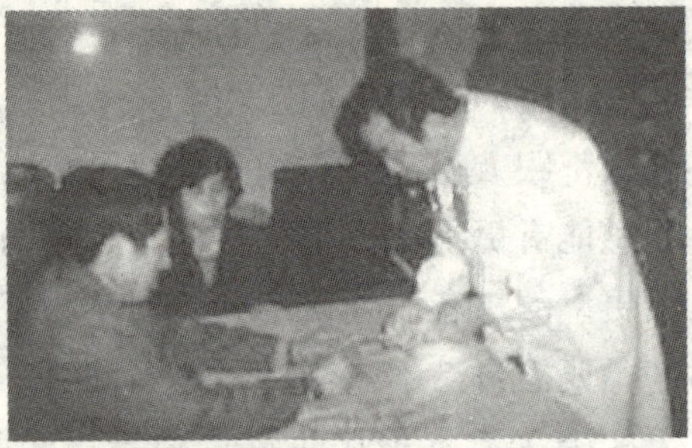

我和工程师合作，研制新装置

Armstrong 教授对中国人民具有深厚的感情

一次我在 Armstrong 教授郊区的别墅里度周末的时候，他谈到他的童年时代是在中国度过的，让我不胜惊讶，细问之下才知到他的父亲是个英国传教士，曾在广东江门工作和教学，他是在那儿出生的，所以他对中国有特殊的感情。他要我好好学习，为中国人民多做事，我至今仍然铭记在心。

中国阿姨怀抱中的 Armstrong 和他的姊姊

Armstrong 教授在 20 世纪 80 年代至 90 年代初，曾经先后 5 ~6 次来华讲学。1983 年 10 月，在我回国以后，他又在北京协和医院举办了中国首届现代脊柱外科学习班，进行演讲和手术演示，系统地向来自全国 20 多个省市的 40 多个学员系统传授脊柱外科的新手术新技术。以后，这些学员在我国各地脊柱外科工作中，都做出了各自杰出的贡献。

Armstrong 教授赠送给我们的 Harrington、Luque 器械装置和许多手术器械，在我

Armstrong 教授在北京协和医院中国首届现代脊柱外科学习班演讲

院和张家港医疗器械厂的合作下，仿制改进之后，在国内正式生产，销售，两年内就销售了 600 多套。可见他为我国的现代脊柱外科工作的普及和开展，做了不可磨灭的贡献。

为此协和医科大学，北京协和医院聘请 Armstrong 教授为名誉教授。他还为北京、上海、湖南等地争取选送了 30 多位医生到加拿大去培养。由于他在中国做出了许多杰出的贡献，所以当时脊柱外科著名的专家 Kostuik 有一次在中国做学术演讲时曾经半开玩笑地说："我知道加拿大有两个人为中国大多数人所熟知，一个是白求恩，另外一个就是 Armstrong。"

Armstrong 教授也是前残联主席邓朴方同志的好朋友、好医生，

中国医学科学院黄家驷院长授予 Armstrong 名誉教授证书

他在我国建立康复中心时，起过很重要的作用。

由于他在世界脊柱外科和残疾人康复事业中的杰出贡献，他荣获加拿大国家勋章。

我和太太先后于 2000 年、2006 年和 2010 年，专程去渥太华看望他，他升五星红旗欢迎我们，还仔细询问中国脊柱外科情况，对我的工作进行了许多指点，满怀对中国人民的深厚感情。

邓朴方同志陪同 Armstrong 和夫人 Molly 看残疾人表演

2006 年与 Armstrong 教授合影

2000 年与 Armstrong 教授合影

2010 年和 Armstrong 教授及夫人共进晚餐

2010 年在我进修的渥太华医院前留影

人生何时多别离

20世纪80年代初期，如果能出国学习，会有很多人羡慕。但出国以后，夜深人静，或在中国节假日的时候，那种思念亲人的难耐情怀，常常涌上心头，只有出去过的人才能体会到那种滋味。外国的进修生在学习的时候，都带着老婆孩子，可有多少个我们中国医生为了祖国医学事业的发展，只身在异国他乡拼搏。那种思乡、思家、思念老人、思念妻儿的情怀，常常在心中起起伏伏。有事做的时候还好，就怕工作闲下来以后，在窗前一站，远望窗外空旷的大地，思乡之情就会悠悠涌上心头，有诗为证：

远望高楼锁烟霏，
窗前无侣自徘徊。
一缕幽怀无处说，
几番寻梦乘风归。

远眺东方，乡思悠悠

为女儿买的圣诞礼品

我要洋娃娃

出国没多久，圣诞节就到了。这是国外的一个很盛大的节日，我看到外国人匆匆忙忙地准备圣诞礼物给家人，布置圣诞树，节日气氛很浓。每棵圣诞树下放着家长买给孩子的礼物，我也提前给小女儿买了一个会唱歌的洋娃娃，可是买完以后，遥遥万里，无法寄回去啊！真是：空有慈父情，路远莫致之。我后来想了一招，抱着这礼品照了张照片，给家里寄去。不久太太来信说："女儿看到照片上的洋娃娃，喜不自胜。嚷嚷要马上拿到洋娃娃。"读着这样的信让人神伤。我和太太说定，大家工作都很忙，无暇写长信，我们约定一个通信日记的方式，把信纸放在桌上，每天有时间时，把当天发生了什么事啦，有什么想法啦，在上面写两句。今天写两句，明天写两句，有个十页八页时，再写个抬头结尾把它装在信封里寄出。每天有意义的新鲜事、新闻，和当时自己的心情等都跃然信纸上，我们就靠这样的方法互相沟通。回国以后，我的夫人很仔细，按照通信时间的顺序，把它们合起来装订起成厚厚的一本"两地书"。这"两地书"里，含藏着我们多少离情别

夫人寄来和女儿合照

绪，多少的艰苦辛酸。

在国外，最难得最高兴的时刻是收到家里寄来的照片，这些照片是我们聊解思念情怀的好东西，但偶尔也有“惹祸”的时候。夫人来信说：小女儿看到我有一张坐在草地上的潇洒照片，就大哭起来说：“我爸爸怎么摔跤了？快叫他回来！”令我不胜感叹：

阿爹快回来！

独坐草地自陶然

女儿情

独坐草地自陶然，惹得娇儿把心悬。

几番拭泪还盈睫，寄语阿爹快回还。

春节到了，大使馆和 Armstrong 教授都宴请我们留学生和在外学习的这些人员。宴会结束回来以后，看到桌上夫人寄来的祝贺新年的信，信中说：“家中虽然都准备了一应的年货，但你不在家，感到索然无趣。”我何尝不是如此！心中不禁涌起了一阵负疚感：

“独在异乡为异客，每逢佳节倍思亲”。

遥知新年团聚时，金樽高擎少一人。

加拿大的冬天出奇的长，春节后，又下了一场大雪，我们几个留学生相约到外面拍了几张雪景。冬天呀，快点过去吧！在春姑娘捧着鲜花来临的时候，我们就可以回家了。真是：归家心似箭，吾心似在箭之先。

风雪之夜怀家

一夜风雪梦难成，两地相思一样情。
但愿严冬随风去，盼得春花伴归期。

渥太华议会大厦前留影

自己出国在外，家中老人和小孩和一应的家事全都交给夫人了，真是难为她了，结婚十周年到了，也不能一同来举杯庆贺，总觉得有点愧疚，就给夫人写了一首诗，聊表心意：

结婚 10 周年志庆（致沈洁）

四八与卿缔夙缘，十载恩爱意绵绵。
扶老携幼仰尔力，温柔矜重众慕贤，
古来家国难兼顾，学成“骑箭”把乡还。
不图长空比翼飞，更思窗前共月圆。

当时在外留学的学生，总结一条想家的规律，刚去的时候，人生地不熟，就很想家，等到投入到工作里去以后，就好一些了，工作告一段落，大致的工作都完成了，该学的学到手了，又重新燃起了思家之念，而且愈临近归期，思念愈烈。为国家学点东西不容易啊！

夫人照顾老岳父与两个女儿

白发娇儿总挂记

无题

人生何时多别离，只为神州更芳菲。
白发娇儿总挂记，最难细数是归期。

以上这些都是几十年前的陈年往事了，只是随意想想，把它写出来，也许能翻新和增值一些夫妻之间的感情，培育儿女和父母之

在国内外进行了几十次学术交流

间的亲情，也顺便让年轻同事们了解当年要为国家学点东西，要提高一下自己的水平，是多么的艰辛。

虽然有艰辛，但也很有收获。回首我留学加拿大回来后的20多年里，走遍了祖国的大江南北和几十个国家，进行学术交流，会诊手术，进行了几千例脊柱外科和脊柱侧弯的手术，编辑出版了《脊柱外科新手术》，《脊柱侧弯外科学》，《脊柱侧弯的预防和治疗》，《生长中脊柱侧弯儿童的治疗的理论与实践》和《颈椎病132问》等五本脊柱外科专著，为推广脊柱外科工作，兢兢业业，一点点地做。虽然还有很多不足，但却是无愧于心。

主编的脊柱外科著作选登

近几年来年事稍长，虽然我仍体壮，但老妻却思量我的辛苦，限制和减少我在国内外的活动，或者随从身后，一起前往照顾我，我也让她顺便领略一下国内外的风光无限，补偿一下我们年轻时聚少离多。人生得意须尽欢，如今喜逢盛世，何不开怀尽享人生。

国外时下有一“世说新语”曰：你有钱能买到药，但买不到健康。你有钱可以买到房屋，但买不到一个家。我看有些道理，人们何必去苦苦追求金钱呢？差不多够花就行了。我常高唱红楼梦的“好了歌”：世人都晓神仙好，只有金钱忘不了，终朝只恨聚无多，及到多时眼闭了……我没有多少钱，但我有个平和的心态，我和老伴都身心健康，老夫老妻相濡以沫，愈老情愈笃，发白爱更浓。我的孩子们也都很孝顺，我有个温暖的家，含饴弄孙，其乐融融。

领略世界风光

含饴弄孙，其乐融融

孙辈健康成长是我们的希望

我退休后受聘在武警总医院工作已近7年，科里的医生和护士还殷切期盼着我继续和他（她）们一起工作，我也想着再为他们做点什么。身心未觉老，完全融入在为医院、为病人服务的快乐中，好像忘记了自己的年龄。

我没有人到老年叹息黄昏的茫然，在夕阳的余晖里，我看到的仍是风光无限，只要用心感受，幸福就会永远存在。我常自娱自乐地击节而歌：老骥伏枥天地宽，达人暮年志益坚。欣看夕阳无尽时，明日依旧照云山。我每天仍然在想着为美好的明天再做一点、一点……

欣看夕阳无尽时，明日依旧照云山。人们将会看到，融入到夕阳里的倩影，也是美丽的一景！

立志做一个人民的好医生

做一个好的医生不仅要有精湛的医术，而且更要有热爱病人的仁爱之心。

不断修炼对病人的仁爱之心

我和很多的年轻医生一样，刚毕业进医院时，年轻气盛，血气方刚，虽然满怀为人民服务之心，但仍不时会和病人发生点矛盾，事后也感到愧疚和自责，这需要一段时间的磨合，需要医生的自觉修炼才能转化。我被分配到协和医院当住院医生时，首轮是普通外科，有幸在著名的、国家领导人的保健医生吴蔚然教授的下边工作。我佩服吴大夫精湛的手术技术，他的手术细腻，层次清楚，疗效好。我更羡慕他能得到病人的无限的信任，我常常听到病人家属深情地对他说:“吴大夫，我们就把病人交给您了，您大胆做吧，我们家属一百个放心。”我就以他做榜样，努力来修炼自己，克服缺点。吴大夫总是和蔼可亲，我从来就没有见他和病人大声说过话，他总是耐心地倾听病人的诉说，总是给予有针对性的解释和合理的处理。他的言谈，他的行动让病人能感到吴大夫是知道他们的病情的，也能体会到吴大夫是在想办法救治他们，从而对他无限信任，把吴大夫看做是自己的朋友和亲人。这些让我深深体会到病人的主

和吴蔚然大夫在人民大会堂

诉里含藏着他们的痛苦，渴望得到安慰和救治的心情，医生那富有感情和爱心的语言，会让病人的疼痛减轻，焦虑解除，信心倍增。我也看到有些医生医术不错，但派头太大，病人不喜欢他。

伟大的医学之父希波克拉底将医生的三大法宝“语言、药物、手术刀”中的“语言”放在第一位，此刻就更有体会了。爱心是作为一个医生必备的道德品质，护士也同样，护士接触护理病人的时间更多，她们的言行，更能体现爱心，常言道“三分医疗、七分护理”，她们的语言能够使病人更快地康复。护理界的伟大女性南丁格尔在1854年的克里米亚战争中以她的母亲般的温柔和金子般的爱心，去关照和爱护伤员，使得在她到了部队以后的时间里，伤员的死亡率从50%下降到20%，“仁者无敌”，此言不谬。

在名师的影响下，我在医疗实践中，不断去体会病人需要什么，尽量满足他们的要求，即使一时达不到的，也很理解地给予合理的解释，使他们心情愉快，更快康复。逐渐地，他们也就对我越来越信任了，我从中体会到了医生和病人合作的快乐。如果你能做到这些，即使病人初期有些误解，最后他们也会冰释前嫌的。我还记得我在普外值班的时候，遇到一位疝气嵌顿的急诊女病人，由于延误了治疗，到我院时，已经有发烧，嵌顿疝部位压痛明显，肠子要坏死！必须要争分夺秒尽快手术。在我和病人的儿子一起匆匆忙忙为病人赶紧备皮，在耻骨联合上剃毛的时候（“文革”期间不管男女病人都得大夫自己动手备皮），病人突然坐了起来，给了我和她儿子一人一个耳光。我愕然了，她儿子急了，哭喊道:“妈！你干吗呢？医生在想办法救你呢。”手术时我们见疝囊里已有一些浅黄色血性的积液，肠子已有轻度发紫了，真悬啊！晚一点，手术病人的肠子就要坏死了，就要危及病人的生命。病人经我们精心治疗痊愈出院时，她抓住我的手，老泪纵横，痛哭失声，对我直说“对不起你！”我说:“不怪您，当时由于情况紧急，对您解释也不够，我们也有缺点，您好了，我们就高兴了。”当前医疗大环境确实不太好，医患关系紧张，许多现象确实令人大惑不解，一些媒体也在推波助澜，只在灾难发生时，才把医生护士看成白衣天使，有时确实令人感到伤心，但我相信，只要我们把自己工作做好，总有一天这些现象是会改变的。

中为姚岱大夫，左二为朱预大夫

苦练手术技术

手术是外科医生为病人服务的基本的手段，不练好一套出众的手术技术，做一个人民需要的好医生，那只是一句空话。外科医生要有“鹰的眼睛，狮子的心，妇人的手”（英国谚语）。精湛的手术技术，应包括止血彻底，出血少，解剖层次清楚，能熟练正确地应用各种手术器械，操作稳准有序，如行云流水，没有废动作，这样手术才能快速完成，创伤较小，合并症较少，最终达到满意的疗效。我在普通外科时非常佩服吴蔚然大夫和朱预大夫精湛的手术技术，到骨科后又受姚岱大夫细腻的骨科手术技术的影响。

做到止血好出血少

熟悉解剖

我把能做到止血好出血少看成是对病人有没有仁爱之心的表现，这不是单纯的手术风格问题。我常常看到有些医生做手术的时候，不注意止血，手术时血肉模糊，血流满地，手术野不清楚，手忙脚乱就很容易误伤病人的血管神经或重要的组织，引发合并症，由于手术创伤大，事后病人反应也大，所以，我跟年轻医生严格规定“你如果想让我放手让你做手术的话，你得先过好止血这一关，你手术出血少了，我就让你做”。我年轻时候的老师姚岱教授和加拿大的Armstrong教授就是这样训练我的。我很高兴，我在协和医院和到了武警总医院以后，科里的年轻医生都很支持我的这个规定，很快麻醉科的医生就发现骨科的手术出血越来越少了，而且手术速度也大大加快了。

熟悉解剖至关重要

熟悉人体解剖是作为一名外科医生必备的基本功，骨科医生尤其如此。骨科手术每变换一个切口部位，它下面的肌肉神经和血管的走向都是不一样的。术前你要对入路中所遇到的解剖结构非常熟悉，要做到闭上眼睛，这些结构历历在目，就像在你眼前挂了一幅手术解剖图谱。我学骨科是从画骨科图谱开始的，“文革”后期医院的领导感到大医院不能只培养会拳打脚踢的、外科各个专业都能干的大外科医生（我当这样的医生当了十多年），还是应该培养专科医生，否则将会影响医院的水平。我被选进骨科专业，当时我还在搞运动没有回到科室，我就借了一本骨科手术入路图谱，每天学习，睡觉前用透明纸描两张图，熟悉人体解剖入路，同时再弄个人体骨骼标本，为进入骨科做准备。

在从事脊柱外科以后，我的办公桌上总是摆着几块人体的椎体骨标本，手术前先要根据解剖常识和病人的特点，做好缜密的手术计划。大到每一层次的手术计划步骤，重要的神经肌肉组织的解剖部位，小到每一个手术细节可能出现的问题，都要想透，这样手术时就可以轻车熟路，从容不迫地进行，知道下刀子的方向，敲打骨刀的轻重，能够不差分毫地避开重要的组织结构。

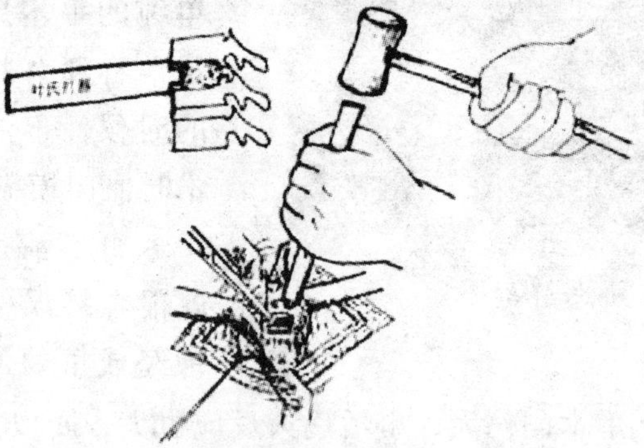

简单有用的嵌入器

此外，为了减少合并症，加快手术的速度，我还设计了许多手术器械，改进手术书上介绍的一些手术方法。在20世纪70年代后期，颈椎病手术在我国刚刚广泛开展时，在前路颈椎间盘手术嵌入骨块时，要将骨块嵌入至椎体前沿皮质下方2～3毫米部位，以避免手术后骨块滑出，但又不能过深压迫脊髓（许多人，包括有些名士，都在此出了错误）。由于敲打骨块的时候，敲打力难以控制，发生过许多骨块过度嵌入压迫颈髓截瘫的病例，为此我精心设计了一个简单但有用的嵌入器，能顺利地嵌入骨块到要求的部位，即椎体前沿皮质下方2～3个毫米，而不会发生过度嵌入伤害脊髓的错误。我喜欢做这些人家不屑一顾的小玩意儿。

针对早期文献中打椎弓根钉进点描述混乱，容易导致打钉方向偏差错误，误伤脊髓神经的现象，我带领博士研究生杜心如建立了

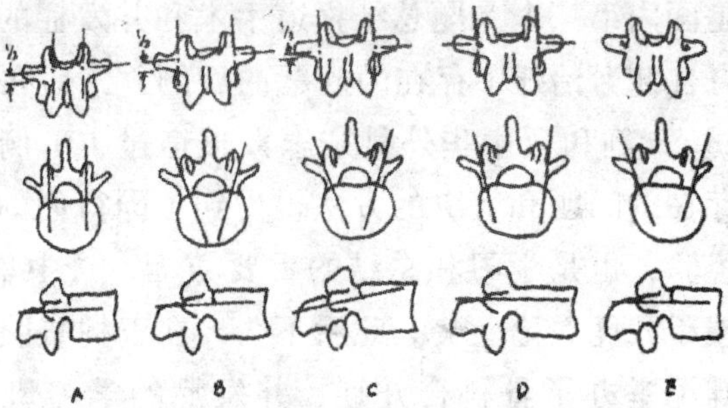

各国文献中进钉点和方向描述紊乱

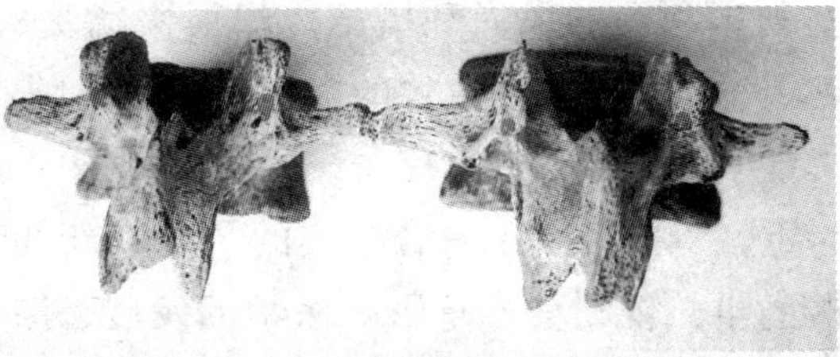

人字嵴

新的进针点“人字嵴”，并且设计了圆锥形的椎弓根插入器。还根据我的手术体会编了一个顺口溜:“找好人字嵴，进针慢慢走，跟着感觉进，不跟角度走”。大大地提高了进钉的准确性。

我觉得一个临床研究生在短短三年内，如能结合临床工作去研究解决一个问题，足矣！不必言必“基因”，这些留给搞基础的同志去搞吧，这不是一朝一夕能出真正的“结果”的。

及时总结正反两方面的经验

随着时间的推移和医疗实践的深入，越来越让我体会到脊柱外科是一门相当复杂的学科，它涉及骨科、神经外科、遗传、骨代谢，与生物力学、软骨细胞生长等都有关系。有些病例在治疗上有时很难取得预期的完美的结果，很多的病例，书本上是没有先例的，所以我每做一个病例都像对待我第一次手术时一样的小心谨慎。即使如此，仍然难免会出现一些失误，出现了失误怎么办呢?手术失败了，也有值得吸取的经验教训，要仔细分析原因，不要掩盖缺点，要实事求是地去总结，最好公布于众，让大家一起来讨论，集思广益，加速问题的解决，以利于提高技术，造福以后的病人。我可能是国内第一个专题总结报道手术和并发症的作者。我收集到院内外脊柱侧弯治疗中存在的问题的病例，先后在《中华骨科杂志》报道过63例和《中华外科杂志》报道过101例，综述脊柱侧弯治疗中存在的问题和解决的方法，受到了同行们的肯定。一致公认反面的经验，也是学习和总结的重要方面，《中华骨科杂志》还特意专门授予我优秀论文奖。此后不久，在王树寰院士的支持和倡导下，在蚌埠举办了骨科合并症、并发症的学习班，并创刊了《骨科合并症和并发症的防治》杂志，对于防治手术失误，提高对病人疗效，起到了很大的作用。我认为自己暴露缺点，这不只是学术问题，而是体现了医务人员全心全意为病人服务的高尚品质。但很遗憾，这些利国利民的风尚和措施，却很快就受到阻碍并夭折了。一些缺乏人类良知和职业道德的媒体记者和律师，从医生自己报道的医学文章中去搜寻医生医疗失误的所谓证据。希望他们能够以人民利益为重，少搞一些不符合事实的“轰动新闻”，多做一些促进医患和谐的事，否则会严重影响医学的发展，医学发展不了，最终还将损害广大病人的健康和利益。

和王树寰院士在一起

每个医生都会在医疗实践中提高，要想提高得快，就要靠自己刻苦地及时地随诊病人，总结经验积累资料，学会科学地分析和写作论文，并参加会议和学术报告，这样你才能更快地提高，能够发现问题，能够改进前人不足之处，为医学做出贡献。我发表的中英文论文不多，就只有 80 多篇，但都是我的实践总结，亲手写的，有一些也起了一些作用，曾先后 4 次在国内外获得优秀论文奖。但我追求的不是这些，而是看到自己的论文或者著作能对病人和年轻医生有一些启迪，内心就得到安慰和满足了。现在许多年轻的医生在这方面还欠缺一些，常常要在晋升的时候才发现论文不够，急需论文时，才感到手头缺少写论文的资料。不少医生曾到我的办公室，请我帮助搜寻。我很乐意帮助他们，将自己积累的资料毫无保留地给他们，让他们去写，指导他们从哪个角度去写，并把他们的名字放在第一作者的位置。但更好的办法是指导他们自己去积累资料。冯传汉老教授曾语重心长地跟我说道:“我感到现在的年轻医生有些浮躁，不愿意做长期艰苦的临床资料的积累和总结工作，一味追新，追新东西是要鼓励的，有利于赶上世界先进水平，我不担心他们在这方面的能力，买进一两套新装置，请人来演示一下，或者出去参观参观，很快就可以掌握了，但不能满足于抢先报告我能做什么新手术、新技术了就止步了，而是要进一步去消化，要长期随诊你的这些治疗结果，积累临床资料，这样才有持续发展的可能。”愿大家牢记长者肺腑之言。

愿为病人担风险

40 多年的从医生涯，经受过无数的难忘的经历，回忆起来大多数能让自己感到高兴，有时候心底还冒出一丝的自豪感，但也有愧疚和自责，因为也犯过一些错误。我们医生从事的是临床工作，实际上可以说是从病人身上学习的，是病人培养了我们医生，病人治好了，你就积累了临床经验，提高了水平，治疗效果不佳，医生在探索改进的过程中，病人也是付出了痛苦代价的。好的医生要勇于承担风险，去解决过去认为不治的或者难以治疗的病痛，在实践中提高水平，少犯错误。

回想起我还是医学生的那年代，老师讲课时提到心脏外科法洛四联症，在当时是医学里高难度的禁区，死亡率高达 80%。但是在医生和患者及患者家属相互信任下，经过几十年的努力，付出了血的代价，到现在这类手术的死亡率降到了百分之几。这些都是患者和医生相互信任共同努力，付出血的代价换来的。若不敢勇闯禁区，医学永远发展不了。

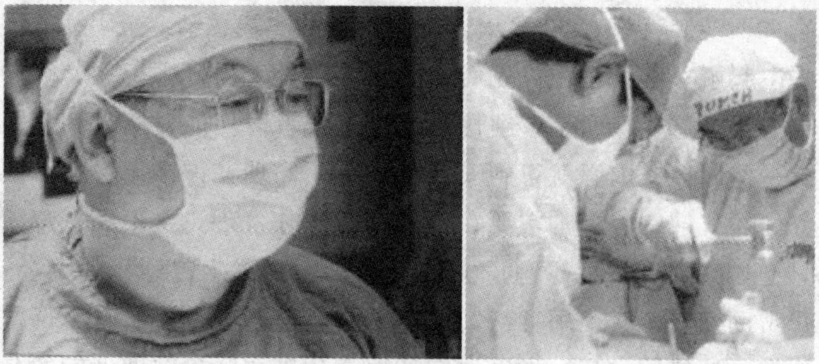

我深切希望病人和医生之间充满更多的相互信任

我常常想起过去困难的岁月里，病人含着眼泪将自己的亲人托付给我们大夫时的情景。病人家属常常追到手术室电梯口说："叶大夫，我把孩子交给你了，他（她）就是你们的孩子。"医患之间充满了相互信任，也让自己心中充满了责任感，真心诚意地把病人当做是自己的亲人。当有些病人抢救不过来时，病人家属反而来安慰心情沉重的医生："谢谢你们，你们已经尽到责任了……"哪像现在一些人想方设法找茬打官司。我不明白为什么今天的医患关系会变成这个样子，有时候让我感到伤心，但是我并不灰心，我常常对年轻的大夫说："要忘记这些不愉快的事，踏踏实实的做人做事，最终会感动上帝——广大病人的。"我和全科的年轻医生，同心同德，不辞劳苦地设法救治危难重症病人，想法为他们少花钱治好病。这些病人不少是下面医生或者是我自己的学生介绍来的，有些是仰慕我们协和医院和武警总医院的医疗技术专门找上门来的。许多好心人劝我"都这把年纪了，不要做太难的手术了，做成了在您叶老的光环上也添不了多少光辉，一旦失败了将会把您的一世英名……"我也确实犹豫过，但当我看到病人及其家属眼睛中充满了对医生祈盼的眼神时，我又不忍心让病人失望和伤心。我们在近二十多年来手术过不知多少个别的医生不愿意做的疑难重症，有很多是病人自己仰慕我们医院的医德医术，千里迢迢找上门来的。当自己读到病人来信："谢谢叶大夫圆了我爱美的梦"；"手术之前我常常觉得自己是盛夏的一片黄叶，是您用高超的技术恢复了它本来的青绿……"也收到许多病人来信告诉我，他手术后，恢复了信心，上了大学，考上了研究生，在国内国外得了双博士学位等。还有很多病人始终深情地记住我们医生。东北有个病人在七八岁时我给他做过手术，把他从残疾中拯救过来，每年到了他手术的日子，他父亲都要带着他到林子里去采蘑菇，然后晒干了寄给我，孩子都十七八岁了还在这样做，物轻人意重呀！令我十分感动。病人的真诚的需求，又让我不忍心放下他们，自己身体还健康，眼不花，手不颤，思维还敏捷，开刀的速度不减当年，那就继续为那些可爱的孩子们再做一点事吧！生命不息，攀登不止。自己别无他求，如果自己的所作所为，能够为建立和谐的医患关系做一点贡献，则吾愿足矣。

登华山之巅兮，吾心浩荡

奔赴西藏阿里高原

参加西藏阿里医疗队

西藏阿里医疗队的起源，是文化大革命中，受到“四人帮”干扰而重病缠身的周恩来总理，在听到阿里地区边防战士和当地居民缺医少药的情况时，周总理就指示在北京的协和医院（当时叫首都医院），说你们能不能带个头，派个医疗队到阿里地区去为当地军民服务。第一支医疗队就这样派出了，一年替换一次。我参加的是第三批赴西藏阿里地区医疗队，我匆匆在医院护士楼顶楼一间十平方米左右的小房子里，草草安了个家，从梅州老家把母亲接来，安排好即将临盆的妻子，就出发了。医疗队一行十五六人于1974年4月10日上午从北京出发，经过三天三夜的火车旅程，到达乌鲁木齐。新疆卫生局把我们安排到八楼宾馆，进行进西藏阿里之前的准备工作，学习高山疾病的一些特点和诊治的材料。我们每天早上起来绕着八楼跑步，提高体力，同时等待阿里地区来接我们的汽车下山来，因为到了四月份以后山上的积雪才能够融化，道路才能通行。

游览天池和菊花台

在等待去阿里期间，我们抽空去游览了一下新疆迷人的风景区——天山的天池和菊花台。由于天池位于两千多公尺高的天山上，

重峦叠嶂，逶迤绵延，上浮一抹长长的云烟

当地的卫生局也有意让我们去适应一下走盘山公路和锻炼爬高山，有助于我们适应阿里地区的高原气候。我们乘着吉普车经过了三个小时的路程，爬上了两千多公尺的天池，第一次体会到爬山和盘山公路的一些险峻的情况，到达了天池。这是我们国家有名的由火山形成的一个巨大的高山湖泊，有些地方深达几十米，湖中常常出没不知名的怪兽，2009 年中国中央电视台还专题报道过有关的画面和有关的分析争论，至今仍然是一个谜。一望无际的湖面一平如镜，碧蓝碧蓝的水倒映着蓝天中的悠悠白云和两边山上茂盛的雪松，湖光山色，美丽动人，十分好看。天池据说是王母娘娘洗脚的地方，我们医疗队很多的女队员们和许多女游客都兴高采烈地卷裤，脱鞋，脱袜，泡脚，试图养颜返童，这幅情景在阳光的辉映下形成一条独特的风景线。这里的高原植被分布风景非常美丽，在湖边的草地上方是一大片雪松林，再往上走就开始出现比较稀薄的灌木和草地，再上就是皑皑白雪覆盖的山顶，这是高原植被分布的一个奇特的景象。这个时候树林里开始有蘑菇了，和我们一起去的当地同志都钻到树林里去采蘑菇。我们在山上支起烤羊肉的炉灶，从宾馆跟随我们来的维吾尔族的厨师教我们烤羊肉串。把切好的羊肉块穿在一根铁条上，放在炭火上，撒上作料不停地翻滚烧烤着，整个山谷

烤羊肉串的浓香弥漫天山

间顿时弥漫着烤羊肉的香味，让人垂涎欲滴。这是我生平第一次吃烤羊肉串，竟然一口气吃了五串，一直饱到晚上都不想吃饭。在游览天池以后，我们又转移到另外一个景点——菊花台。这是一个周围被大片雪松林围绕着的广阔的草地，有几亩地那么宽。哇！菊花台原来就只是这么一个平坦的草地，上面有几堆牛粪，零散的开放着几丛黄色的野菊花，在四月的冷风的吹拂下，菊花在风中哆嗦地摇曳着。看着此种景象，突然在脑海中冒出陶渊明采菊东篱下的情景，仿佛听见他满怀思家的心情在吟诵着："归去来兮，田园将芜胡不归……"的诗词。我却离别即将分娩的妻子，西去缺医少药的阿里。看着被冷风吹拂着的黄菊花，顿时在我心中涌起了一缕思家之念，飞向远方。我遥望着东方，心里想着妻子的情况，她越来越接近生产了，她一切都好吗？和我刚来的母亲能相处得好吗？……思绪万千，不能自已。

横穿新疆南北，西去阿里高原

在四月的一个早晨（1974 年 4 月 28 日），我们终于踏上了西去阿里高原之路。从乌鲁木齐出发，穿过仍然积雪的天山，沿着一段唐僧取经的道路，向南驶去。我们途经了据传是女儿国的鄯善，库尔勒，阿克苏，库车，喀什……穿过天山之后，大路迢迢，清一色的都是泥沙土路，路面坑洼不平，汽车过处，卷起滚滚的黄尘。汽车就裹在这样迷漫的尘土中前进，在它的后边还拖起一条长长的“尾巴”，像喷气式飞机喷出的烟雾一样。真是：一路飞沙迷日色，黄沙障眼路难行。途中下车打尖吃饭的时候，第一件要做的事就是取下围在脖子上的毛巾，掸去帽子和衣服上厚厚的灰尘。渗透进口腔中的黄沙，使得在说话时牙齿之间沙沙作响，露在外面的头发，眉毛，鼻毛全是黄色的，孙悟空若在，一定会亮出金箍棒大声喝问:“何方来的黄毛妖怪?”

在沙漠之地，一路都很荒凉，有时走很长很长的一段路程，渺无人烟。有一天，走的路程特别长，一路上没有人烟，环顾四周都是不长草，只长一些骆驼刺的戈壁滩和黄色沙丘。大家都在慨叹当年的唐三藏没有汽车，就牵着一匹瘦瘦的白马，真是难为他了。大家说起西游记故事来，以消遣漫漫长途的无聊。后来，带在身边军用水壶里的水也喝光了，大家觉得口渴难受，渐渐地都懒得说话了，就在车上昏昏睡去。恍惚间，我忽然听到悟空在呼唤:“师傅，俺老孙送水来也。”睁眼一看，见孙悟空一颠一颠跑了过来，捧着个脸盆那么大的盂钵，里面全是清水，我猛然看见我们全都穿着黄色袈裟，我们怎么都变成和尚了？一吃惊睁眼醒来，原来是南柯一梦，因为刚才谈论了很多关于唐僧取经的事，大脑就把想喝水的兴奋点链接到西游记里去了，于是我们就都变成和尚了，辛苦老孙——悟空取水去也。

沿途中偶尔能看到路边有一些维吾尔族的同胞在做生意，卖酸奶，烤馕等，我们就停下来，也去参观了一下他们的地窖式的住处。因为当地缺雨，他们的窑洞眼不是打在侧方的，而是与地面垂直的一个地洞，洞口小里面大，有个土台阶通到下面，有2~3米深，透过洞口照进阳光，冬暖夏凉，很有趣。途经喀什市的时候，我们瞻仰了维吾尔族的清真寺，有些人还拜谒了香妃墓。香妃是风流皇帝乾隆唯一的一个维吾尔族妃子，是阿里和卓之女，从一个侧面见证了我国的民族和谐，有悠久的历史。途经英吉沙的时候，我买了两把藏刀挎在腰间，这既是我们彪悍男士的装束，也是我们去阿里吃手抓羊肉和开罐头时的重要工具。一路风尘仆仆，我们终于在第五天到达了昆仑山脚下的叶城。

翻越昆仑

我们在山脚下的叶城休整了三天，补充了一应登山物资以后，开始翻越莽莽昆仑。汽车逶迤前行，突然地，横空出世，一座高山拦住去路，抬头望去，山与天相接，透冲碧汉，此乃昆仑山也！古人曰：“天不满西北……”说的是西北的天空还有没有填满的窟窿，昆仑山位于八卦的乾位上，有塞空补天的作用，故古人称昆仑为“天柱”。汽车开始爬山了，但见峰峦重叠，山道弯弯。贵州有六盘山，毛泽东有诗曰：“六盘山上高峰，旌旗漫卷西风……”。在青海有个十二盘，就觉得很高了，可在此处的昆仑山上，一盘盘逶迤的盘山路，谁知道要翻越几十盘？没人去统计过，但见盘山公路曲曲弯弯通向云端。

山路弯弯通向云端

从车窗探头望去，远处的山峰巍峨矗立，恰似排柱，俯视路边，峭壁悬崖间，尖石似牙，山谷中盘旋着呼呼的啸风，令人炫目，让人心怵。许多人赶紧缩回头来，不知有谁惊道：“如果车子翻下山去，滚到崖底，怕要用笤帚才能扫起我们的英雄身躯了。”许多人都郁闷他的不祥之

峭壁巍峨，山风呼啸

远山矗立似排柱

言，车内一阵静肃无语。我赶紧笑道："哈哈，到那时就你中有我，我中有你了。"大家一听哈哈大笑，缓解了尴尬的气氛。

汽车加大油门发出轰轰的吼叫，逶迤直奔海拔5000多米的第一个大坂的山巅，人们开始越来越感到气短头疼，但到得山顶上抬头望去，碧空湛蓝，白云悠悠，顿时让人忘却不适，神清气爽。众人手搭凉棚，挡住耀眼的阳光，举目望去，只见远处的山峦重重叠叠，如万兽奔腾，远方还有比眼前这座山峰更高的山峦，山顶上覆盖着皑皑的白雪，和碧空中的白云隐约相连。高原景色是如此的美妙壮观，真是：层峦如跃兽，积雪似堆云。风光无限好，只予登高人。

层峦如跃兽

第一大坂顺利地翻越了，等一会儿还要到更高的大坂。大坂者，山中的高峰也。弯弯曲曲几十盘的盘山路，从北坡底盘旋而上高峰，然后再绕到南坡，再盘旋而下，翻越一座大坂需要大半天的时间。第二个大坂虽然比第一个

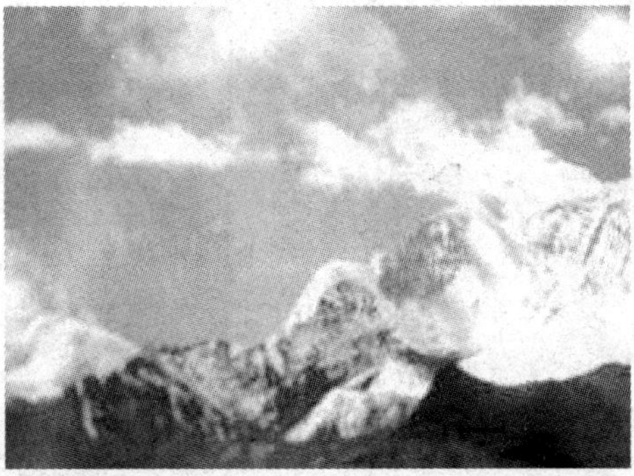

积雪似堆云

乌云笼山日光寒

大板稍高，但有了翻越第一大坂的经验，心情稍微轻松一些，有了更多的心绪去领略那举世闻名的巍巍昆仑山的英姿。但见：笔锋挺立透霄汉，乌云笼山日光寒，山风呼啸似闷雷，寒气凛凛透脊梁。在山的背阴处积雪和寒冰常年不化。这昆仑大山呀！威严而荒凉：不见山头树，鸟声无处闻。峭峰空仰视，欲上叹无门。

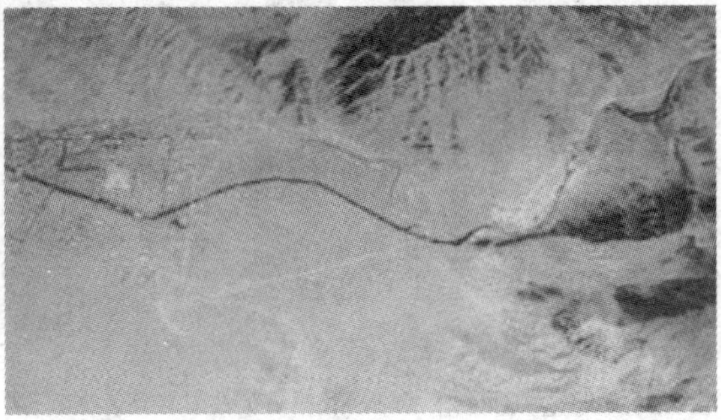

卫星图示界山大坂至阿里镇的高达6000米的惊险路段

在翻越最后一道最高的大坂——日土界山大坂时，着实让我们体验了大山的威严。车从北坡盘山而上海拔6000多米的山巅，在这里就不能像前面两座大坂一样。当大家有缺氧反应时，车子很快地盘山而下，在这里盘上山巅以后，汽车要在海拔6000多米高的山梁上行走半天，才能下山。四月的昆仑之巅，地表的积雪坚冰刚刚开始融化，表面上化开的冻土被汽车碾成泥浆，泥浆下面仍然是硬邦邦的冰层。我们的汽车一不小心陷进冻土的洼坑里，只见车轮飞转，任你发动机嗷嗷地轰鸣，汽车车轮也只能向外飞射出泥浆，却不能前进一步。我们大家都下来推车，下得车来，只感到冷风嗖嗖穿透皮大衣，直袭脊梁，上下牙不住地咯咯直响，缺氧稀薄的空气让人头痛欲裂，能听到十米开外别人急促的呼吸声。几个女同志和体弱的男士已经斜歪卧在山坡上，抱着氧气袋难受地哼哼着，只有有绰号假小子的女队长张季春和我们几个年轻的男士一起往车轮底下垫石块。手搬两斤重的石块走那么二三十米，这在山下算得了什么！可在此地就是极度的困难，像刚跑完了100米比赛一样呼吸急促，心脏怦怦跳动，直擂你的胸壁，口唇指甲发紫。大家齐声呐喊：一二！加油！从车后试图将汽车从陷坑中推出来，但几次都失败了。可能是用力过度，我感到一阵眩晕，“哇”的一声吐了起来。同志们把我扶到了车上，将氧气袋上的小管子塞到了我的鼻子里，吸氧两分钟后症状好转，我又跳下车来投入到推车的战斗中。最后不知哪位聪明的同志一声呼喊，大家快把皮大衣脱下来塞到车轱辘底下去，这一招果然奏效，“呜”的一声汽车冲上了干爽的路面，大家发出一阵欢呼，这是死里逃生的胜利呼喊。要知道，如果车陷在这里出不来，要在海拔6000多米的山梁上冻上一夜，那就不知道有几位同志要永垂不朽在这里。人生经历过此险，思想境界就有了提高，以后碰到困难，都会说比之上阿里，这点困难何足道哉！

劫后余生，在6000米的界山大坂上合影留念

在班公湖畔留个影

下午2~3点时分，我们开始下山，直奔阿里地区的日土县，汽车在日土县境内的班公湖畔行驶了一个多小时。这是一个属于中国和印控克什米尔共有的高山湖泊，此湖有一个特点：印方一侧为咸水，中方一侧却是淡水，两国均有炮艇在其中巡逻。一望无际，好大的一个高山湖泊，我们站在班公湖畔大声高喊："我们来了！"大家正兴奋地极目环湖眺望间，猛然间一阵大风骤至，湖面顿时波涛汹涌，但见：白雾漫天全水汽，沧波影日晃寒光，万叠波涛连四野，耳闻风吼水浸天。阵风一停，湖面顷刻间又平复如镜，在粼粼的波光下，依稀可见悠悠白云在水下的山峦间穿行，真乃：人在岸上走，淡云水中飞，历尽艰难后，尽享丘壑美。如此美景，只有经历过艰难困苦后之人，才会有此美妙的感觉。佛家语曰："有缘有份方受用"，凡人是享受不到的。

日土县委和当地的驻军设宴款待我们这些从北京远道而来的客人，餐桌上摆满了各式各样的军用罐头，再加上一大盘班公湖中鲜美的鱼，让我们胃口大开。饭后继续驱车三个多小时，到达了目的地狮泉河阿里地区。这是世界上海拔最高的城市，坐落在海拔4500米的高山上，由几座砖瓦或干打垒建成的四合院式的建筑群组成，没有楼房。狮泉河静静地穿城而过，在阳光照拂下，有如金色的带条，河畔依稀可见开着小红花的红柳，装扮着高原小镇的春天，宁静秀美。阿里军分区和卫生局设宴欢迎我们，并安排我们在招待所休整，逐渐适应高原缺氧的环境。晚上起夜时，你会听到周围睡着

措勤小组成员，在4500米狮泉河镇红柳畔合影留念

的同事在睡梦中发出的“唔呀唔呀”之声，如同在重压下发出的呼喊，这是梦中对缺氧的下意识的反应。

高山昏迷——上阿里地区以后的第一次考验

到达阿里地区后刚刚三天，我们正在招待所宿舍里准备一些到基层去的医疗器械及装备，突然有两个解放军气喘吁吁地跑到我们宿舍说：“医生赶快！帮我们抢救一名战士，他昏迷了！”病人就是命令，队长和我们几个主力队员赶快随着他们赶往军分区的卫生所。我们已经忘记了初到高原走路应该慢一点，以防止高山昏迷的警告！

跟着解放军战士，全力冲刺赶到卫生所，只见床上躺着一个年轻的战士，已经处于昏迷状态，上下肢在不断地抽搐。战士们极度焦急地望着我们，他们简单给我们介绍说，这是年轻的战士王海，是北京架线连派到阿里地区架电线的，前天感冒了还继续坚持工作，所以今天中午突然出现昏迷。根据我们的判断他是得了高山昏迷，这是一个很凶险的高原反应情况，在这里以前就死过这样的病人。

我们几个人果断地做出了抢救措施，第一赶快给他输氧，第二赶快保护病人脑子。脑袋用冰袋物理降温，赶快使用冬眠灵镇静药、激素和抗生素，给脱水药甘露醇，静脉补液，维持血压，纠正电解质平衡，保护肾脏，观察尿量等一系列的综合措施，以防止可能出现的一个一个的问题。一些在山下本来不是问题的问题，在这里，在这样的边远的高原地区就会给我们带来很大的困难。如给头颅降温，可是在高原上哪有冰袋呢，我们想起了当地非常冰冷的井水，用大塑料袋装好水，把口扎好，把昏迷战士的脑袋枕在上边。战士们轮番地帮我们打井水，不断替换塑料袋中温度不够凉的水。协和医院医生们娴熟的技术措施，像行云流水般一样一样地落实在病人身上，王海的情况也随着抢救措施的落实，一步步地好起来了：脸色开始红润了，抽搐也逐渐减少、消失了，呼吸均匀了，脉搏心率平稳，尿量逐渐增加了。

看到王海逐渐从死亡线上被拉了回来，大家都很高兴，卫生局和军分区的领导心情也复杂地变化着，由惊讶—赞许—放心，他们指示说：“医疗队抢救过程中要什么一定要想办法给什么。”没想到第2天新的情况又出现了，病人发烧了，喉咙里不断发出痰鸣音，我们果断地进行插管捏皮球、输氧、吸痰。经过这些处理后，病人逐渐好起来了。可是第3天又出现了新的问题，病人的喉咙里又不断发出痰鸣音，我们从气管插管中伸进一个导尿管进行吸痰处理，但是好像效果不大，因为痰在大气管里头，比较深，怎么办？我们就在床头开了一个紧急会议，我觉得应该做气管切开，这样才能够更好地吸痰，否则合并肺炎就不可收拾了。在阿里地区医院医疗器械的支持下，我们紧急给病人做了气管切开术，插管、吸痰……病人终于又一次脱离了危险。就这样经过了7~8天的拉锯战，一天，帮助看护王海的战士突然惊喜地叫着：“他醒了，医生快来看，王海睁眼了！”我们赶到床旁，一起大声呼喊“王海！”果然看见王海的头能够转向喊声处，并睁开了眼睛，抢救终于成功了！我们大家欣喜万分！当地领导给予了很高的评价说：“你们医疗队不仅抢救了王海年轻的生命，而且也给了当地军民一颗定心丸。有北京医疗队在，我们的生命就有了保障，将鼓励我们放心大胆地开展工作。”

几个月后我们收到回北京康复以后的王海寄来的充满激情的来信。说明他虽然有十多天的昏迷史，但由于我们及时得力的抢救措施，他的智力并未受影响。初战告捷令我们备受鼓舞，也预示着前面还有更艰险的任务在等着我们。

1974年，我“生”了三个女儿

三个女儿的出生均有一段动人的故事，至今令人难以忘怀。

我的亲生女儿叫阿里

我受命奔赴西藏阿里地区医疗队时，我夫人已身怀六甲，即将生产。临行前半个月，我匆匆在医院护士楼顶层一间十平方米左右的小房子里，草草地安了个临时的家，以便我爱人临产时方便住院，这样，同事们照顾起来也方便。全院同事们都很关心我的境况，工人“傻子兄弟”张绍才想到我母亲是南方老太太不会生煤炉子的困难，帮我买到当时很难得到一套煤气罐灶；王修来师傅看到小屋外面风大，缺少一个挡风的厨房，二话没说，就替我在屋子外面盖起了一间能挡风的小厨房；医科院器材处的老祖（药材科张文峰主任的丈夫），从器材处搬来好多装进口器材的三合板木箱子，并且亲自从器材处一直扛到护士楼五层楼顶，组装成小柜子，放到厨房里，摆放东西；隔壁的内科护士长鲍英说：“你放心走吧，有什么事，叫你爱人敲墙，我马上就过来。”真是危难中见真情啊！

因我岳母已过世了，在出发前一周便匆匆忙忙地急电家中请母亲北上前来帮忙。没有出过远门的南方老太太，只身北上，先坐汽车一天从梅州到广州，再换火车到北京，你想有多难啊！我叫同学

我母亲（左）和大埔阿婆

叶贤铮，在广州汽车站帮忙接送他从来没有见过面的我的母亲。约定我母亲出站时手握一本卷成筒状的杂志，以便辨认。这种地下特工人员的接头方法还真挺管用，顺利地将我母亲送来了北京。我到车站接到坐了近40个小时火车满脸倦容的母亲，心中一阵酸楚，不禁潸然泪下……好在护士楼住着一家梅州大埔县的客家老乡，妇产科的吴慕珍大夫和她的婆婆，还有一家印尼的归国华侨护士罗燕芳女士（可惜这些好人都已经作古了）。每天她们都来和我母亲作伴，和老太太讲讲客家话，聊解我母亲初到异乡为异客的孤寂，又看到我贤惠的太太对母亲十分敬重，彼此相处如母女，令我在出发时心里放下了一块不安的石头。

人们只知军令如山倒，一声命下，战士义无反顾，勇往直前，生死不惜，人们可能很少想到医生和护士何尝不是这样，病情和灾情就是命令，一声令下，他们一样抛家弃子，日夜兼程，奔赴抢险救灾第一线！

到了阿里地区以后，很快我就下到边远的措勤县，途中又翻过一座大坂。在山脚下还是晴空万里，到了半山腰时却下起濛濛细雨来，待到了山顶，却见纷纷扬扬下起漫天大雪来，这是多么奇妙的垂直式的气候变化。到措勤县两天后又下到得骑马一天路程的达雄区，临行前县委书记关心地问大家："你们家里有什么事吗？如果有信和电报来，我们会通知你们的。"当张队长告诉他说，叶大夫的爱人将要分娩了，心里惦念，老县委书记说，那您放心，只要你家里有电报来，我马上让通讯员快马加鞭给你送去。到达雄区以后，工作之余，我常常掐算着小孩该出生的时间，每天向东南边的一个山口凝神眺望，看看有没有骑马的人过来。和我一起下乡的黄明方大夫安慰我说："你放心！让我给你算算命，看生的是男孩还是女孩。"他问我，是不是家中老大？我说是，他说那么你爱人是不是家中老大？我说不是，她是家中老三，他又问，那么你爱人上边的是哥哥还是

我太太和我女儿

姐姐？我说是姐姐，他就说："嗨！肯定是女儿！"我问他有何根据，他说他有个理论，两口子都是老大，第一胎生男孩子的概率90%以上，如果男方是家中老大，女方不是老大，她上边是姐姐，生女孩的概率是90%以上。我笑了一笑说："只要健康就好。"

8月13号的下午傍晚时分，太阳已经落到山那边去了，天空中喷射出五彩缤纷的祥云，映红了半边天，很美丽……正眺望间，我突然眼前一亮，在山边上出现一个小黑点向山下冲来，黑点越来越大，我看见了一个小伙子骑着马。我心里一阵激动，肯定是给我送信来了。这小伙子一阵风地冲到我跟前，滚鞍下马，手里扬着电报："叶医生，母子平安！"我一听就高兴了，赶快打开来一看，我的女儿平安地降生了，胖丫头还8斤多，真高兴！我带通讯员去吃了饭之后，他又匆匆赶回县里去了。

胖丫头

女儿出生以后，我太太经历了一个不平凡的令人难以忘怀的坐月子时光。我回京后，她对我讲了很多帮过她的热心人和动人的故事，还把每天有谁来看她，做了什么事都记在一个小本子上，说："您看吧！"我翻着小本子，看到那么多熟悉的名字，一边听着太太倾诉着他们怎么样关心她，帮助她和我们的小女儿。连炊事班刘思源班长，一听说叶大夫的爱人坐月子，就把当时很紧缺的鸡蛋、排骨、活鱼等滋补身体的东西，二话不说就帮忙买好了，送上门来；病房里的徐护士长带着护士们，每天都来看她们。我爱人指着小本子上一个个名字讲着同事

欢乐的奶奶和孙女

们来看她和小女儿的情景，我眼前就好像展现出电影的特写镜头一样，一幕幕地浮现着他们的一张张笑脸。他们是那么喜欢地叫着我们的女儿:“小阿里，小阿里!”我的女儿在咧着嘴笑，这样的情景多么动人啊，多么感人啊！所以我和夫人决定就将女儿的名字改叫“阿里”，这是大家给取的名字。

也许是我平常在医院的时候平等待人，不管是工人还是干部，认识的不认识的，请我帮忙看病或者做手术，我从来都是一视同仁，热心相助，所以在我困难的一年里，有那么多人伸手相助，热情回报，让我很感动。

为藏族同胞剖腹产——第二个女儿的降生

在讲述这个故事之前，我需要先讲一个令人感动的小故事。在我被派赴西藏阿里医疗队之后的一天，在协和医院的西门，我碰到了妇产科林巧稚主任，这是一位令人尊敬的老太太。她对我说:“叶大夫，今年我们妇产科派不出人赴西藏阿里医疗队了，妇产科的工作就交给你了，你要做好。”我无法推卸这位令人敬畏的老太太的命令，赶紧回答说:“是，但林老教授交给我的担子对我压力太重了，特别是当有了病人难产时，两条命交到我手里，我很惶恐啊！我有个请求，能否在近期让我再看看剖腹产，虽然实习时看过，但是没有亲手做过。”她说:“好的，我帮你办到。”我以为她只是说说而已，后来才知道，她把这件事当做一件大事来办，在全科大会上进行了布置，指示最近如果有剖腹产一定要找到骨科的叶大夫来看，并在妇产科病房记事的黑板上大字署名这个通知。这位全国知名的，经常进进出出中南海为中央首长看病的老医生，为了我的一个要求，如此认真地在办理，让我非常感动。过了很长时间没有碰到剖腹产，有一次在路上我正好又碰到她，她又关心地问:“叶大夫，你看到剖腹产手术了吗?”我说还没有呢，她说:“你放心，我一定让你走之前看到。如果协和医院没有剖腹产，我让北京妇产医院给你安排。”终于在临行前的一个周日我接到通知，赶快去医院看剖腹产手术。手术由吴保桢教授（已故）主刀，他耐心地一边做一边给我逐步详细讲解手术要点和可能出现的问题，以及处理的对策。谁曾想到我学到的这门技术，还真的在阿里医疗队发挥了很大的作用。

就在我自己女儿降生不到一个月，我仍然还沉浸在喜得千金的喜悦之中的时候，我又要开始为第二个女儿的降生焦急操心了。事情是这样的，一天，我接到紧急通知，叫我赶快回县城去，说有急事。回去以后才知道是县里供销社的一个干部，藏族同胞阿爵怀孕临产了，是臀位，容易难产。她做了很长时间的膝胸卧位，试图倒转胎位，但是失败了，需要做剖腹产的准备。

从右至左潘孝仁、叶启彬、黄明方、张季春、刘桂芝和李桂芬（剖腹产小分队）

时值割草季节，全县的居民都到草场上割草，然后捆起来当冬天的饲料，我被留了下来严密观察产妇的变化，同时留有通讯员和一匹马待命。一旦产妇有临产的迹象，马上召回草场上的大卡车来发电做手术，县委书记亲自在手术室门口坐镇指挥，县里的干部都觉得很奇怪，人们谈论着将从肚子里取出孩子的“壮举”。我和县医院的内科兼妇产科的年轻的王医生上台，阜外医院的心内科护士李桂芬当手术器械护士，内科潘孝仁大夫（已故）和检验科的刘桂芝大夫处理剖出来的孩子，张季春队长前后策应。卫生员将手术室的牛粪炉烧得通红通红的，屋子里暖洋洋的。

手术紧张地开始了，手术室里除了刀剪的碰撞声和人的呼吸声，一片肃静。我按照吴保桢教授教我的方法顺利地切开子宫剖出胎儿，是个女婴，赶紧放在潘孝仁大夫的婴儿台上，我又赶紧回过头来，用代替子宫三角钳的卵圆钳来夹住切开的子宫肌层，止血，缝合，额头上紧张地渗出大粒大粒的汗珠，卫生员忙不迭地帮我擦汗。突然“哇”的一声小孩发出洪亮的哭声，我赶紧回过头去看，只见潘孝仁大夫摘开口罩“哇”的一声向地上吐出一大口羊水。原来小孩剖出以后口腔里存满了羊水，哭不出声来，有窒息的危险，急得潘孝仁和刘桂芝大夫赶紧拍拍婴儿的背部，将吸管伸入婴儿的口中猛吸羊水，羊水漫过中间缓冲的小壶直灌到潘孝仁大夫口中，婴儿才哭出声来，脱离了危险。室内外充满了欢笑声……

喜讯迅速传遍了县城每一个角落。以后每当我们上街，碰到当地的藏族妇女，她们都冲我们指指点点、品头论足，一边说一边笑。她们把我们比做天人，说:“能从肚子里把难产的小孩取出来，简直是太神了。”因为解放前在西藏这片土地上，在达赖喇嘛的统治下，在阿里这里不是缺医少药的问题，而是根本就是无医无药，多少年来不知有多少产妇和小孩因为难产不幸遇难，所以长期以来她们对难产充满了恐惧。

第三个女儿的降生是在改则县

我们在措勤工作了半年以后，于春节前又转移到改则县，这个县城规模和人口都大于措勤县。在一个傍晚时分，我们正在做晚饭，突然县医院的院子里传来一个男性的凄厉的焦急的哭声。我们赶紧从屋子里跑出来，只见一个中年男子蹲在大院中哭喊，可他说的话我们一句也听不懂。这时藏族的拉姆院长赶来了，她对我们翻译说:“他说，他老婆要生孩子了，是臀位难产，生不出来，现在是冬天，大雪封山，也无法送到地区医院去，他害怕两条性命都保不住了，要我们救救她们。”我们一边安慰他说:“你放心，我们会想办法抢救你的老婆和孩子，”一边赶快准备剖腹产的器械。有了第一例剖腹产的经验，我就不那么紧张了，和拉姆院长一起，顺利地剖出一名女婴，又是一个未来做母亲的，你瞧我今年的手气好不好啊！一年内，我“生”下三个健康的女儿。

在阿里，我当了一年的全科医生

我是以骨科医生的身份去西藏阿里医疗队的，但真正骨科的手术只做了两例，记得一例是股骨粗隆下骨折，还有一例是下肢坏死截肢。其余的都是别的科的，有普外的肝包囊虫，肠梗阻，阑尾炎，疝气，妇产科的剖腹产，输卵管结扎，五官科的手术等，最多

与县医院扎西院长，王医生和她丈夫留影

的还是当内科医生，看病发药，还兼做当地医生的教学任务。

骨科医生做妇产科输卵管的结扎

前面已经讲了我做了妇产科剖腹产手术的经历，此外我还做了十多例输卵管的结扎。在西藏，国家照顾少数民族，可以不搞计划生育，只要你愿意，照着三个、五个生都可以，但也有些家庭，有了两三个孩子以后，自己不愿意再生了，这就必须打个报告到公社和县里，批准以后才可以做计划生育手术。一天中午，县医院的卫生员匆匆忙忙跑到我们宿舍来对我说:“叶医生，王医生（县医院大夫）做输卵管结扎手术一个小时了，还没找到输卵管，平常半个小时就做完手术了，现在都快两个小时了还没找到输卵管，让你去帮忙。”我说:“我没做过输卵管结扎啊！我去试试看吧。”到了手术室看见王医生从脐下一个小切口，向里面伸入卵圆钳几次去寻找输卵管都失败，我就洗手上台了。我想了一下解剖，子宫和卵巢的解剖关系，子宫像是个倒置的梨形，卵巢是连在子宫的两侧，我就按照这个解剖关系接过卵圆钳先触到子宫底，然后沿着子宫底滑向两侧，张开卵圆钳一下子就把卵巢夹出来了。王大夫惊讶地说:“我不相信你没做过这个手术!”我解释说:“我确实没做过这类手术，连看都没看过。”我告诉他，这是得益于我大学学解剖的时候扎实的功底，我将怎么从解剖位置常识来构想手术方法和操作的讲给她听，她领悟地点点头。

骨科医生做眼科手术

又是解剖学帮我做了眼球摘出手术。有一天来了位藏族同胞，他痛苦地用一块手巾捂着眼睛。原来当地的一位社会游医，用硫酸铜泡的蓝颜色的水当眼药水给他治眼病，以致角膜被化学烧伤，角膜穿孔，晶状体从穿的孔里脱出来一半，卡在穿孔的洞口上，非常痛苦！这用非手术治疗已经无法挽救了，如果不立刻手术摘除右眼球，那么左眼可能发生交叉性眼炎，将彻底葬送两只眼睛，必须赶紧手术。可是我在实习的时候没有实习眼科，好在措勤县的扎西院长说他到内地进修过，进修时去过眼科，看过了几个这手术，但没做过，不过他会做球后封闭局麻。我说:“那好，我们俩合作。”我从解剖学上知道眼球在眼眶由上下左右几块动眼肌连接，根据这个解剖常识，我把这几块动眼肌切断以后，把视神经局麻后切断，很快就把眼球取了出来，通过我们的努力挽救了他的左眼。

创建了一个新疗法

还是解剖学和病理学知识让我自己免了挨一刀之苦。在阿里的时候，非常寒冷，在冬天我们睡觉前洗脚水都无法出门去倒，因为冬天当地的气候是零下十几度至二十几度，所以洗完脚以后，把水盆踢到床底下就赶快上床睡觉了，第二天起来，洗脚水已经结成一个个大冰坨子，所以吃早饭以后，到院子里你就可以看见，家家门口都有一个个冰坨子。由于天气冷，洗脸水也冷，所以洗脸就很草率，久而久之就出问题了，我的左耳前方出现了一个小指头那么大的包块，一按还有点疼，而且还逐渐长大，我一照镜子，糟了，长皮脂腺囊肿了，还有些感染，我赶紧服用了些抗生素控制感染。如果在内地的医院里常规是手术把皮脂腺囊肿切掉，把囊和囊内白色的内容物取出才能好，可是在医疗队里会动刀子的只有我一个，正在发愁惶恐的时候，哎！我忽然想起来了，皮脂腺囊肿形成的病理解剖机制不就是皮脂腺分泌的出口由于脸没洗干净，被灰尘和油脂的混合物分泌物堵上了，用汽油不是可以把那油脂堵塞物化掉吗。我就拿棉签每天蘸点汽油涂在患处，果然效果不错，几天以后皮脂腺囊肿消失了。哈哈，我很高兴！免了挨刀之苦，还创建了一个新疗法。回到医院之后，用同样的方法治愈了很多的病人，这是从发病的机制想到的治病的方法。我还记得我当医学生的时候，就用汽油治好过我老师女儿耳朵里的“胎石”。家乡人说的所谓的胎石是指从娘胎里就带来的，在耳朵里形成的一个很大的耵聍块，当地医院用耵聍水治疗了1年多还是没有好，还不能化开。我想起在五官科实习的时候，了解到耵聍的主要成分还是油脂凝结到一块了，所以我就教我的老师往小孩的耳朵里点一点汽油，一天滴2~3次，果然几天以后耵聍变得像糠一样散开了，小孩的听力也恢复了，他非常高兴。

大小疾病都有一定的发生规律的，研究工作就是要找到疾病发生发展规律。阻断它的恶性循环，这样才能对症下药把病治好，这要求我们有很扎实的基础知识，脑海中要储存丰富的知识，才能产生灵感。

上述的几个小手术之所以能取得成功，得益于我大学学解剖的时候扎实的功底。在大学念书的时候很刻苦，把解剖“啃”得很熟，所以现在发挥作用了，让我在工作中受用无穷，不再后悔当初在大学时死啃书本，浪费了很多青春时光了。真是：“昔年啃书人笑呆，今朝信手方法来，厚积脑库生灵感，苦寒造就梅花开”。

用木匠钢锯做截肢手术

在阿里医疗队时，真正称得上骨科手术的只有为藏族老人做截肢术的一个，还是用木匠用的钢锯截下来的，上一批医疗同志交班的时候说，有一个老人左下肢动脉硬化堵塞了，他的左脚已经坏死了，很痛苦！就等着我这个骨科医生帮他解决呢。我到了措勤以后，就和扎西院长骑着马，多方打听这位带着帐篷赶着羊群四处迁徙的病人，把他接到县医院来治疗，只见他的左脚已经干性坏死了，发出阵阵的臭味，得赶紧做截肢手术。这个本来不很大的手术，却给我添了不少的麻烦。在县医院准备器械的时候，发现缺了一个截肢用的锯子，扎西院长带着我翻遍了医院库房也找不到。我正在束手无策的时候，运气突然来临了，那天我去兽医站，看见他们在大兴土木，从山下叶城请了一位木匠叶师傅，跟我同姓，正忙碌着翻修门窗，他一边忙，一边跟我搭话聊天，无意间我眼尖看见他工具篮里有一把钢锯，我大喜过望，真是踏破铁鞋无觅处，得来全不费工夫。我一把抓住锯子，跟叶师傅说请借我用一下，我拿它做手术，他很高兴，我把钢锯洗干净灭菌消毒以后，顺利地给藏族老人解除了痛苦。叶师傅也很得意，逢人就拍着他的钢锯说：“你知道吗，我这把钢锯是锯过人的大腿的，嘿嘿！”

"烧酒全麻"

一次到帐篷巡回医疗的时候，发现一位藏族青年，斜卧在帐篷里，左手抱着右手在痛苦地哼哼着。原来他在骑马的时候不慎掉了下来，造成右肩关节脱臼，有1~2天了，肩部肿胀。我给他右边的关节注射了两支2%普鲁卡因局麻，然后试图用手法给他复位，但是失败了，因为他肩部的肌肉实在太发达了，可能要全麻下才能复位，可在这里没有硫苯妥钠。正在为难的时候，猛然闻到一股酒香，从我旁边的一个军用水壶里飘过来。我问他："是白酒吗？"他说："是的。"我问他："平时喝几两？""三、四两。""好！"我摇了摇水壶，说："这里可能还有半斤，你给我全喝下去。"半斤酒下肚后，小伙子脸上泛起红光，眼睛也红了。我对他说，你给我躺下，我坐在他的对面，脱了鞋，将我的左脚伸到他的右胳肢窝里，和胸壁之间顶住，双手慢慢牵引他的右手，不一会儿，我和他的头上都渗出了绿豆大的汗珠，滴落在地上，他是疼的，我是热的。一分钟、两分钟、三分钟……不知多少分钟过去了，我的两个胳膊发麻，我仍咬牙坚持着，耳边好像响起我的骨科启蒙老师姚岱大夫的声音："坚持！你疲劳了，病人的肌肉也疲劳了，再坚持一下你就成功了。"真的，过了不一会，只听"咯噔"一声，病人的肱骨头已经滑回肩关节里去了。我好开心啊！我抄起病人的军用水壶，将病人喝剩的两口白酒倒入自己嘴里，以表庆祝，然后用绷带将病人的患肢悬吊，并用绷带将病人的患肢固定在胸壁，嘱咐他这样悬吊三周，等关节囊修复以后，再慢慢练活动。烧酒！这好东西，帮我大忙了！

留下不走的医疗队

医疗队下乡，一方面是当医生，救死扶伤；另一个任务是当教师，将医疗卫生常识传授给当地的卫生工作人员，使在我们离开以后，他们能成为当地民众信赖和喜爱的藏族医生，接替我们一部分工作。因为文化和语言差异，教会他们并非易事。所以我们想了很多的方法，如用狗标本讲解人体解剖，各脏器的位置和功能，带着他们实践，一边做示范一边讲解。对基层卫生人员以药的功能为中心讲解如何用药，这个药治什么病，那个药治什么病，在什么时候该联合什么药治什么病。这些实践为主的方法让他们触摸，让他们操作，收到较好的效果。这些方法，是我们从藏族学员里宰羊的方

为当地培训赤脚医生

法中领悟的。有一天我们医疗队买了一只绵羊，请学生帮我们宰杀。我儿时，在老家也看过宰羊，羊总是在惨叫中被吊死或者在水中溺毙，然后再切开颈部放血宰杀。而他们呢，只是将羊牵过来，让它温顺地靠在他们的大腿上，然后在羊身上触摸着，然后拔出有两毫米粗的缝皮子的粗针，迅速穿刺进去，又一搅动，羊一动不动，一声不吭，不一会儿就口吐白沫倒地，打开胸腔看，只见有很多鲜血，说明他们从实践中学会了祖祖辈辈传下来的准确的心脏穿刺方法，这叫实践出真知。所以我们就用这个实际操作为主的方法，传授他们治疗方法，达到很好的效果。几年后，我们培训过的卫生员，还多次专程从阿里到协和医院来看我们，他（她）们真的成了当地民众喜爱的藏族医生，让我们好生欢喜。

带藏族医生实习

与毕业藏族学员留影

在艰苦工作之余，尽享阿里高原迷人风光

平均海拔5400多米的阿里地区，位于青藏高原西部，毗邻尼泊尔、印度和克什米尔，是世界屋脊上的屋脊。阿里的全境为喜马拉雅山、喀喇昆仑山和冈底斯山所环抱，也有一种说法是，阿里实际上是这几座大山的发端地（就是起点的意思）。阿里地区下辖日土、扎达、改则、措勤等七个县，总面积37万平方公里，比英国（24.5万平方公里）或德国（35.7万平方公里）的国土面积都大，而人口却只有6万多。在这块空旷的大地上，有时候走几十里地见不到一个人，有很多无人区。有个外国记者旅行进阿里地区时，曾经用两句话总结性地描述阿里地区:“眼睛上天堂，身体下地狱”，说的是登上阿里高原，举目四望，那里有连绵千里的喜马拉雅山、昆仑山、冈底斯山，群山逶迤起伏，蓝天上白云悠悠，蔚为壮观，但俯视地上尽是黄褐色的山和戈壁滩，连草地上的青草也都是稀稀拉拉的，羊吃草不是一口一口地吃，而是一根根地叼。那里地势险恶，交通闭塞，所以国外甚至国内一些旅游者都把去阿里看成是带有探险味道的旅游。

我热爱阿里，喜欢阿里大自然的风光，热爱阿里地区淳朴的藏族同胞，我在那里留下了足迹，这个地方是我经常深情回眸的为数不多的地方之一，这里是世界上难得拥有的一方真正的净土，它让我享受了大自然那份纯朴和自然，但你只有投身其中，和当地人民一起生活、奋斗，才会领略到大自然的美丽，才会被它的美丽所陶醉，对它产生无尽的回味和崇拜。巍巍的昆仑，在那里荟萃了多少动人的传说和民族的理想与信念！它是中华民族的博大精深文明的坚挺脊梁，人们到了这里心灵会被净化，无一不被感染，无一不被震撼。无怪乎伟大的诗人屈原在他的九歌里的“河泊”中高唱：“登昆仑兮四望，心飞扬兮浩荡……”诚然，在当时的物质条件下吟诵昆仑的诗人和文人，没有经过上山下乡的锻炼，他们是根本爬不上昆仑的，他们只是凭丰富的想象力用游瑶池、登昆仑来表达他们志存高远的胸怀而已。

阿里的太阳

人们都说阿里是离天空和太阳最近的地方，阿里的阳光应该是世界上最灿烂的，平均一年里有三千个小时阳光普照。由于天空没有任何污染，强烈的阳光毫无遮挡地从湛蓝的、碧透的天空中倾泻而下，普照大地，和山下的阳光相比，虽然更为耀眼和紫外线特别强烈，但却少了几分灼热，可能与当地平均气温太低有关系。所以刚上山的我们，常常佩戴保护眼睛的黑眼镜，但却忽略了戴遮阳的帽子，所以裸露在外的皮肤很快就晒黑了，头脸部突出的部位：鼻尖、颧骨、耳轮上的皮肤很快就被紫外线烧伤了，一片片掉皮。当地爱美的妇女常常用一种她们祖传的“护肤霜”——一种用羊血和红糖按一定比例调配好的膏状物涂在脸上，由于涂抹得不均匀，乍看还有些“丑”。在一个偶然的机会，我无意中窥见了几位妇女洗掉了“护肤霜”的脸庞，哇噻！好漂亮啊！白里透粉，真是美丽动人，比那些电视广告中的女模特儿漂亮多了。

阿里的圣山圣水

到阿里的第四天，1974 年的 6 月 20 号，我乘吉普车去普兰县抢救一位股骨干骨折的病人，吉普车在戈壁滩上疾驰。当时从阿里地区到周围的各个县，是没有真正的公路的，这些路都是由来来往往的车辆碾出来的，路基从没有修过。去的时候，只要拿准大致的方向，在戈壁滩上你就只管一直往前开吧。一路的颠簸是可想而知的，有时候车子开着开着撞在路面上的大石头上，你就会被从座位上颠起来，“射”向车篷顶。我们有一位中医大夫，在颠起“射”向车篷顶时头将车顶上的一个玻璃灯罩子撞得粉碎，而他的头皮却安然无恙，我想他一定是偷服了祖传的护身秘方（呵呵！)。汽车艰难地行驶间，忽然一座高峰映入我的眼帘，它奇特壮丽，我惊叫道："这是金字塔！"它的顶部像一个指向天空的尖锥，而四壁如刀削般整齐，而且很对称，像是人工雕琢而成（我到现在还怀疑这是我们法力无边的老祖宗或者是外星人修建的)，活脱是一个峰形金字塔，塔尖积雪覆盖，在阳光的照耀下光芒四射，风景迷人，它比埃及金字塔和日本的富士山壮美多了，它的南坡有天然形成的巨大的卍字——恰似象征吉祥福瑞的佛教的"万字符"，是由峰顶垂直向下的冰槽和水平方向的岩层相交而成的，它就是举世闻名的冈底斯山的主峰——圣山岗仁波钦。传说它是如来佛的道场，佛教的须弥山。千百年来有来自世界各地的无数的信徒们前来这里转山朝拜，其中印度和尼泊尔人最多，印度人把这座圣山说成是世界的中心，它是印度河和恒河的发源地。传说转圣山一圈（需要七天）就可以洗去你一生的罪孽，转十圈你就可以不下地狱，所以任何到此地的人都会被这里的气势所震撼和感染。

圣山岗仁波钦

在离开了圣山以后，汽车继续一路颠簸前行，向普兰县前进，在圣山的东南约二十公里处，我们又看到了一个无边无际的大湖，司机说，这个大湖有四百多平方公里，周围被雪山簇拥着，远峰隐约迷茫，湖水湛蓝，碧波荡漾，如絮的白云和周围的雪山倒映在湖中，湖光山色，真是美艳绝伦，它就是唐玄奘称之为"西天瑶池"的旁雍措圣湖，许多朝圣客都到这里来下湖浸泡。司机告诉我，就

圣山在圣湖中的倒影

在我们上山之前不久就有一个尼泊尔的公主前来这里转山沐浴，这里的圣水不仅能够洗净你身体的污垢，还能荡涤人们心灵的“五毒”：贪、嗔、痴、怠、嫉，而且还能够延年益寿，据说印度的领袖圣雄甘地的骨灰有一部分就撒在这圣湖中。

我怀着佛教的慈悲之心，走进普兰县城去诊治那位藏族女同胞。我发现她的粗隆下发生了骨折，有错位，当地没有手术条件，我就地取材组装了一个托马斯架，联合胫骨结节牵引和小夹板给她进行了成功的治疗，3～4个月以后我们到措勤县工作的时候，收到她转来的一封热情洋溢的感谢信，感谢我们北京来的阿姆吉，给她治好了病，使她又可以下地劳动了。

阿里的湖

阿里虽然是海拔4500米以上的高原，境内却有着数不清的湖泊，大部分都是盐湖，但也有几个不比青海湖小的淡水湖。我们工作过的措勤县，他的名字在藏语里就是大湖的意思，在其境内有个宽大的“扎日南木措”湖。

有一天下午，措勤县郊区的一个卫生员，骑马二十多公里来叫我出诊，我策马随同卫生员急行前往，去抢救一位呼吸困难的女病人，原来患者有严重哮喘，我给他注射了氨茶碱和口服了一点激素，病人的情况慢慢地好转了。我顺着卫生员指引的方向，一边欣赏高原的美景，一边让马儿自己寻路缓缓返回驻地。我一个人悠哉悠哉地放声高唱：“我骑着马儿过草原，青青的草地蓝蓝的天……”听到我大声唱，马儿转过头来，盯着我，奇怪地听着，还不时地扇两下竖起的耳朵，“嘿，马儿，什么意思？不好听？”突然一阵海鸥

奔驰在阿里高原

的鸣叫打断了我们的节目，被马儿惊起的一群海鸥“扑哒哒”地从路边的水沟中腾空而起，飞向前方。我的目光被它们引向前方，一个大湖，赫然入目，好大的一个湖啊！看来不比青海湖小，碧波荡漾。湖中有许多小岛，栖息着成千上万的各种鸟儿，湖畔绿草如茵，黄色的小花在迎风开放，风景如画。最令我惊愕的还是那成千上万的海鸥、斑头雁、棕头雁、有蓝白头的鸭子、白色和灰色天鹅和大大小小不知名的小水鸟，起起落落，遮天蔽日。我下马坐在湖畔的草地上，呆呆地看着它们。看来由于这里长期人迹罕至，这里的鸟儿并不受我和马儿这两只新到来的“大鸟”的影响，它们照样在逐水嬉戏，或者是把长脖子伸到水中寻找美味的小鱼虾。小鸟儿唱歌啁啾，大鸟儿长羽临风，张着大翅膀一边拍打着水面一边喔喔地鸣叫，有些在半空中飞鸣，洒下了漫天的欢歌，这是大自然的音乐。我用心细细地感受，用眼睛痴痴的观看，令我如梦如幻，仿佛听到了天籁之声，顿时感到五内俱空，忘记了所有的烦恼……一个小时、两个小时过去

群鸟起舞遮天蔽日

了，我依然如醉如痴地欣赏着如此美景。太阳怕惊动我，悄悄地向西边的山背溜去，夕阳下的大湖更是仪态万方，橘红色的霞光燃烧了西天的云，折射到波光粼粼的湖面上，湖面顿时撒满了跳动着的灿烂无比的光芒，仿佛缤纷而下的五彩太阳雨，溅落在湖上……倦鸟归巢，大批大批的鸟儿飞回到湖面上，它们的欢歌、它们的起舞，更令人心醉。

友爱的措勤医疗小组

此刻，晚霞、万千的鸟儿和我都已融化在这无限的夕阳下……“扑哧！扑哧！”马儿发出一阵阵的“鼻令”并用后蹄不停地刨打地面，催促我赶快回去，我这才猛然惊觉，再不走，天一黑下来就要迷路了。我快马加鞭回到措勤县，已是晚上七点多钟了，我的战友都已吃完了晚饭，正焦急地等着我，商量着要到县武装部去，派战士去找我呢，我的战友多好啊！他们的担心是可以理解的，就在不久前，我们的一位医生和县武装部的小分队在一起行进时，还和境外窜入阿里地区抢粮抢羊的匪徒发生过遭遇战。

阿里大小湖泊中的湖水都是从雪山上冰雪融化而来的，有些湖中有很多黑背鳍黄肚皮的鱼，大的有 2 ~ 3 斤，很像青海湖中的黄鱼。当地的居民偶尔也会用雷管炸鱼，来改善伙食，这样我们就可以跟着沾光分到个二三十斤鱼。用高压锅才能做熟的红烧鱼，味道十分鲜美。有一天，我随卫生员去帐篷里巡回医疗，回来的时候已近中午，卫生员在马路边捡了两支树枝对我说：“吃饭还早，我带你去敲鱼。”他看我似乎不明白，就对我说，“这季节戈壁滩的水沟里有很多鱼，都排着队呢，你用

威风凛凛的王胜利和我

棍子就能敲到好多鱼。”原来在当地，七八月份的雨后，在戈壁滩上，从雪山上流下的冰雪雨水在戈壁滩的浅沟里形成涓涓细流，通向大湖中，无知的鱼儿以为这是通向上游产卵的“天堂”，常常有大量的鱼儿排着队扭动着身躯，争先恐后地从湖里挤到这浅水沟里头，挣扎着向上游去。如果你运气好的话，遇到这种情况，用马鞭或者小棍子能敲打到一二十斤鱼，我那天运气不好，只看到几条鱼，被我们敲打到两条，但我们还没来得及脱了鞋袜下水去捞鱼，鱼儿又已经清醒过来逃回湖水中去了，我们只好望鱼兴叹……

研究创新的思维

知识与知识——综合利用基础知识

深入临床工作以后，如果能够勤于思考，摸索规律，你就会感到医学实践，不是单纯的临床问题，而是广泛地涉及很多基础知识。以外科为例，手术治疗几乎都和解剖有关，许多疾病都牵扯到生物、生理、生化、遗传、微生物、病理、药理等等许多问题。如果没有扎实的基础知识，脑子就不会产生灵感。

我毕业进入协和的第二年，轮转到外科急诊，和乐铜教授以及我国著名的普外科专家曾宪九主任一起，在急诊室24小时轮流值班。我们的老主任曾宪九教授在“文革”期间受到冲击，到了后期才被允许参与临床工作。一天我接他的夜班，他交班时说:“夜里来了一个胆道蛔虫的病人，折腾了一个晚上，现在睡着了，还可能会发作。”当时胆道蛔虫的治疗别无良法，只能消极地等待蛔虫退回到胆道以后，才敢用驱虫药，所以这种病人，能够折腾一个礼拜，甚至十天还不好，有不少病人还需要剖腹手术，切开胆管把蛔虫取出，这是很痛苦的。我几经思考以后，设计了一个综合的治疗方法：利用吗啡阿托品解痉止疼—阿司匹林—50%温硫酸镁—驱虫药治疗，很快就让病人止疼和排出蛔虫出院了。第二天他接我的班的时候，听见我说："那个得胆道蛔虫的病人走了。"略显惊讶："走了？"

过了几天碰巧又遇到一个同类的病人。我如同上法又快速解决了问题，他忍不住问我，你是怎么就那么快地解决了这个难题的？我把我的综合疗法告诉他，他说："能说说你这个方法建立的想法吗？"我说："我是这样想的，病人来时，给他注射阿托品是为了解痉止疼，胆管不再痉挛了，就不会夹住蛔虫了。我当学生念生物的时候，知道蛔虫外皮是角质组织，阿司匹林是水杨酸类药物，水杨酸对角质组织有很强的腐蚀作用，所以我想用此药对蛔虫能产生强烈的刺激。注射吗啡、阿托品半个小时以后胆管壁松弛，不再夹住蛔虫了，我再用三克的阿司匹林化水口服下去，过半个多小时，估计药到十二指肠了，形成对蛔虫的刺激，受到刺激的蛔虫会退到十二指肠小肠去，但也不能排除蛔虫会继续向上钻，钻到胆道里，就更糟糕了，这时用50%的温硫酸镁30~50毫升口服下去，这个想法是我在当实习大夫时，做十二指肠引流时知道硫酸镁会刺激胆囊收缩排胆汁向外冲，可以将蛔虫一并冲排出来，减少它向上钻的可能性。再过一个多小时，病人绞痛的症状不再发作了，估计蛔虫已经退出去了，立即用驱虫药把蛔虫杀死，硫酸镁有催泄作用，很快将蛔虫排出体外。"曾主任一边听一边点头，笑着说："你能这样综合医学知识思考问题很好。"当时他还头顶着反动学术权威的帽子，他能这样的表态已经很不简单了。曾主任鼓励的话和我在北医学习病理生理时所培养成的综合用多学科知识研究发病规律的习惯，在我以后的临床研究生涯中一直在起着举足轻重的作用。

PRSS闯入世界生长棒之林

临床—基础—临床，医生的科研之路

临床医生的研究途径和从事研究基础的同仁是不一样的，很多问题是先由临床医生碰到和提出来，回头再到基础里去进行理论印证和规律的探索，找出治疗方案，再到实践中验证和完善。我在研制治疗生长中儿童脊柱侧弯的生长棒PRSS（plat rod system for scoliosis）时，就是走的这条路子。

在过去半个多世纪里，脊柱侧弯治疗已经取得了很大的进展，从哈林同装置问世以来，到现在矫正装置已经第四代了，但将这些方法用于治疗早发的生长中儿童脊柱侧弯（EOS）还存在许多问题。因为儿童病人的脊柱仍在旺盛地生长，如果你用牢固的后路的内固定，会引发脊柱的畸形复发和旋转，即所谓的“曲轴现象”，另外，牢固融合以后，会影响脊柱的生长和运动，从小孩需要长高和运动这方面考虑，它们是不够理想的。各国都在试图研究解决既能矫正侧弯，又不影响小儿脊柱的活动和生长这一难题。

我一直严密注视着国内外在这方面研究的进展，看到有人试图在凸侧安装一个弹簧进行加压矫正，但失败了；有人在凸侧行前路的半椎体切除半侧椎间融合术，随后观察证明，这对半椎体畸形的脊柱侧弯是有用的，但是对特发性脊柱侧弯是无效的；哈林同皮下棒的矫正合并症比较多，矫正也不够满意；Luque-Trolly 方法也失败了。近年 Mc Carthy、Isola 及 Akbarnia 双棒法等相继出现，但这些方法也只是往后延缓了融合的时间，使脊柱有更多的生长，最后还是需要植骨融合脊柱。这些国外矫正装置存在有一个共同缺点，就是需要每半年手术延长矫正装置一次。在追踪国际上这些研究时，可看到基本上是临床研究一条道，基础研究是另一条道，像平行的铁轨不断地发展延伸着，但临床和基础研究之间缺乏交叉。搞基础的很早就有人发现，发生脊柱侧弯以后，在病儿的生长期和青春期发育期间，都可以看到大体和镜下的脊柱的病理变化，如椎体的楔形变，凸侧椎弓根变短，凹侧椎弓根及椎板变厚，脊椎转向凹侧，存在着不对称生长的结果。Michelson 研究了脊柱侧弯动物模型的软骨终板，发现软骨形成减少，柱状结构紊乱，骨形成减少，凹侧椎骨终板的生长在儿童发育成熟前就提前终止了，而 Arkin 对压力和拉力对生长软骨的影响的研究结果，跟他的报告相似，提示应力对脊柱的影响与儿童侧弯时的病理变化是类似的。因为脊柱的生长主要是通过软骨细胞的分化和软骨内的骨化来实现的，美国的 Aronson 教授，大半生在耗子尾巴上研究 Volkmann 定理对脊柱生长的影响，他发现在 30 度的脊柱侧弯中，凸侧的椎体的生长比凹侧的多 10%，所以一旦侧弯形成以后，如不加以干预，将迅速地发展和加重。

前人的经验让我体会到：治疗控制脊柱侧弯发展的关键是要改

和 Aronson 教授在 APOA 会上合影

变脊柱两侧的不对称应力，对脊柱侧弯椎体两侧的终板的软骨生长进行生物力学的调控，这是治疗脊柱侧弯的关键。外国诸多的装置恰恰是忽略了这一点，他们受哈林同装置的影响，无法跳出哈林同矫正的怪圈，太注意机械矫正这一方面，而基础研究在生物力学和分子生物学方面取得了很多的进展，却没有为临床医生所注意。戴克戎院士也已发现，不对称应力能使软骨细胞内一些成分产生排列顺序改变，影响着软骨生长，这方面已经研究得很深入了，但是这些基础研究的理论和进展如何进入临床运用，人们却不太注意。

我在 20 世纪 80 年代就注意到，骨科的金定律 Volkmann 定理会对脊柱侧弯发生影响：压应力会抑制骨骺的生长，张应力会刺激骨骺的生长。婴幼儿脊柱侧弯一旦形成，不管是什么病因形成的，在脊柱侧弯的凹侧椎体终板就会受到压应力，抑制该侧软骨生长，脊柱侧弯的凸侧椎间盘是张开的，产生张应力，张应力刺激骨板软骨生长，所以脊柱侧弯形成以后，如不加以治疗，凹侧生长受到抑制，侧凸则越长越严重。在脊柱侧弯的早期阶段如何改变侧弯椎体两侧不对称应力，用来调控脊柱两侧的不对称生长呢？我曾经设想用电刺激，刺激凸侧肌肉收缩产生压应力在凹侧产生张应力。研究的过程中，我向 Armstrong 教授求教，他邮寄提供给我很多电刺激方面的外文资料和参考文献，我和基础医学研究所的景晓棠等工程师

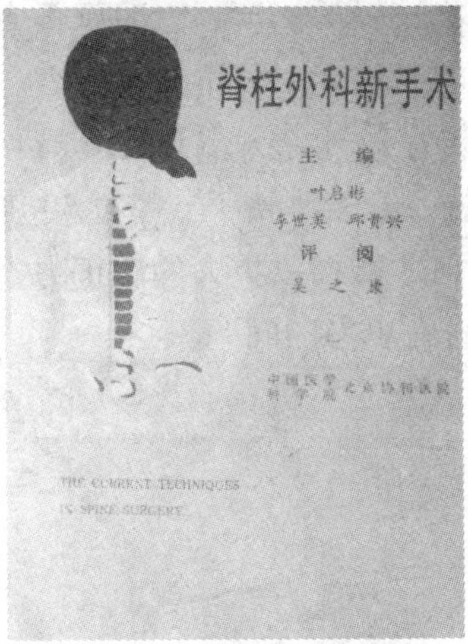

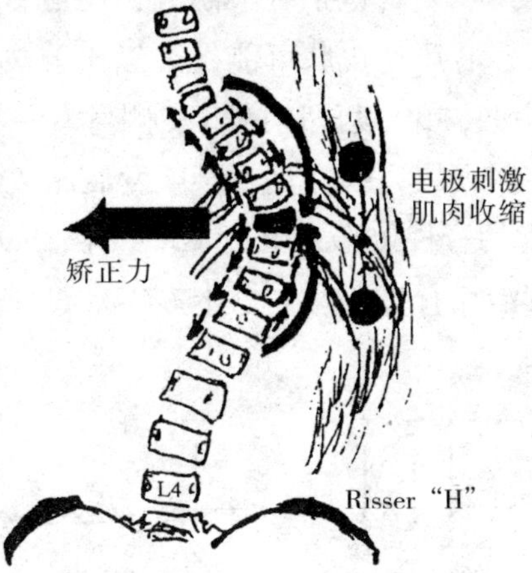

电刺激仪刺激时，在凸侧产生压应力，在凹侧产生张应力推论示意图

合作，尝试模仿设计电刺激仪治疗脊柱侧弯。提出了电刺激仪刺激时，在凸侧产生压应力在凹侧产生张应力这个原始的推论，发表在我的《脊柱外科新手术》（1991 年出版）一书中。

在应用电刺激治疗轻型脊柱侧弯时，一般都在晚上进行，小孩睡着以后把电刺激仪打开。观察了一段时间以后，发现对 20° 以内的小孩的小侧弯早期有阻止其发展的作用，可是小孩慢慢长大以后，治疗效果就不好了，小孩长到十几岁以后，就无法控制了，电刺激仪仅对脊髓空洞症型的脊柱侧弯还有一定疗效。我分析失败的原因：一是刺激的力量不够，产生的肌肉的力量不足以在凸侧产生足够强的压应力来抑制它生长，和在凹侧产生张应力来刺激它生长；另外只是晚上几个小时刺激，白天小孩继续活动，大部分时间里脊柱侧弯椎体两侧的不对称应力还在起作用，所以失败了。我也注意到塑料支具的治疗有一定疗效，支具治疗机制除了夹住那侧弯躯体的机械矫正外，在凹侧，支具的上端比较高，所以小孩一旦往凹侧的地方弯曲时，高出的支具会引起小孩不舒服，他就会向凸侧弯曲避开，以这样方式，在凸侧产生压应力和在凹侧产生张应力，不对称应力对脊柱侧弯椎体两侧的终板的软骨生长进行生物力学调控。以前，支具治疗时，曾经有过是整天戴呢，还是部分时间戴的争论，现在看来是毫无意义的，不戴支具时，就没有治疗作用。实践中发现支具也是有限制的，仅适宜比较轻的侧弯，因为矫正力量过大，有压伤皮肤可能，天气比较热的时候，小孩不愿意配合。除了20度~30度以内的脊柱侧弯有一定疗效外，大多数支具治疗只能控制发展，维持现状，或发展比较慢一点就不错了。超过30度~40度的脊柱侧弯，就更不理想了。如何才能提供更大的矫正力，以有效治疗脊柱侧弯，是十多年来我一直在思考的问题。

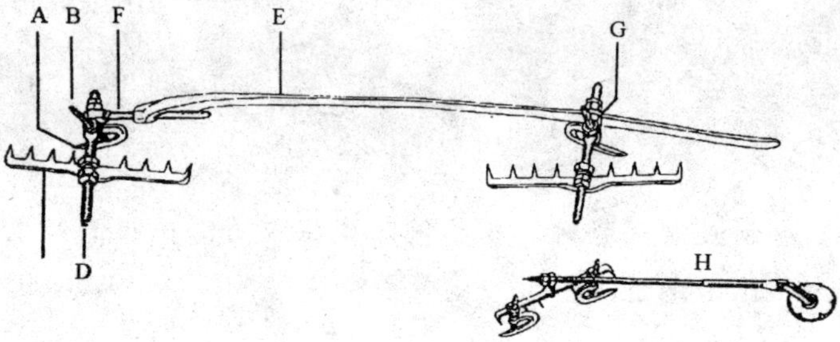

俄式侧弯矫正装置

坚持不懈必有成效

要解决医学上的难题，一是要有为病人解决问题的强烈愿望，二是要有锲而不舍的精神。我在从事脊柱侧弯的治疗中，心里面一直惦记着生长中脊柱侧弯儿童的治疗问题。怎么能够矫正小儿脊柱畸形的发展，而又不会影响脊柱的生长和运动，这一问题一直萦绕于怀。一次偶然的机会我看到俄罗斯矫正脊柱侧弯内置钢板，对我启发很大。由于它放到体内能够提供很强大的侧凸的矫正但又不压伤皮肤，内置物远端，套在一个环上，允许钢板上下移动，不需要植骨。我就从俄罗斯大使馆购置这种矫正装置，做了几例儿童脊柱侧弯，发现它的设计和我的理念相符合，但他们的矫正装置中的钉耙一样的固定结构，钉在椎板上时，会诱发严重成骨，钢板顶到脊柱上边的时候也会诱发迟发的骨融合。

结合多年来使用多种矫正装置的知识，我开始构思我们自己的矫正装置。构思过程中，我不知画了多少个草图，还把高中的同学、天津大学毕业的曾桓标高工请到我家来，请他来帮我构思，将草图画成加工图，并自己掏钱，到花市的一个废旧钢材市场，买了

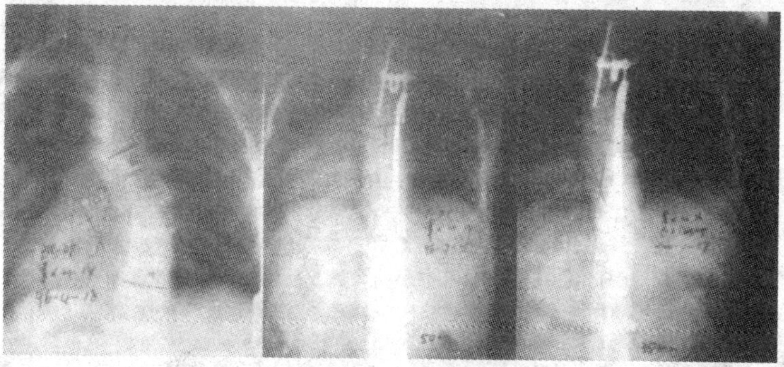

俄式钢板治疗儿童脊柱侧弯

一些钢材的下脚料，由曾工拿到车间去，加工成一个个样品几经改进以后，将矫正的样品在猪脊柱骨上进行试验。我去买猪腔骨还有一个小故事，卖肉师傅看我在挂着的一条条猪脊骨前来回端详，就过来帮忙，他好心帮我挑了一条又一条肉多的，我都摇摇头。我挑了一条肉少的，但未被屠宰场机器劈成两半的较完整的猪脊骨，我转身走时，听到卖肉师傅们在背后窃窃议论说:“怪人！肉多的不要，偏挑那肉少的。”过两天他们见我这个“怪人”又来挑猪腔骨了，忍不住问我:“喂！同志，为什么你不要肉多的?”我告诉他们，我要较完整的猪脊骨做实验研究，治“罗锅”腰的孩子的原委。他们说:“哦，好！以后我帮你挑好留着”，连普通工人，都知道支持祖国医疗事业的发展，令我感慨！在发现样品初步符合要求后，我把它起名叫板棍矫正装置（plate - rod system for scoliosis，PRSS）。

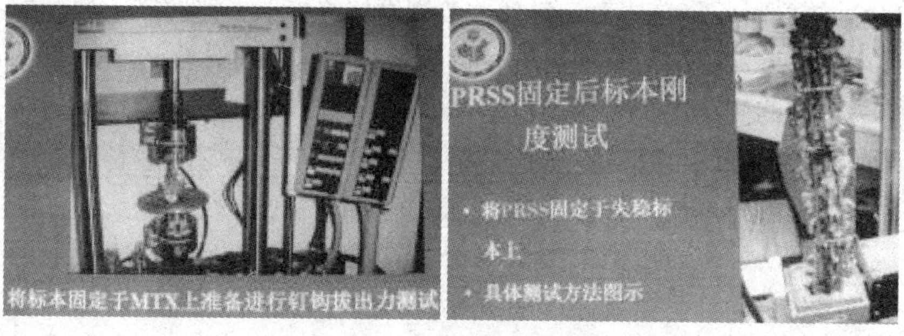

PRSS 的生物力学测试

用 PRSS 矫正脊柱侧弯时，在脊柱侧弯的凸侧能否提供一个压应力，而在凹侧产生张应力呢？我派博士研究生张嘉大夫带着 PRSS 到香港大学生物力学骨科实验室。在吕维嘉教授的指导下，在 MTX 机上对猪标本上进行了各种测试，证实 PRSS 能够提供脊柱侧弯的侧推矫正力，并且还能维持矫正，符合临床应用的要求。此外，还证实 PRSS 应用以后，能够在脊柱侧弯椎体凸侧产生压引力，在凹侧产生张应力，并且可以用胡克定律的公式计算出来。

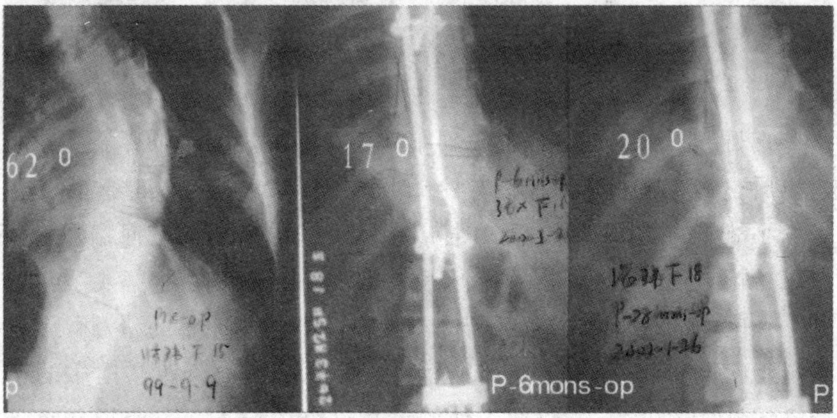

PRSS 调控脊柱侧弯两侧不对称应力的 X 线研究

我们在临床应用 PRSS 时，通过 X 线分析，也可以看到应力对儿童脊柱侧弯的矫正的机制。我们在分析 X 线片上的椎间隙的变化时，可以看到在 PRSS 放置以后，原来在凸侧张开的椎间隙变窄了，而在凹侧的椎间隙张开了，从这一 X 线的形态变化，也可以证实 PRSS 放置以后，在侧弯的脊柱的两侧椎体终板上，能够产生调控脊柱生长的不对称应力，即在脊柱侧弯椎体凸侧的椎体终板上产生压应力，在凹侧产生张应力。根据 Volkmann 定律：压应力可以抑制凸侧的软骨终板的生长，而张应力恰恰相反，可加速它的生长，从而调控脊柱侧弯两侧不对称生长，达到矫正的目的。

早期的临床应用结果在 2004 年泰国的帕提亚国际脊柱会议上做了个报告，受到与会者高度的重视，引起了很热烈的讨论。美国著名的脊柱外科专家 Ogilvie 还特地到我们的展台来参观，询问了许多问题。

我的老师 Armstrong 教授也写信向我祝贺说：PRSS 不仅在临床

在泰国帕提亚报告 PRSS 生长中儿童侧弯

会上引起大家浓厚兴趣

Ogilvie 教授到展台观看 PRSS

上为治疗脊柱侧弯开辟了一个新平台，而且还有助于脊柱侧弯病因的研究。当然，也有表示怀疑的，有一个美国的学者就问我，你有什么根据证明它能够影响骨骺终板软骨的生长，我用 X 线片上的一些变化，及我国用牵引刺激骨骺生长延长小儿麻痹肢体的一些理论来向他解释，他不以为然地耸耸肩，摊开双手，说:“我希望两年后在圣迭哥会议上能看到你的直接试验报告”，表示出一个很傲慢的姿态。这对我触动很大，至今我还清楚地记得那位学者两肩一耸、两手一摊的表情。回国以后我赶快带领着我的博士生，在一组 6 月龄的幼犬上进行实验研究，用 RT - PCR 的方法对应用 PRSS 以后，对骨骺生长软骨的影响，进行实验研究。通过测试 X 型胶原的变化，从分子生物学的水平来研究侧弯应力变化时，椎体终板软骨内成分的变化。在圣迭哥会议上作了报道，在会前的两年期间里，我也在全国，在院内外治疗了大量的病人，初步的结果证实

10 Donnington Place
Nepean ON
K2H 7K8
January 30, 2004

Ye Chibin
Professor of Orthopaedic Surgery
PUMC Hospital
1 Shuai fu yuan, Wangfujing
Beijing china 100730

Dear Chibin:

Thank you for your New Year's greetings. We were pleased to hear you and your wife are well and we hope we will meet with you again in the near future.

I especially thank you for your magnificent book on the surgery of scoliosis and for including references to me along with the many pictures.

The book is most interesting and covers many aspects of the spine. Especially, your new device of PRSS, you have open a new horizon for the treatment of scoliosis in growth children. I congratulate you on the research you are doing as it is important to continue trying to find the cause of scoliosis. I believe you are making a very valuable contribution to this search. I am pleased to know that the time you spent training in Ottawa helped to develop both your surgical and research skills so that you now serve orthopaedics in China with great distinction.

My wife and I send warmest congratulations and heartfelt best wishes for all your future endeavors.

Yours sincerely,

Gordon W.D.Armstrong CM MD FRCSC
Professor of Orthopaedic Surgery (Ret)
University of Ottawa, Ottawa Canada

Armsrrong 教授来信祝贺 PRSS 研究成功

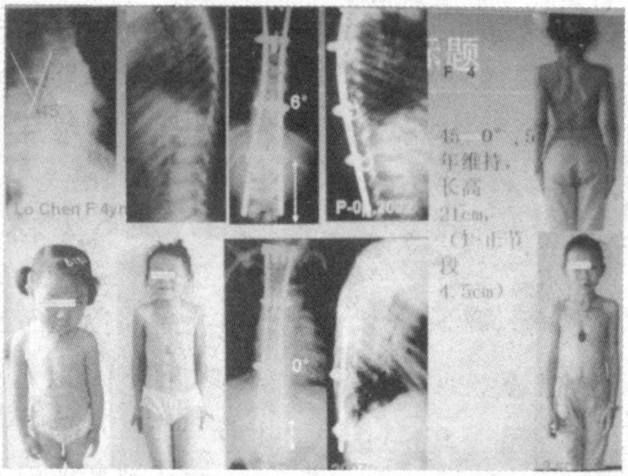

用 PRSS 治疗大量生长中儿童脊柱侧弯，长期随诊证明效果良好，不影响长高

了它具有明显的疗效，且优于国外的方法。

我在国内外总结发表了有关 PRSS 治疗脊柱侧弯和生长中儿童脊柱侧弯的中英文论文 20 多篇；于 2005 年荣获了中华医学科技进步奖二等奖；2007 年和协和医院骨科的其他同道们的有关脊柱侧弯

和博士生张嘉

的研究的成果联合申报，获国家科技进步二等奖；同年又在亚洲太平洋骨科年会上报告，获得了 APOA 的大会奖。

我从协和医院退休以后受聘到武警总医院任骨科中心主任，武警总医院的院领导给予了我经济上和组

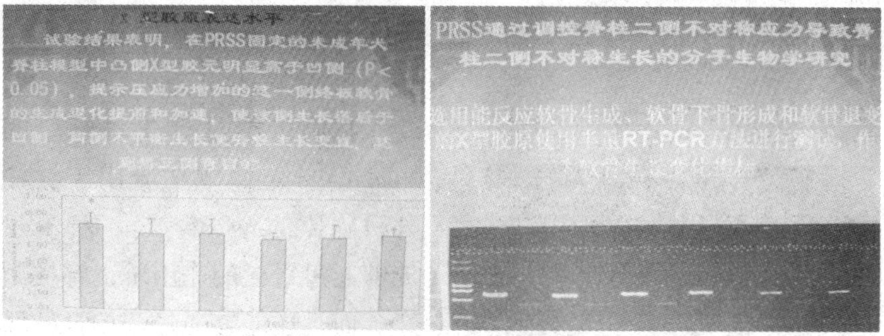

用 RT－PCR 方法研究 PRSS 矫治脊柱侧弯的机制

在人民大会堂领奖和证书

PRSS 获国内外多项奖励

织上的大力支持。王发强院长，秦政委、郑静晨院长（当时是医务部主任）、李文红政委（当时是政治部主任）专为我召开了 PRSS 招标会，让我将 PRSS 在临床应用和研究方面的工作继续深入下去。

我们和北工大张玉良主任等合作，进行了 PRSS 矫正脊柱侧弯机理的光弹实验研究。用彩色条纹的变化，直观地显示 PRSS 放置以后脊柱侧弯部位的椎体两侧的应力的变化情况：当 PRSS 放置以后，凹侧的压应力减少，凸侧的压应力明显增加，并可计算出来。

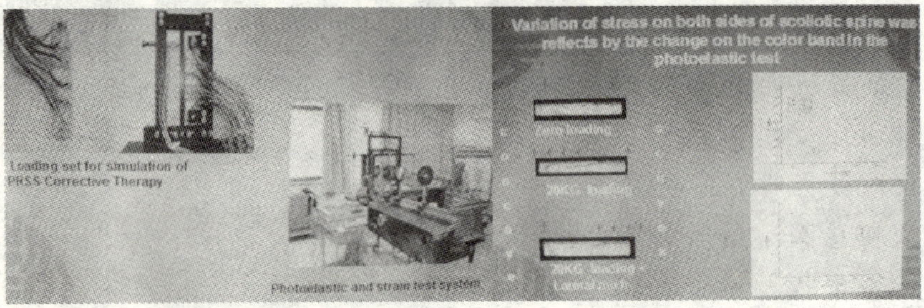

光弹实验研究证明 PRSS 可以在脊柱侧弯凸侧产生压应力，凹侧产生张应力，矫正侧弯

和美国 Betz 合影

我们可能是首先将骨科的 Vockmann 定律成功应用于脊柱外科临床的。PRSS 是一种不仅能够通过机械的作用矫正脊柱侧弯，而且还能够通过调控脊柱两侧的不对称应力来矫正脊柱侧弯的装置。所以它不需要植骨融合，手术后能够保留脊柱的生长和运动。台湾著名的脊柱外科专家、台湾大学附属医院骨科陈博光教授，曾评价说：“这是一种革命性的创举。”2005 年度的 SRS 脊柱研究协会的年度主席 Betz，在韩国济州岛听到我的报告以后，建议我下年度在西雅图会议时进行报告，并和我进一步探讨这个治疗作用。在会议期间他拷贝走了我的英文讲稿的幻灯，还带着一位很像是工程师的人也拷贝走了我的学术报告，并且询问了很多有关 PRSS 设计细节的一些问题。我警惕地感到他试图在收集我的设计思维，就对他说：如果要进一步合作的话，我们是否先签订一份协议，到时候我把我的工程

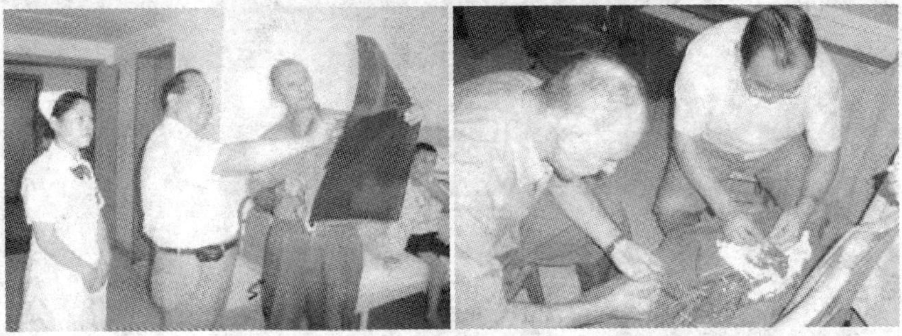

伊万教授在武警总医院参观交流

师叫来，他将会更具体地介绍一些设计上的问题。

巴西圣保罗大学医学院的伊万教授，在韩国听到我的学术报告以后，专程到北京与我取得联系，并到武警总医院参观，看到我矫正过程的演示，心里非常高兴。他说:“在美国，我的朋友 Akbarnia 等一些人，是研究生长中儿童脊柱侧弯的，我一定把您推荐给他们。”美国 Gaines 教授在 APOA 会上听到我的学术报告以后，也写信给美国 的 Akbarnia 教授。很快 Akbarnia 于 2005 年向武警总医院发来了邀请信，邀请我到圣迭哥去，参加他们举办的生长中儿童脊柱侧弯的学习班，让我在那里为来自世界各地的学员作一个专题演讲，又邀我参加他组织的在马德里召开的世界第一届生长中儿童脊柱侧弯的专题会议，并将 PRSS 誉为“中国生长棒”。马来西亚 Si-

和 Gaines 教授在 APOA 会上合影

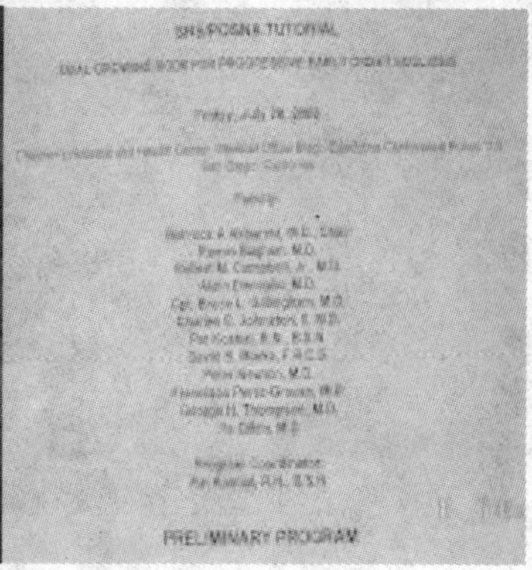

和 Akbaenia 在圣地亚哥合影　　　　授课教授名单

vaks 教授到武警总医参观我的矫正手术演示后，马上在其国内开展了 PRSS 手术。

和 Sivaks 教授在武警总医院

以上林林总总地摆出一堆东西，多少有点自我欣赏的味道，还夹杂着一丝小资的虚荣，大家就宽容一些吧，让我像老农一样，看着摆在地上的、筐里的黄瓜、豆角一样，享受一下辛苦劳动收获的快乐吧。其实让我感到高兴的不是这些已翻过去的一页，让我更多感到高兴的是我蒙眬中感到，我仿佛开辟了一条小径——“调控脊柱侧弯脊柱两侧的不对称应力，治疗生长中儿童脊柱侧弯”这一推论已得到初步验证，它也许会引向治疗生长儿童脊柱侧弯的一条坦途。

我已在美国的西雅图、圣迭哥、夏威夷，英国的苏格兰，日本，澳大利亚，雅典，印度，泰国和马来西亚等国家做过了十多场有关 PRSS 的演讲，在港台和国内各地也报告了二三十场有关的理论和临床应用结果，引起了越来越多人的兴趣，有人试图用滑动的螺钉（skating screw），但没有成功，有人计划在凹侧注射干细胞，用骨骺细胞移植等来调控脊柱侧弯脊柱两侧的不对称生长，治疗生长中儿童脊柱侧弯。如果我的初步的研究成果能给别人一丝的启迪，使在今后能成功地发展出一种治疗生长中儿童脊柱侧弯的有效的方法，我这一辈子就算没白活了。

2010 年亚洲西太平洋骨科会议在中国台北召开，会前，轮值主席陈博光教授雄心勃勃地说："我要将这一次的年会，举办成为亚洲对世界骨科贡献的一个会议"，并要求我一定要将 PRSS 治疗脊柱侧弯的论文好好整理一下，在会上报告，并建议我直接和国外有关的类同产品进行对比和评论。我很赞赏陈教授为亚洲骨科界在世界上争一口气的雄心，我在会上作了 15 分钟发言，被誉为大会亮点之一（one of the highlight of the conference）。

2010 年和陈博光教授在 APOA 会上合影

但是我很遗憾地说，PRSS 这一个很有前景的，能够为中国广大生长中儿童脊柱侧弯病人做出贡献的、能够为老百姓省很多钱的、疗效很好的、并发症又比国外类同的装置少的研究成果，目前有被窒息的危险，因为有的外资公司为了推销其昂贵的产品，还在挤压价廉质优的 PRSS。我原计划将 PRSS 改进，使能用小切口放置，时不待我，徒生伤叹！

从 DRFS 的兴衰看创新和发展道路之艰难

创新发展不是一件容易的事，除了个人的不懈坚持还需要团队、社会和国家的支持，否则创新很难最后成功。PRSS 就是这样，DRFS 的结局也如此。

十多年前，曾在全国广泛应用，被誉为"协和钢板"的 DRFS（脊柱撑开复位固定系统），已经消失。根据国内外流行的脊椎滑脱固定系统存在的问题，我于 1994 年根据"理想"固定装置的四项标准，着手研制新型脊柱滑脱复位固定装置（DRFS），为钛钢制短

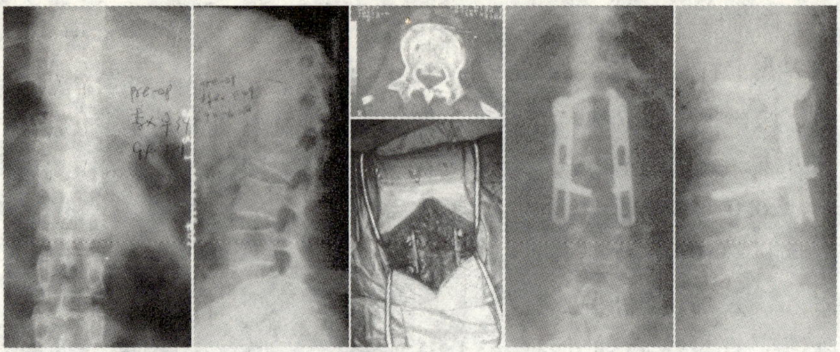

DRFS 治疗脊柱骨折有良好功效

节段的螺钉－钢板系统，是一种完全不同于西方内固定系统的全新设计。DRFS 的功能由下述几项特殊设计产生，钢板尾端有一可调节距离的带有多个等距离切迹的槽式结构以适于不同椎体长度的要求，槽底向上倾斜，使凸型螺钉母紧固时能使钢板上端后翘离开滑脱椎体的椎板，增加向后提位复位的能力。钢板上端的上、下由滑动斜槽构成，当拧紧凸型螺母时，可产生两个方向作用力，即能驱使上方螺钉向上移动 0～5 毫米距离，可根据需要撑开狭窄的椎间隙一定距离，另外还能同时向后提拉螺钉，使已向前Ⅰ度～Ⅲ度滑脱的椎体复位。下面的滑动槽除协助产生向上滑移及后提拉作用外，它的斜槽上端呈凹六角型结构并与矢状面是 15 度倾斜角。当最后紧固上方螺母时，螺钉上的六角型凸出结构与此槽底凹六角型结构相匹配，驱使螺钉前方张开 15 度角，重建腰椎生理性前凸并使胸腰椎脊柱爆裂骨折复位，并以最牢固方式锁定上方螺钉，使之不易松动，避免复位丢失（示意图）。

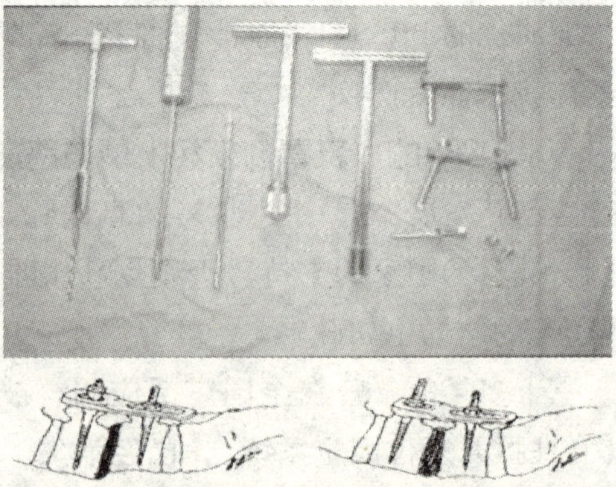

DRFS 系统及功能示意图

DRFS 在治疗脊柱滑脱、胸腰椎脊柱骨折方面曾发挥过重要的作用，我在网上搜集到的使用 DRFS 的已正式发表的临床应用论文就有

我和杜心如博士（右）

40 多篇，可见其应用之广泛。我的博士研究生杜心如，近 10 年用 DRFS 包括经伤椎进钉，治疗胸腰椎脊柱骨折，获得优良结果。近年，我又指导武警总医院李禾大夫等，在 301 医院实验室补充完成了 DRFS 治疗机制的生物力学试验，申报获得了 2010 年度全军科技进步二等奖。DRFS 到现在为止，仍然是功能最齐全、使用方法最简单、手术器械最少的一种装置，在治疗脊柱滑脱或爆裂骨折时，所要求的撑开复位和加压固定与重建脊柱的生理弧度等功能，全部都是由植入物的钢板上的特殊设计来提供的，而不需要像国外系统一样，要用一大箱子的器械，每一个步骤需要一到两个手术器械来完成。DRFS 在成功试用了十多年以后，逐渐的湮灭了，一方面是由于 DRFS 虽然很好用但需要进一步改进和完整，另一方面是，这套装置太便宜，影响经济效益，这些，都需要有关单位、部门甚至企业的关心和扶持，但却没有得到应有的帮助，逐渐消失是不可避免的，惜哉！

祖国和人民（病人）在呼唤

任何新鲜事物的发展都需要一个过程，存在不同观点是正常的，但是你不应当利用你的权力去干扰、打击这种新生事物。目前学术界有一股不是太正常的风气，那就是国外的产品无论是什么，有什么缺点都是不可避免的，态度非常宽容，相反对国产的新东西存在的一些瑕疵，就百般挑剔，甚至还有的人说："用国产的东西哪能不出事！"民族自尊心何在？我们难道不能团结起来，同心同德，努力把国产的东西推向更新的阶段，克服它的缺点，发扬它的优点，搞出我们自己的东西来，自立于世界民族之林吗？我们中国还有很多不够发达的地方，还有很多贫困的家庭，他们不富裕，他们治不起病，他们从边远的地区，来到我们北京，上海，广州，南京等等大城市看病治疗的时候，一听治疗下来需要 7、8 万甚至十几万的费用，都吓得带着孩子含着眼泪就回去了，以至于病情严重恶化。我呼吁我们有良知的医生，一起为他们想想办法吧，我们除了效益，还有更重要的东西吧?！这是我满怀期待的呼喊。

病人的需要就是科研课题
——我搞髌骨软化症的研究

在做髌骨软化症研究的鉴定会上，有人问我，“你是搞脊柱的啊，怎么搞起髌骨软化症来了?”这里头说起来还有个小故事，那是在1983年的冬天，我正在渥太华大学进修脊柱外科，他们这里有个很好的制度，渥太华地区的各个医院，每个月轮流举办一次专题的文献报告会，由主办单位款待一次晚餐，晚餐之后开始会议，先由一两个住院大夫做一个文献报告中心发言，然后其他住院大夫可以自由发言讨论、提问，资深的主任教授们坐在后边，最后再由他们来做总结性的发言，方式是很好的，很值得我们借鉴。一次在参加会之前的一个下午，住院总医师 Brown C. H 给我一个带晚餐券的文献报告会的请柬，就告诉我到 General hospital 去，也没告诉我要报告的题目是什么。我也就没做什么准备，就抱着去听听的态度，吃完晚餐以后，大家在小会议室坐定，报告会正式开始，题目就是“髌骨软化症”。这个病在国内时听说过，门诊时偶尔看到过，但是知之甚少，连 chondromalacia of the patella（髌骨软化症）这个英文名词，我都不太熟悉，到了那里，我才知道是这个题目。讨论正在进行的时候，突然有一个瘦小个子、留着个小山羊胡子、面容消瘦的加拿大医生（我认识这位医生，平时碰面，他就带有一股子傲气）突然站起来向我发问：“叶医生，在你们中国，有很多人骑自行车，那髌骨软化症的发病率一定比别的国家高吧？你能不能给我们谈谈这方面的问题?”听到如此带有挑衅性的问话，我感到很突然，匆忙中，我蹦出来一句：“I am sorry，I have no idea。”“哈哈!”人群中包括这位医生发出一阵笑声，然后，别的人也不知道听见没听见，就像得了传染性群发性歇斯底里病一样，跟着“啊哈！啊哈哈！…………”发出老外那种夸张式的哄堂大笑，带着从口腔中喷出来的，晚餐后的洋葱和咖喱臭味，气味和气氛让人窒息。这时，我的老师 Armstrong 教授赶紧站起来，替我解围说:“叶大夫是来进修脊柱外科的，没有对髌骨软化症方面进行研究，而且他现在还有些语言的困难。”几句话就制止了他们对我的发问。这次事件对我刺激很大，你落后了嘛，人家自然瞧不起你，所以我就暗下决心，总有一天我要把这问题搞清楚。在以后浏览英文文献时，只要看见有关髌骨软化症的文章，我总要仔细阅读一遍，做些记录，开始对髌骨软化症有了些了解。

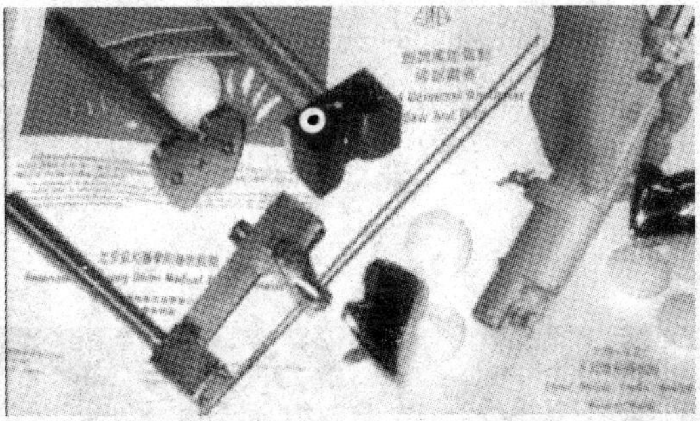

协和人工髌股关节

回国以后，在吴之康教授的领导下，除了大力开展脊柱外科工作以外，也进行人工关节的手术和研究。我们是从1980年开始进行全膝关节表面置换术的，用的是航天部206所仿制生产的、德国送给同仁医院的人工膝关节的器械和关节。吴教授带领着我们在北京，在我们协和医院，率先开展全膝关节表面置换，当时的东西还是很粗糙的。在手术时，我们常常看到不少病人还很年轻，膝关节的骨关节炎主要在髌股关节上，髌骨面严重磨损，胫股大节面相对还很好，做膝关节表面置换太可惜了。吴之康教授带领着我们，探索单纯用人工髌骨置换髌骨面，把磨损的关节面切除，把塑料髌骨用骨水泥黏合上去，早期看效果还是很不错的，但在以后的随诊中，发现很多病人慢慢出现了膝关节疼，并伴有关节腔积液。后来，我们再行全膝关节表面置换手术时，发现有些塑料髌骨和股骨髁的骨质相容性比较差，人工髌骨给磨损了，股骨髁间窝也磨出一个很深的沟，所以病人就又出现症状了，需做全膝关节表面置换术。怎么办呢？我查阅了很多文献，了解到高分子材料对金属假体比高分子材料对骨头的相容性要好。能不能用高分子的髌骨对一个股骨髁侧的金属滑动轨道呢？我于是设计了一个股骨髁侧的金属滑槽，实际上就是人工全膝关节前面的那一部分，底部带一个带三角形倒刺的钉，可把它固定到股骨髁部位。临床应用效果很不错，我们把它命名为协和人工髌股节，治疗了相当多的病人，发表了几篇中英文论文，很多的病人确实得到了好处，做完以后病人疼痛明显减低了。我们随诊了10年以上的病人不少，有一部分病人是本院的职工，效果还是不错的，但也有一些病人，觉得疼痛是比手术前好了，但没有完全缓解，少数病人后来疼痛复发。究其原因，有些是我们选的型号大小不太合适，有些是病人原有的膝内翻加重了，而髌股关节置换的地方好像还可以，但大关节——胫股关节内侧开始变窄，是大关节骨性关节炎引起的，所以要再做全膝关节表面置换手术。

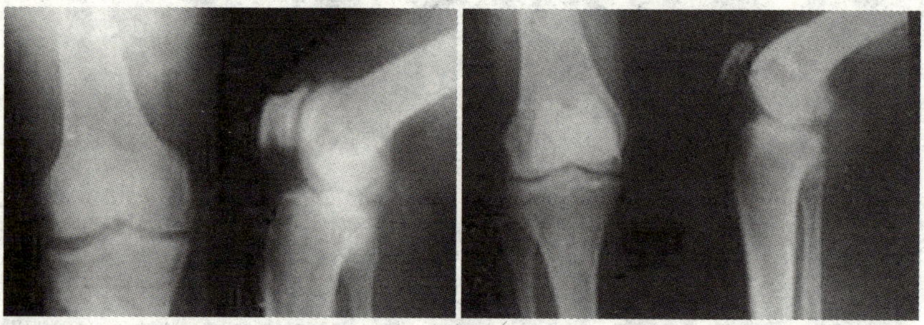

人工髌股关节置换术，术前术后片

就在我们进行这方面的研究时，朱预院长碰到我说："叶大夫，你光搞手术不行啊，到门诊看膝关节疼痛的病人越来越多了，是什么原因造成的啊？还是要搞清楚原因！好多年轻人都有这个毛病啊！"院长的话又勾起埋藏在我的心里多年要搞髌骨软化症研究的念头。恰恰在这个时候，另一个故事又发生了，有一位四岁多的男孩，经常夜里哭，家长带他从遥远的南方到武汉、河南白马寺、上海等地看了很多家医院，给了他一大堆的诊断，有隐匿性癫痫、生长痛、滑膜炎、风湿等等，却解决不了问题，老是疼。所以家长就带着家中唯一的宝贝儿子，到我们北京协和医院来。我们的儿科医生很负责任，索性收住院进行仔细检查。做了一大堆化验和检查之后，都没发现什么问题。后来专派一名值夜班的护士，盯着观察孩子发病情况，发现孩子在夜里哭闹的时候，总有一个动作，用手去摸膝关节。鲍秀兰教授在路上碰到我时说:“我们病房收治了一个小孩子，一直搞不清楚病因，叶教授有空去给会会诊。”到了病房后，我查阅了这个孩子的很多片子，都没有发现什么大的问题，但在查体当中，触摸孩子的髌骨时，孩子大声喊:“疼!”髌骨碾磨试验阳性。以前也有很多类似症状的小孩，我们从来没往这方面想过，在我们不断复习文献以后，才知道髌骨软化症可以从很小年纪就发病，主要原因是髌骨的载荷紊乱造成的，直白点说就是髌骨的关节面和股骨髁的髁间窝的关节面两者不合榫了，髌骨有点向外侧倾、半脱位，这是髌骨软化症的一个主要原因。我给他照膝关节轴位像（skyline view）之后发现问题了，这个还不到5岁的小孩的髌骨化骨核刚刚有一小团钙化影，但已可以看得见这个钙化影已经偏移到股骨髁间窝外侧去了。朱院长就给了我 1.5 万元贷款，让我把髌骨软化症继续研究下去。我招了一个 CMB 研究生郭开今大夫，让他做这个课题。

和郭开今大夫在稷山县普查髌骨软化症患病情况

我们一起对髌骨关节病的文献进行了全面复习和研究，还对较大样本的人群进行了发病率调查。当时文献中对髌骨软化症的普查和研究只有两个报告，都是有关男女排运动员的髌骨软化症的调查，数量都比较少。我们进行了2743 例的人群，包括幼儿园大班的孩子和中小学生、工人、国防大学战士等各种人群的调查。当时正好稷山县的李主任请我去做全膝关节表面置换的手术，时值麦收季节，农民比较集中，我们就请稷山县的李主任派人在稷山县帮忙，协助我的研究生去进行农村普查，我帮他做膝关节手术。发现有疑问的、有临床指征的，如：髌骨碾磨试验阳性，病人平时有下楼疼痛等症状的可疑的病人，再照片复查。大样本人群发病率调查结果发现髌骨患病率高达36.2%，在5～9岁的儿童中，患病率竟然有12.7%。而且有意思的是，在这些病人中，很多人都有夜疼现象，儿科医生喜欢诊断为“生长痛”，但一照X线片都可以看见髌骨的侧倾。我就跟儿科医生讨论说：“生长痛是不是就是髌骨软化症？髌股关节关系紊乱造成髌骨外侧受到磨损刺激。”他们不同意我的观点，说：“国外文献也叫生长痛”。我笑着跟他们说：“关节都在生长，为什么只有膝关节疼呢？踝关节、肘关节、胯关节为啥不痛啊？”我觉得这生长痛的说法有些勉强，告诉他们：“如果愿意的话，在门诊看见怀疑髌骨软化症的病人和所谓生长痛的病人，都转到我的门诊来，我给他们拍X线片进一步检查。”虽没有坚持太长的时间，但是，他们转来的、诊断为生长痛的病人X线片上都有髌骨向外半脱位或者倾斜的问题。

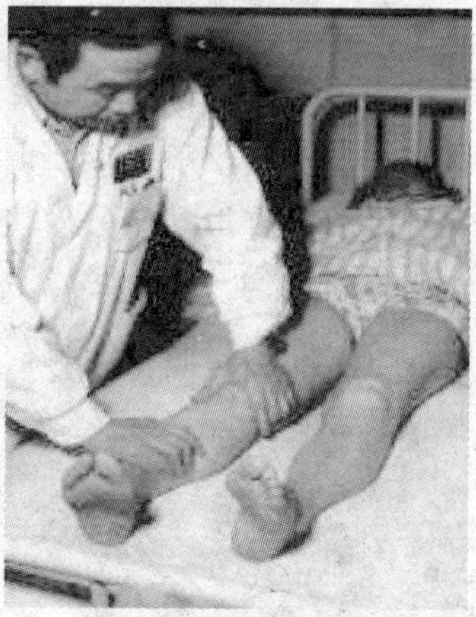

髌骨碾磨试验

虽然我现在没有权利改变儿科大夫对患儿生长痛的诊断，但是我认为生长痛就是由于髌骨关节的载荷紊乱，造成髌骨外侧受到磨损刺激，小孩白天活动很厉害时刺激髌骨软骨了，晚上挪动姿势到膝关节的活动度，正好是35度～50度这一个范围时，髌骨向外滑动明显，髌骨内侧关节面撞击股骨髁间窝的外侧的滑车，造成刺激痛，孩子就会哭，位置摆好不刺激它时，就不痛不哭。

以上就是我搞髌骨软化症的一些动机和过程，病人的需求是我搞起髌骨软化症来的主要原因。

随着研究的深入和我们的对病人的观察和文献的复习，对髌骨软化症的历史和现状，逐渐有了比较全面的了解和认识。早在1906年，国外就有人发现前膝疼痛是由髌骨问题造成的，1917年Aleman开始提出“髌骨软化症”这个名词。后来许多医生发现在老年人中，本病的发生率高达80%之多。这种病症可能在年纪很小的时候就会发生，随着年龄的增加，症状还会加重。1939年有人报告了97例男性病人的髌骨软化症的20年的自然发展史，随诊病人中，只有

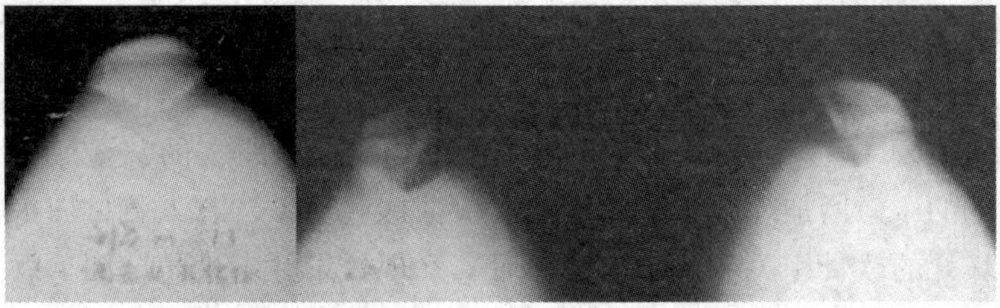

正常膑骨　　　髌骨软化，髌骨向外半脱位或者倾斜

10 例病人没有疼痛，40 例有中等疼痛，16 例有明显疼痛变化。髌骨软化症实际上是由髌骨向外半脱位或者倾斜造成的。Aleman 虽然很早就提出“髌骨软化症”这个名词，他只是在病人膝关节疼痛搞不清楚，做手术探查和尸体解剖的研究时，发现软骨水肿变软，有剥落的现象，他就是根据这个解剖形态——髌骨软骨变软了，叫它“髌骨软化症”。虽然也有人发现了磨损跟年龄有关系，但是髌骨软化症的实质在很长一段时间仍然没有被真正认识。随着生物力学研究的深入，X 线检查的临床应用，1968 年 Hughston 发表文章，指出髌骨软化症实际上是由髌骨向外半脱位或者倾斜，髌骨软骨内侧关节面撞击股骨髁间窝的外侧的滑车造成的。

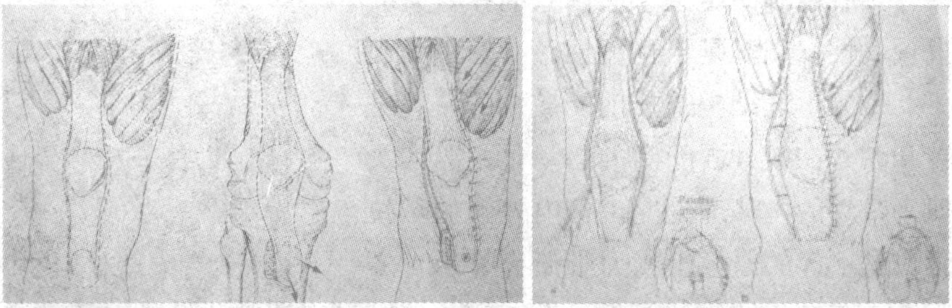

胫骨结节移位术　　　外侧的软组织的松解，内侧重叠缝合

在这些理论的基础上，提出了要把髌骨的顺列进行改变的手术治疗理念和方法，如：胫骨结节移位，把胫骨结节从胫骨的止点向内移一点，或者是做膝关节外侧的软组织的松解，内侧重叠缝合，这样来改变髌骨的向外移位和侧倾现象。但是问题仍然没得到很好

的解决。在关节镜出现以后，国外又有一些作者用关节镜来研究这个现象，发现膝关节的外侧关节间隙，在运动的时候磨损比较明显，测量病人膝关节压力时，发现在膝关节的髌股关节的外侧间隙压力比较大，局部骨关节炎明显，所以当时又有所谓的“髌股关节外侧的压力增加综合征”的诊断。根据这些现象，有人就试图把损伤坏死的软骨用关节镜磨削掉，后来发现效果并不理想，因为软骨的变化是由于髌骨关节的位置不正常、外侧过度磨损造成的，这个问题没解决，把骨关节炎的磨损面磨平有什么用呢？后来有一些作者用关节镜切开松解外侧间隙的关节支持韧带等软组织，但还是不够理想，又有些人进行外侧松解 + 内侧用电凝、电灼方法来形成疤痕挛缩，造成向内侧的拉力，但这些方法，在瘢痕软化后很容易复发。可能是由于髌股关节不对称应力的关系没解决，所以上述很多的治疗方法疗效都不够理想。在国外也出现用膝关节带或支具来阻挡髌骨向外滑移方法，可是这样将加大髌股关节间的压力，也不理想。所以，虽然髌骨软化症很早就发现，但治疗发展却是很慢的。

髌骨软化症的生物力学的研究证明，正常人的股骨不是垂直地面的，跟胫骨之间有一小的 6 度 ~ 11 度的夹角，矮胖人的角度大，瘦高人的角度小，女性由于骨盆比较宽，天生的股骨倾斜度比男性要大，所以它的股骨跟胫骨之间的夹角比男性大，夹角越大，髌骨向外半脱位倾向越大，所以我们在普查时发现女性发病率是男性的两倍，原因是由于女性的生理结构造成的。髌骨的位置维持和髌骨在股骨髁间窝的运动是由股四头肌来带动的，从理论上讲，内外侧的牵拉力应是平等的，但生物力学研究显示，实际上由于解剖结构的关系，在正常的情况下，内侧的拉力本身就比外侧拉力要偏小一点，再加上股中间肌、股直肌虽然应是向上拉的，但是由于角度的关系，多少会产生一点向外拉的分力，所以股四头肌的内侧头天生就处于弱势状态，它的拉力本来就小一点。股四头肌的四个头在膝关节伸直的过程中的不同阶段，发挥着不同的

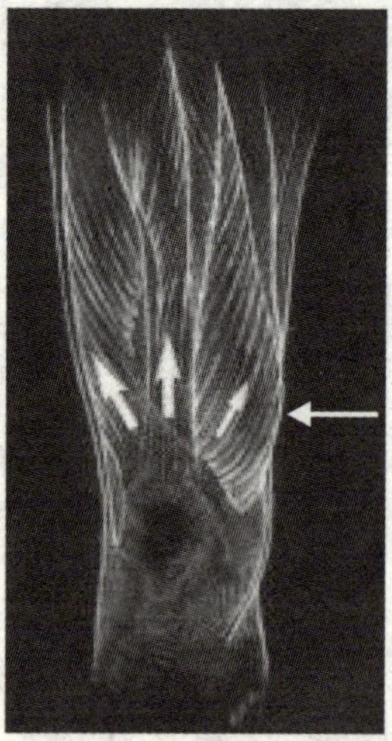

股四头肌内侧头

作用。膝关节从屈曲位到伸直至零度的过程中，最开始阶段是由股中间肌，股直肌为主，骨外侧肌和股内侧肌协助，最后30度把膝关节完全伸直和伸直以后将膝关节锁住时，是股四头肌的内侧头发挥更大的作用。当发生某种损伤致膝关节疼痛时，膝关节不敢吃劲，病人常踮着脚走，膝完全伸直受影响，这时候股四头肌的内侧头就不能得到很好的锻炼，很容易发生失用性萎缩，当股四头肌的内侧头萎缩以后，髌骨的内拉力下降，髌骨向外侧的倾斜和脱位加重，这样就形成一个恶性循环。如何来阻断这个恶性循环是我们要研究解决的问题。

髌骨软化症治疗仪

在临床实践中，有人使用膝关节伸直，使劲原位绷直膝部的方式，或由屈曲30度绷直到零度这样的动作，来加强股四头肌的内侧头，但是股四头肌是由统一神经支配的，所以它不可能单独来锻炼股四头肌的内侧头，而只是股四头肌的内侧头在这时候的收缩锻炼作用更大一点，其他的那三块肌肉也在锻炼。股四头肌的内侧头锻炼得到的实际效果还要被骨外侧肌、股中间肌的外拉作用对消掉一部分，所以虽然锻炼有效，但是收效不大而且缓慢。

我们围绕着如何来单独加强股四头肌的内侧头这个问题进行研究，我们设计了一个髌骨软化症治疗仪，这个机器的设计不是太复杂，但它有很强的生物力学调控作用，它输出一个矩形的电刺激波，选择性地刺激股四头肌的内侧头。根据生理学指出的，横纹肌间隔六秒钟轮替地收缩和舒张时不容易疲劳的原理，我们把机器刺激的间隔时间设定在六秒钟左右，每隔六秒钟机器就通过贴在皮肤

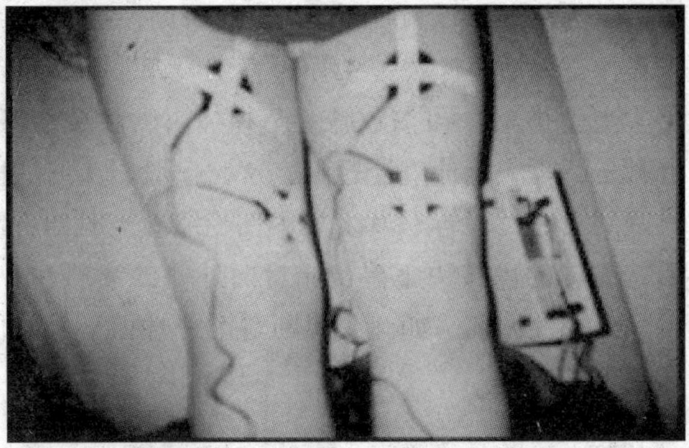

治疗仪治疗髌骨软化症

上的电极板，向股四头肌内侧头输出一个电刺激，使股四头肌的内侧头收缩，牵拉髌骨向内和向上移。这样通过选择性地锻炼股四头肌的内侧头这一块肌肉，经过一段时间（1 周到 10 天）的锻炼以后，它就逐渐变得强壮有力，使四头肌的内、外侧牵拉力，达到了一个新的平衡，髌骨向外半脱位得到了改善。只要倾斜稍微改善一点，摩擦减小，病人的症状就可大大缓解，效果明显好于单纯的膝绷直锻炼。我们发现，用这个机器治疗 10 ~ 14 天以后，测量病人髌骨上缘股四头肌周径能增粗 1 ~ 1.5 厘米，说明它有很强的治疗作

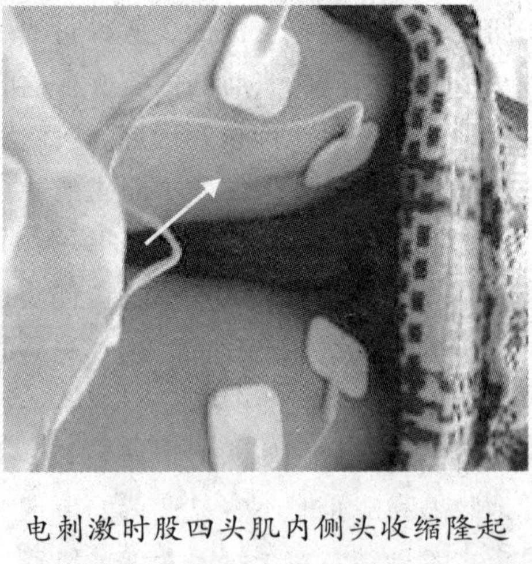

电刺激时股四头肌内侧头收缩隆起

用，受到很多门诊病人的欢迎，还有很多患者通过朋友介绍前来寻找这部仪器。可是很遗憾这部机器的生产和应用也遭到很多假的、山寨版的髌骨软化症治疗仪的干扰，影响推广，病人搞不懂哪个有用，哪个没用，一听到“电治疗仪”三个字，就慌忙说：“我用过，没用。”两者区别在于，我们真正的治疗仪在治疗时，能出现肉眼看得见的、明显的股四头肌的内侧头收缩隆起，和牵拉髌骨向内移位（箭头示），而市面上很多名目繁多的治疗仪，虽然便宜，它只给你一种麻麻的颤动的感觉，而无股四头肌的内侧头明显收缩隆起，得不到肌肉的锻炼，所以无效，这就是假的特点，要注意区别。

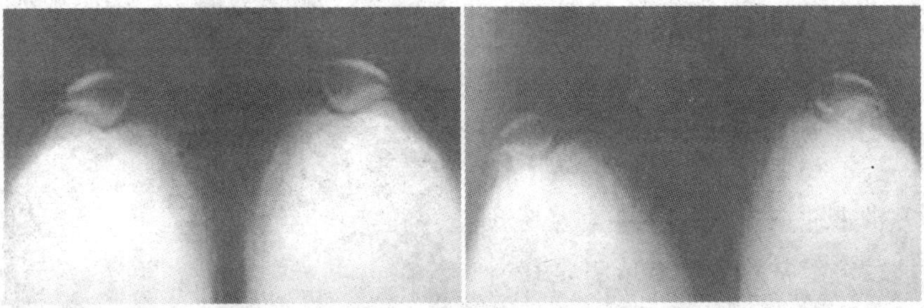

病人 10 年前髌骨软化症，10 年后，软骨磨损，外侧关节间间隙消失

另外，临床上现在有很多人对发病机制不明了提出了很多很多怪诞或错误的治疗方法，对病人进行治疗，如：髌骨软化症由于软骨有损伤和修复，修复的新鲜的软骨和滑膜炎对外界的气候变化会很敏感，使患者膝关节怕冷，当开空调或吹风扇的时候，会有不舒服的感觉，给予热敷，就会觉得很舒服。所以患者很容易接受膝关节风湿这一诊断，常年吃这个、那个抗风湿的药。另外这病吃一些止痛药，适当地休息后，症状也可以暂时缓解，病人就会认为是治好了，其实呢，这些止痛药只能消除了髌骨软化症引起的滑膜炎的疼痛和肿胀，但是髌骨磨损仍然在继续进行，**止疼不治病**，所以病就这样反复发作，逐年加重。现在，市面上有什么病难治一点的，就会冒出什么专治这病的冲剂啦、丸啦、贴啦……如膝关节滑膜炎积液了，就有种种所谓的滑膜炎冲剂了，其实滑膜炎本身就是髌骨软化症磨损后掉下的“渣滓”，产生一系列生物化学的反应造成的常见的临床体征，根本原因没解决，消肿完后，很快又复发了。还

有各式各样的所谓增加软骨生长的药，往关节腔里注射，说：“你这是软骨磨坏了，我给你打点长软骨的药就好了。”其实不是那么容易的，我们知道软骨细胞生长一茬要6~7天，你在一天的活动里，不知道要磨损掉多少软骨细胞，软骨的修复远远跟不上磨损带来的损害，所以这就是为什么髌骨软化症会越来越发展，到老年的时候出现膝关节完全伸不直了，下蹲很困难，反复积液等等一系列的症状，这时什么药都无用，只能手术了。

由于生物力学的研究让我们能比较清楚知道髌骨软化症的一些症状发生的机制，有些患者的主诉也比较容易解释了。比如，像我们以前看过一位小学四五年级的女孩（这一类的患者很多），家长从南方带来北京看病，患者很容易摔跤，经常跑着跑着或者是在运动的过程中莫明其妙就跪在地上，看了好多医院，都没有明确诊断，这叫“打软腿”呀！这是通过研究以后我们才明白的，其生物力学发生机制为：髌骨在运动的状态下不是在一个位置上的，它不平衡地向外倾斜，有向外滑脱的倾向，髌骨半脱位，特别在膝关节呈35度~50度的半屈曲位时，最容易发生休斯顿设计的患者照X线片的时候，也是用这样的位置来投照的，能最有效显示髌骨半脱位，许多医院现仍在用过曲投照（大于50度），过屈投照会显示髌骨半脱位自动复位，得出没有问题的假象。患者在跑步或下楼的时候，当膝关节弯曲角度正好在这个范围内时，髌骨发生半脱位最明显，向外脱位的髌骨内侧的关节面软骨正好撞击在股骨外踝的滑车上时，引起疼痛，病人的肌肉就会保护性地反应停止收缩，腿一下就没劲了，就跪在地上了。这就像我们在不知道水杯烫的情况下，手去拿这个很烫手的水杯时，手触到烫手的水杯，就会本能地张开，扔掉杯子的道理是一样的。也能解释髌骨软化症老太太们常提出的很有意思的

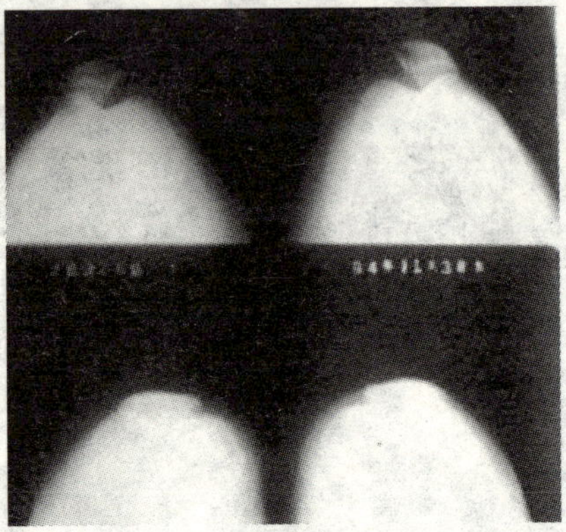

上图为正确投照方法，可见髌骨侧倾，下图过屈投照，得出“正常”假相

主诉："我下楼的时候要横着走。"为什么呢？下楼的时候膝关节屈曲到一定程度的时候她就疼啊，就无力、害怕摔跤、滚下楼梯啊，所以她就扶着栏杆横着下楼，下山的时候也是横着下来，这样就可以减少膝关节的刚才所说的那个最容易疼的角度。**所以你要看明白病，首先要能明白发病的机制。**

我们这也可以容易理解，报纸上经常看到很多名运动员为什么老因膝关节积液缺阵的原因。例如：女排的冯坤、薛明等和很多著名羽毛球运动员，都常出现过膝关节反复积液。为什么？因为他们在运动过程当中，有很多的技术动作，需要通过半蹲这样的位置来完成，所以很难避开髌骨磨损最厉害的屈膝角度，也就是上边所提到的30度~50度。因为要做技术动作，所以很难避免磨损，继而引起滑膜炎，水肿。磨下来的软骨碎屑刺激，会诱发病理、生化的反应，使症状加重，反复发作，老是治不好。我也不知道他们是否知道进行选择性的股四头肌内侧头的训练，可以减轻运动过程中所形成的髌股关节外侧的过度磨损，治疗积液和疼痛。他（她）们有没有领悟到这个道理，我就不知道了。我曾经请有关人士，向他们的领队表示我们愿意替他们进行研究和诊治观察，但是这项计划至今没能实现。许多人还在用橡皮膏固定髌骨的被动方法。

吴志宏大夫

我们还对髌骨软化症的发病的机制进行了一系列研究。对髌骨软化症分期与软骨修复的可能性关系研究，我们对髌骨软化症的软骨细胞进行了研究，发现软骨损伤只在分类二期以内的，可以保守治疗治愈，大于二期以后软骨修复的可能性就非常小了，指出了早期防治的重要性，这一项研究工作是我的研究生吴志宏大夫完成的，我们也进行了大样本人群的普查，为我们医生提供了本病的发病的情况及它的严重性的信息，这是我的 CMB 研究生郭开金医师完成的课题，后来他将这项课题在苏州医学院他的另一导师的指导下继续研究下去，得到了进一步的成果。

由于这项综合研究成果治疗了相当一部分病人，有的十多年长期随诊的病人效果仍很好，1997 年度此项技术获得了北京市科技进步三等奖。奖状对我们来说并不是很重要，重要的是我们觉得我们为过去一直认为是不治之症的髌骨软化症，现在能提供一个可靠的、效果不错的治疗方法，门诊经常有病人回来报告他（她）坚持治疗下去，得到很好的效果，令人欣慰。

《健康报》连续报导我治疗髌骨软化症研究情况

髌骨软化症电治疗仪的治疗机制，就是选择性运动锻炼一块肌肉——股四头肌内侧头，使之强壮结实，从而使髌骨受到牵拉平衡，使髌骨半脱位、侧倾现象得到大部分纠正。但如果不坚持使用仪器锻炼肌肉，肌肉力量一样会倒退回去。所以，要经常反复地锻炼巩固，症状减轻了以后，不能完全停止仪器治疗，仍需每周做几

科技进步奖证书

次巩固，这样坚持下去，效果会很好。股四头肌锻炼结实了，膝关节的稳定性就增加了，就能让你保持年轻人的步态。

在越南经历B－52全面轰炸的日日夜夜

为落实毛泽东主席关于“要准备打仗”的指示，卫生部军管会组织卫生工作考察团赴越南，去学习了解他们对现代化战争战伤的救护知识，我入选参团，在团长张润绪，副团长李培雄领导下，一行12人于1972年11月赴越南访问。

越南和中国一衣带水，山水相连，人文相近。现在每个越南人只要追溯其家族历史，几乎都和中国有渊源。越南在第二次世界大战前是法国的殖民地，二战中则被日本占领。1945年二战结束前后，胡志明领导的越盟，在越南北方的河内建立越南民主共和国（俗称“北越”）。法国则挟持保大皇帝在南方的西贡立国。为争夺对越南全境的控制权，北越和法国进行了长达9年的法越战争。1954年，在中华人民共和国军事援助下的武元甲（事实上是由韦国清），带领指挥北越军，相继展开红河中游战役、东北战役、宁平战役、西北战役、上察战役等，尤其是奠边府战役一举围歼敌1.6万余名法、伪军，宣告了法国侵越战争的彻底失败，法国撤出越南北部。根据日内瓦会议（1954年）的决议，南北越暂时以北纬17度线分治，北越由胡志明领导，南越在保大皇帝的控制之下。1955

年，吴庭艳在西贡发动政变，建立越南共和国（俗称“南越”）。艾森豪威尔在其备忘录中写道，如果现在全国选举举行，共产主义将会获胜。1954 年法国退出越南，美国开始发动侵略越南战争。**1964 年 7 月 31 日**美国约翰逊政府借机制造所谓“北部湾事件”，说什么美国海军遭到了“挑衅”，将侵略越南的战火燃烧到越南北方。1965 年 1 月，北京百万群众举行声援越南人民抗美集会，毛泽东亲自主持大会，周恩来总理还亲自访问越南，落实援助的情况。美国向南越派遣大量军事人员，取代了法国并竭力扶植西贡傀儡政权。美国在越南的干涉出于它对共产主义和中国的长期敌视政策，
另外战后东欧、越南、朝鲜，甚至越南停战后的东南亚次大陆都涌动着共产主义浪潮，美国称之为多米诺效应。为避免该效应进一步扩大，只有采取断然措施，阻止朝鲜统一、遏制越南对东南亚的影响。在朝鲜战场告一段落之际，越南就成为下一个目标。战争是政治的继续，发动侵越战也就顺理成章了，最先开始越战的美国总统是艾森豪威尔，约翰·肯尼迪上台后也支持在越南作战，林登·约翰逊将战争扩大。到了 1966 年 8 月，已有多达 42.9 万名美军士兵驻守在越南。

在尼克松上台执政时期，美国因国内的反战浪潮高涨，正在越南泥足深陷，苦思“光荣拔足”之策的尼克松，急于从越南撤出，颇想中国能助一臂之力。尼克松 1972 年 2 月 21 日访华。2 月 28 日，中美两国在上海签订了《上海公报》，奠定了两国关系正常化的基础。1972 年 3 月，武元甲动员了几乎全部北越军事力量，发动了比

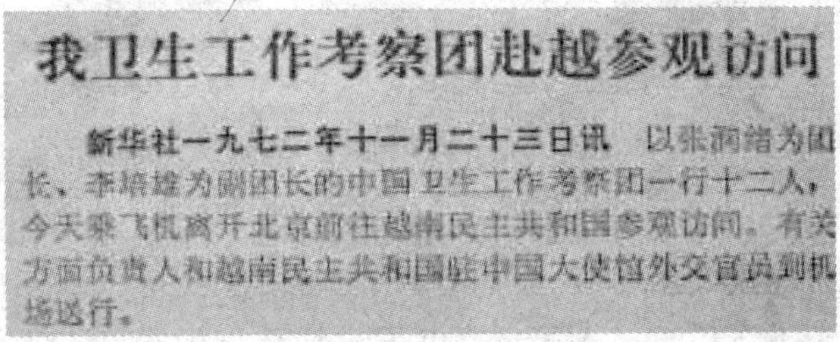

我卫生工作考察团赴越参观访问

新华社一九七二年十一月二十三日讯 以张[illegible]为团长、李[illegible]为副团长的中国卫生工作考察团一行十二人，今天乘飞机离开北京前往越南民主共和国参观访问。有关方面负责人和越南民主共和国驻中国大使馆外交官员到机场送行。

《人民日报》报道我们访越消息

---

* 1973 年 1 月 27 日，参加“关于访问题的巴黎会议”四方（越南、美国、越南南方共和临时革命政府、西贡政权）在巴黎正式签订了《关于在越南结束战争、恢复和平的协定》，即巴黎和平协约，这是后话。

1968 年春节攻势更大规模的“复活节攻势”。尼克松下令美国 B－52 战略轰炸机对北越进行全面轰炸，未能成功的武元甲去职，越南只好又回到谈判桌前，打打谈谈。我们就是在这样背景下，于 1972 年 11 月 23 日访问越南。

越南卫生部热烈欢迎我们访越代表

和越南同行做学术交流

进入了越南北方

我们走下飞机，进入了越南北方这块传奇的国度，这是一块饱受战争蹂躏的土地，随处可见多年的战争疮痍，但是在这些战争痕迹的衬托下，越南更多了一点沧桑的美丽。河内作为越南的首都，是越南的文化中心，已有上千年历史，越南的多个朝代都曾把这里作为京城，城市名称多次更改，直至 1831 年，阮朝的明命王在这里定都，见城市环抱于红河大堤之内，遂改称为“河内”，一直沿用

在越南古建筑上可见中文楹联

至今。她是一座古老与现代并存、东西方风韵交融的美丽城市，保留有独特文化的生活风采和古老的建筑。在 1888 年法国占领了河内之后，在河内建造了众多法式建筑，传统的古朴淳厚与法式的浪漫氛围相互辉映，组成了河内市一道独特的风景。

我们受到越南卫生部门热烈欢迎，我们住的还剑宾馆就在还剑湖旁的老城区，街道仍是旧时的格局，并保留了以前的建筑风格。20 世纪时，河内老城区只有 36 条街道，每条街道都有其经营特点，例如丝绸一条街，珠宝一条街，饮食一条街等等。

越南人只要追溯其家族历史，很多都和中国有渊源。自秦汉以来，中原文化向南扩展，汉字也一并传入越南，自此，整个越南使用汉字长达两千多年的历史。在老城区老建筑上还保留了很多以前的汉字招牌和汉字对联。

参观越南

越南的卫生部有意将我们的参观交流安排在北方的几个风景名胜地区：河内、下龙湾、海防等地，使我们得以在参观交流之余去游览当地的风景名胜，所以今日能在这里借此机会给大家介绍我们当时游览过的风景。

我们在河内等地作了几场学术报告，其中我们介绍了治疗烧伤工人邱财康以来积累的丰富的宝贵的烧伤治疗的经验，这正是越南治疗大量的战争烧伤病人急需的，所以他们说中国朋友是为他们雪中送炭。

我们也到越南乡下基层看他们的卫生组织是怎么在战争环境下进行医疗工作的。在沿路我们看见越南马路上跑的汽车大部分都是中国的解放牌汽车。乡下战争气氛不浓，山明水秀，浓绿的林荫路，民居散落在山间的平地中，暖暖的风，慵懒的阳光。农民在悠然种地，做买卖，牛背上牧歌嘹亮。这样静谧的生活，有平静的美妙，这些山地的秀美都让人感觉到了一种恍惚的温柔。我们还有个感觉，越到乡下，那里的老百姓对中国人民感情越浓厚，不像在城市里比较官样的淡然。很多老年人，都能讲中国话，无论大人还是孩子对中国人都很友好。在当地的卫生院和一些乡镇的小医院里，大部分都很明显受中医的影响，他们自己种中药，可以说条件是非常艰苦的，学习我们当时的赤脚医生。

每到一个地方，大概程序都这样的，先介绍一下他们怎么在艰苦环境下工作的，第二方面就是感谢中国同志怎么对他们援助，给我们展示一下，他们身上衣服的布，他们的手术医疗器械，医疗箱子、听诊器等都是中国援助的。然后再慷慨激昂地控诉美帝国主义的战争罪行，对他们的人民杀害和致伤致残的情况。

建立在山洞里的医疗救护站

有些地方还带我们去参观他们建立在地下山洞里的兵工厂和医院救护站，以及治疗伤员的情况。越南民族确实是一个顽强的民族，他们顽强的精神确实让我们感动。越南的大多数人民对中国都非常友好。越南的文化受中国的影响也是很大的，他们上了岁数的人，当时五六十岁的人都能看中国的小说：《三国演义》、《水浒传》等。他们的卫生部副部长，还有个医院的院长，都认识中国字，可以阅读中国的中文图书。出国时，卫生部委托我们带去很多中文的图书、教科书，还有杂志，好多医生都能看。

我们也在参观之余，游览了一些当地的风景名胜。

还剑湖形状略呈椭圆形，是越南河内的第一个风景区，位于市区东南部，离我们所住的宾馆没多远，我们吃完饭以后有空余时间时，就到那里去看看，散散步。湖区林木青翠，湖水清澈似镜，湖

秀美的还剑湖

光树影，交相映衬，环境幽静，风光秀丽。关于越南李太祖获得神剑的经过及他使用这把神剑抵抗越明朝（1418～1428 年）的过程，当地还有传说。当李太祖终于推翻明朝的统治后，便驾着小舟来到还剑湖的湖心，将神剑还给神龟，据说这只神龟从李太祖手中收回神剑后，就马上潜入湖中，从此消失无踪，“还剑湖”之名便由此而来。湖心有座玉山岛，岛上矗立着一座建于 18 世纪的玉山寺，寺院与湖岸有拱桥相连，玉山寺内供奉着关帝、兴道王和文昌帝君三圣。玉山寺门外建有一座 5 层石塔，塔顶状似毛笔，大门由 4 根笔状石柱构成，寓意“金榜题名”，有汉字对联：“临水登山一路渐入佳境，寻源访古此中无限风光”，我们在那里参观了玉山寺下面的防空洞。

龟塔和独柱寺同玉山寺遥遥相望。龟塔，塔身小巧玲珑，顶端有一颗星。湖中心还有独柱寺，有一根灰色粗大的大理石柱子，石柱半腰伸出 8 支檀木做的承拱，托着一个寺庙，这就是著名的“独柱寺”。此寺全部用当地

独柱寺

河内孔庙中的中文楹联和许多中文石刻

贵重木材做成，四周是一圈短栏杆，寺旁有阶梯，寺檐微微上翘，寺角形成70度翘起，寺身小巧玲珑，结构匀称。除独柱寺外，其余均为中式飞檐斗拱建筑。独柱寺始建于1049年的李朝，近千年来多次重修，现存古寺重建于1955年，虽规模比原建要小，但其艺术风格仍保持了原寺的风貌。在越南，独柱寺名气很大。

文庙位于还剑湖西面，是越南封建王朝祀奉孔子的地方，初建于1070年，后屡经修复。文庙坐北朝南，围墙长1公里，红墙绿瓦，古色古香。庙内主要建筑有奎文阁、天光寺、大拜堂、正寝殿、启贞祠等，有众多的中文碑刻和楹联。文庙共有5道大门和5个大场院。过了奎文阁进入第三个大院，这里立有82座石碑，刻有自1442～1779年共337年间越南科举中所有进士及第者的中文姓名。文庙内供奉有孔子及其72弟子塑像。封建朝代时的每年春秋，百官要来朝拜两次。

令人不爽的二征夫人街演习

我们在越南参观考察期间，被安排看他们一个在敌机轰炸下的救护演习。我们下了汽车，看见街上浓烟滚滚，有的地方还在着火，在一条街上有装扮成各式各样伤病人和救护人员的人。他们进行着各式各样的抢救的表演，包括包扎伤口，烧伤病人救治，抬担架，固定等一套我们都很熟悉的东西。当然，比起我们武警总医院国际救援队的设备和技术，他们只能算是“小儿科”。演习处旁边，有一个古老的庙宇，很多人进去烧香，香烟缭绕。我们看到这样的情况，觉得很奇怪。一问才知道，这是二征夫人的庙，是他们的民族英雄，“抵抗中国的统治者侵犯越南的英雄”。哦！原来是这样。

我也不了解这段历史，后来我们大使馆陪同的一个翻译告诉我：周总理在访问越南时，他们也带他到这里来，总理问起怎么还有烧香啊？他们就把这个故事讲给总理听，说有两姐妹怎么抵抗汉朝的侵略而英勇牺牲了，越南人民把这两姐妹奉为民族英雄，她们是带领人民抵抗外来侵略的女王。总理听完这段故事后表态说，对于中国过去的封建统治阶级给越南人民带来的苦难，我感到非常“遗憾”。这事让人感到越南的民族中，有一些人是非常记仇的，心胸不是太开阔，总理都给你们表过态了，还要把我们拉到这里来，还要给我们进行他们所谓的“教育”。一说就是你们的祖先侵略过我们，要宣传他们的狭隘的民族主义。在国内搞搞可以，一千多年前的事，你还拿到现在的外事活动中来说，让人很不舒服。

因我不了解这段历史，回国以后，到图书馆查阅历史资料。啊！原来不是那么回事，这就更看出他们的不良心态。资料中描述当时的越南还是中国版图的一部分，一个附属地，他们还没建国呢！秦始皇率领秦军统一岭南，把岭南纳入中国版图，后来原秦军将领、后任南海尉的赵佗，乘秦朝被灭时，在包括越南、广东、广西一带建立过一段时间的“南越国”，西汉高帝十一年，汉封赵佗为南粤王，都番禺（今广东广州）。赵佗在雒越设置交趾（越南前身）、九真两郡，长达一千多年间，都为中国的直辖领土。大批的中原人士，带去了大批中原本土文化，提高了当地的文化水平，受到了越南人的称赞。到南北朝后，越南人最早自己编著的《大越史记》，提到越南人祖先仍为炎神农氏之后裔径阳王，其父帝“明”为炎帝三世之孙。这说明越南人有着一种自己祖先和北方的中国人同为兄弟，所以并不低于中国人的自负心。

汉建武十三年（公元37年），爆发了交趾征侧、征贰姐妹为首的大规模叛乱。九真、日南、合浦也与此相呼应，攻克六十多座城，自立为王（越南人之所以捧她们，是因为她们是越南地区第一例搞独立，自立为王的人）。为平乱，汉王朝派遣伏波将军马援等率三万兵力进入当地，与叛乱军进行战斗，消灭叛军，斩二征，恢复了安宁。马援在交趾立碑“大汉伏波将军马援建此”，由中央政府直接统治。

这段历史应该怎么样来评价呢？我觉得越南人要把他们这样的当时规模比较大的反抗中央的女人当英雄来鼓动他们的民族主义的

话，我们也没有权利干涉，但历史就是历史，应该有个正确的评价和描述。刚才我翻开了古书历史上记载有关这二征夫人的历史背景，大家可以看得很清楚了，当时的越南根本还不是一个国家，只是中国南方的一个郡，越南民族，就是我们以前说的南蛮，还没建立国家，其实直到1803年（嘉庆八年）清朝政府将安南国改为越南国，封阮福映为国王，越南才由此得名。当时的大汉王朝朝廷平定地方暴乱，怎么叫侵略呢？莫名其妙，而且还念念不忘，你自己内部搞搞可以，在国际外交活动中拿出来，让我觉得越南政府里有些官员历史水平较差，还心胸狭窄，为什么你不看重近代越南的革命中，中国对你们的倾力援助呢？其实中国应该是越南的最主要的支持者和援助者，可能出于意识形态的因素，中国给予越南非常非常大的援助。

据说毛主席在接待胡志明主席的时候，胡志明主席讲了些越南抗战的情况，毛主席听了之后说："胡主席，你从越南来，我从湖南来，我们两个南是一家人，有什么困难你就说，需要什么我们都照办。"胡志明从中山装的口袋里掏出一张单子，提出很多的要求，修路、武装援助、物资援助，他们还提出要求我们国家帮他们北部的防空。1965年1月，首都百万群众举行声援越南人民抗美集会，毛泽东亲自主持大集会，周恩来总理还亲自访问越南落实援助的情况。抗法战争的时候中国就派遣军队帮助越南打败了法国的侵略者，当时所谓的奠边府战役，实际上就是韦国清同志率领中国的军队并指挥越南的军队一起作战，把法国人打败的。这是为了对外好说话，说是他们的武元甲指挥的。"文革"中广西有一派要揪斗韦国清，胡志明知道了就很着急，就给毛主席说："韦国清你们不要，给我们吧，我们要！"当时毛主席说："韦国清同志是好同志，是我们司令部的人，请越南同志放心。"毛主席的话被一派写在大字报上用来攻击另一派，内斗不断升级，从口水战到棍棒、长矛，最后演变成激烈的枪战。我当时就是由于厌烦了一派攻击另一派、造谣生事、无限上纲、随意揪斗的无聊派斗，躲避到广西来搞流脑防治的，想为老百姓做一点实事，没想到这里看到的还是这样的局面。这样的造成人群、同志分裂，族群分裂的"大民主"，现在在世界上好多地方还在上演着，我看这样的"大民主"不要也罢。

在1965年，中国人民解放军应越南方的邀请，一直担负着越南北方的一些军用设施和越南的铁路线，还有一部分民用设施的防空作战任务，一直到1969年春天才回来。我们援助越南的高射炮部队和工程兵在越南工作了三年六个月，作战两千多次，击落敌机一千七百多架，打伤一千六百多架，俘虏美国的飞行员四十二名。有多少我们的中国英雄儿女，把鲜血流在越南的土地上。中国给予了越南超过二百亿人民币的援助，客观上加重了中国人民的经济负担。他们怎么就不记这些？却带着总理去看他们那二征夫人庙，连我们这些医生也要带到那个地方去，很不爽。虽说越南民族很顽强，打得美、法很痛苦，但是对中国却持这样的心态，一方面需要我们无私的援助，一方面又记仇。后来中越边境反击战时，又发现他们还在抗美期间，就在边境那一侧修了好多的作战工事，炮口和枪口对着北边的中国。难道我们只能共患难，不能同安乐？但愿我们中越能妥善处理和解决两国关系中存在的问题，成为好邻居、好朋友、好同志、好伙伴，共同繁荣亚洲与世界。

参观海防

在河内参观以后，我们又坐车到海防去参观。海防是越南的第二大直辖市，称为红凤尾花城市，是跟国际经济交往的重要口岸。1870年，阮氏朝廷派人来这里建造码头，设立同外国船只进行贸易的商馆，同时建起兵站，执行海边防守的任务，人们简称其为“海防”，这也就是海防这个地名的由来。1970年抗美救国战争中，美国约翰逊政府借机制造所谓“北部湾事件”，说什么美国海军遭到了“挑衅”，侵略越南的战火燃烧到越南北方，并且多次对海防市进行了狂轰滥炸，妄图毁灭海防港，切断从海防对抗美救国各战场的支援，北越仍顽强通过胡志明小道支援南方。海防市军民顽强战斗，先后共击落美国飞机317架，其中包括B-52飞机5架，击沉击伤美国军舰8艘。

我们正在访问的时候，恰逢当时美国在海防周围布了很多水雷，封锁得很厉害，援越物资根本进不去。越南请中国帮助排除水雷，我们到海港边上去参观时，看见挂着五星红旗的闯过封锁线的两艘中国英雄扫雷艇，就停在海防港口边，帮助排除水雷，我们帮助越南人民粉碎了敌人的封锁阴谋。从海防回来以后，当天晚上使馆告诉我们现在形势比较紧张了，因为越南他们跟美国在巴黎谈判谈得不顺利，尼克松就下令加大轰炸北越的力度，以炸逼和，轰炸

我们待的防空洞

越南首都河内，所以白天晚上都有飞机。我们回来时，一路很难走，到宾馆已是傍晚。正在洗澡的时候，突然全城防空警报响了起来，大家飞快地从二楼跑到院子里的防空洞里。回头一看，糟了，怎么还有一位老同志没下来？我和另外一位同志，又赶快往回找，刚上到楼梯口，就看见他气喘吁吁地往下跑。他到防空洞里给我们讲，一听到警报，他赶快穿裤子，棉毛裤在裤管拧在一起了，怎么穿也穿不进去，急得要命，等到裤子穿上走过露台天桥（两座楼之间）时，F－111正从头顶上呼啸而过，一阵风让他在露台的天桥上坐了个屁蹲。以后几乎每天都这么紧张，我们洗澡都分段洗，先洗下半身，穿上裤子，再洗上半身。

我们经历了尼克松以炸逼和的最后一轮的河内的大轰炸。每天到了傍晚时分，开始打头阵的F－111就来了，它来有两个目的，一是侦察，看哪个地方有防空炮火或有什么东西，第二就是高空抛洒金属的刨屑，用来干扰越南军队的雷达，也常常发空地导弹，不久前就曾误炸法国大使馆。飞机常常是从海防某个方向飞过来，贴着海面飞，越南的雷达根本发现不了。到了海边以后它一下子就腾空而起，等你发现时它已飞过警戒线，所以防空警报常常是在敌机已经飞到河内上空后才拉响。有时候敌机的呼啸声和警报声融合在一起，这时候，中国和前苏联援助他们的导弹、高炮就像放鞭炮一样响起来。F－111过后大概十几二十分钟，B－52紧接着就来了，开始新一轮的轰炸。有一次炸弹落在离我们很近的地方，轰炸的啸风，能从我们呆的防空洞口吹进来，还能扇动我们的裤子，整晚都不能睡觉，一直待在防空洞里。第二天，通知我们赶紧到越南外交部去，有个招待会。他们打下B－52，抓住一批美国飞行员，要开现场记者招待会，我们几个赶快赶到那里，看见有几个飞行员被他们抓来示众，一个个自报姓名。一名飞行员讲到，开始他驾驶的飞机飞得很高，接近两万公尺高度，高射炮、导弹都打不到他，所以飞来之后根据坐标，一揿电钮抛下炸弹就飞走了。所以很多的美军飞行员都认为到越南作战最大的敌人就是无聊。后来苏联和中国给越南援助了性能更好的导弹和高炮，越南军在这些高精尖武器的掩护下，不断地打下了很多敌机，给美军很大的威胁。

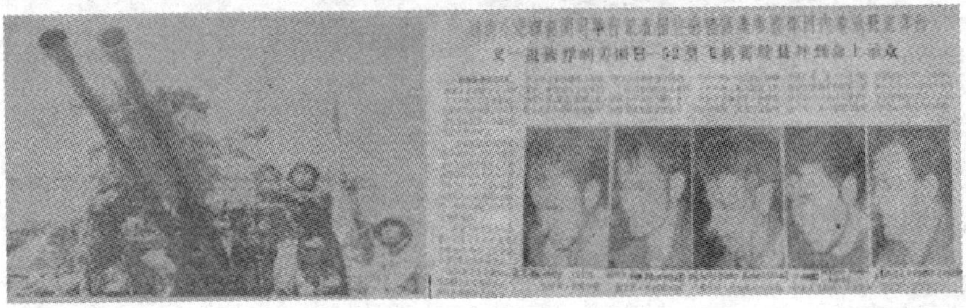

《人民日报》简报

我们应邀去美国飞机轰炸过的现场参观，有很多楼房被炸了，有很多越南人头上缠着白布，说明他家里有人遇难了。在一些轰炸现场还立着牌子，指示救护队下面还有生命迹象。美国人说他们轰炸的目标是越南的军事设施，这是一个大谎言。我们看得很清楚，居民区、学校全部都被敌机袭击过。此后一直到我们离开，天天都是如此，持续了半个月时间，每天晚上都是 F－111 先过来，然后 B－52 来轰炸，防空警报一直都在响，让你整个晚上都没办法休息。越南人告诉我们这是美国人想用此办法摧毁他们的精神防线，让他们晚上不能睡觉。

我们参观美国飞机轰炸过的民用建筑现场

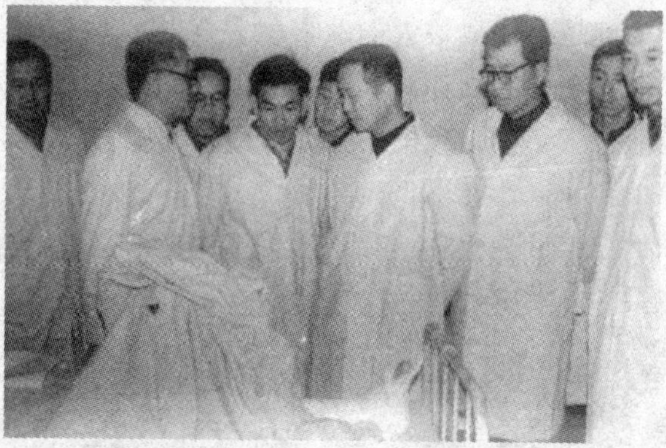

我们去医院慰问伤员（中为王正国院士）

可是你看越南人早晨照样上学、上班，没有被摧毁。宾馆餐厅的招待人员怕我们睡不好觉犯困，就给我们做了咖啡酒，让我们喝，这是越南特有的一种酒，酒里含有咖啡，喝完后提神。

参观美机巨型炸弹炸出的大坑

一直到了圣诞节，趁美国大兵圣诞节放假，不轰炸河内的间隙，国内派专机接我们回国。从市区到机场的路上，比来的时候添了很多美机轰炸的痕迹，马路两侧布满了篮球场大小的炸弹坑，每隔50米左右一对，这就是美国所谓地毯式轰炸的杰作。来时，我们还在那里喝过茶的候机楼，此时已被夷为平地，所幸飞机跑道还保留完好，所以我们可以顺利地回到北京。

美国现在仍在世界各地用美机播种他们的生活方式和价值观：阿富汗、伊拉克……可是回首美国插手过的地方，那里的国家和人民，哪一个得到了真正的安宁和好处，美国自己现在也防恐（惶恐）不可终日。我们也跟着受罪，出国机场安检，添了多少检查，麻烦透了。

巴亭广场

如果说首都河内是越南的心脏，那么巴亭广场可以说是河内的心脏。巴亭广场位于市中心，还剑湖西北，巴亭广场得名是为了纪念越南第一次抗法运动于清化省的巴亭暴发。1945 年 9 月 2 日，胡志明主席就是在此宣布越南民主共和国成立。巴亭广场西侧耸立着胡志明主席的陵墓，墓前的花岗岩石壁上，镌刻着胡志明的名言“没有什么能比独立、自由更可贵了”。墓西北是胡志明在河内的旧居，西南面有胡志明博物馆。我们使馆就在离巴亭广场不远处。

代表团在下龙湾留影

越南的下龙湾有被称为世界八大奇迹的海上桂林

在越南北部一千五百里的浩瀚波涛中，孕育了越南又一处闻名世界的景观，那里有一片巍然耸起的奇峰异岛，它就是有“海上桂林”之称的下龙湾。一片碧蓝的海水环绕着千姿百态的石灰岩小山峰，把下龙湾点缀得美妙绝伦。斗鸡石是下龙湾海上标致性的景物，我们住在下龙湾畔山坡上的宾馆里，远眺两块酷似雄鸡的溶岩荡漾在碧波上，惟妙惟肖，令人拍手叫绝。下龙湾的

斗鸡石

巴门岛上是近乎原始状态的热带丛林，岛上树木花草青葱繁茂，还有野猪、梅花鹿等野生动物出没。特别是在若岛，你可以看到那里的一个极讨人喜欢的红鼻猴王国。那里的猴子都是红鼻子、红屁股。它们极为顽皮和大胆，见到陌生人来岛，就会成群地跑到海滩上跳跃、欢呼。只可惜海水中布满水雷，无法泛舟尽情享受、欣赏岛上的秀丽景色。

在下龙湾还有个很有名的风景名胜，在秀丽的山崖峭壁上，刻满了很多各种中文的题字和优美的诗篇，越南人称此山为诗山，足见中国文化对越南文化影响之深。

不想看到但又不可避免的中越战争

中国是越南最主要的支持者和援助者。统一后的越南并未成为中国可靠的盟友，而倒向了苏联。越南统一之后，野心勃勃，号称自己世界第三，见到柬埔寨内部乱成一团，越南就来了个乘虚而入，同时还占领了老挝。越南的如意算盘是，成立中南半岛联邦，由他自己来统治整个“中南半岛”。其实，在越南发动侵略柬埔寨战争之前，邓小平就预见到，越南即将入侵柬埔寨。当时是1978年11月，离越南突然袭击柬埔寨大约还有一个月的时间，邓小平访问新加坡，他对李光耀说，真正紧迫的问题是，越南可能大举进攻柬埔寨。因为越南入侵柬埔寨，破坏了地区均势，并不断在中越边境上制造事端，导致中越战争。1979年2月17日凌晨5时30分，中国空军的数百架军机，掠过中越边境上空后，惊天动地的炮击开始了。在450里的战线上，中国人民解放军的八个军分成20多条线路同时向越南境内的越军进攻！1979年的中越之战，是给越南的一个警告，成立中南半岛联邦的图谋不能得逞。

1986年，阮文灵担任越共总书记之后，主动联络中国，希望尽快改善两国关系，而中方开出的和解条件之一就是越南必须从柬埔寨完全撤军。越南1988年12月第4次国会消除敌视中国、美国等的字眼。1988年初撤离驻老挝的越南军队，1989年9月驻柬埔寨的越南“志愿军”比原定时间早一年完全撤离。近年来，中越全面合作关系发展迅速，中国改革开放30年，越南革新开放20年，均取得了举世瞩目的成就，成为新兴国家的代表，共同带动了亚洲的繁荣和发展。两国的发展模式，在世界范围内产生了广泛的示范效应。两国全面战略合作伙伴关系是对“睦邻友好与全面合作关系”

在胡志明市国际会议上做学术演讲

的提升。在这样的背景下，我和夫人于2006年应武文坦教授邀请访问了胡志明市。我在那里做了DRFS（脊柱撑开复位固定系统）在治疗脊柱滑脱、胸腰椎骨折报告，受到好评。

在胡志明市总统府前留影

胡志明市原称西贡，是越南最大的城市和经济中心。由于曾受法国殖民影响，胡志明市到处呈现法兰西风情，有“东方小巴黎”之称。前总统府邸统一宫门前的Leduan大道仿似法国的凯旋大道。统一宫前的广场梧桐处处，绿草茵茵，是恋人们的天堂。统一会场，建于1869年，是法属时期的印度支那总督府，越战时成为南越政权的总统府，又称为“独立宫”，南越伪总统吴庭艳、阮文绍、阮高其等都先后在这里办公，现辟为展览馆。在这里，你可以了解一个政权是如何走向衰败灭亡的。

圣母大教堂为法国人所建，其造型独特，风格类似于法国的巴黎圣母院，是胡志明市最大的天主教堂，有唱诗班，可容纳数百人做礼拜。

大教堂前留影

胡志明市现在已经是游人必到的览胜之地。虽然饱经战乱，现在仍然是越南最繁华的城市。夜幕降临后，胡志明市处处霓虹彩灯闪烁，和三五好友在这个风景优美的城市里，畅饮两樽美酒，不亦乐乎！美丽的西贡河绕城而过，景色迷人，乘游船泛舟西贡河，欣赏两岸景色，别有一番情趣。市内的国光寺、舍利寺、永严寺、天后庙、圣母大教堂、草禽园、查匈植物园、骚坛公园等都是游览胜地。

古邮局前留影

胡志明市摩托车奇观

越南人忙碌的一天，一早就开始了，上班的人们骑着摩托车在马路上飞奔。胡志明市的摩托车之多你无法想象，光是正规的就有三百五十万辆，没有正规手续的还有很多。从早到晚，摩托车的轰鸣声都充斥着城区的每一条街道。到了傍晚，摩托车群更会把老城区狭窄的街道挤得水泄不通，车流、人流交织，每每让我觉得寸步难行。从没看过那么多摩托车，在路上排山倒海向你冲来，那种感觉很刺激。过一条马路险象环生。真要看方向讲规则，一整天也过不了。你要过马路，就得像一本旅游书上

和越南同行在一起饮酒畅叙

在越南邀请演讲者的夫人登台合影

所写的那样：吸一口气，再闭上眼睛，妹妹你大胆往前走哇！奇迹似的，摩托车明明往你身上撞来，却在千钧一发之际从你身边绕开，骑士们如马戏团的杂技表演者，所以过马路是车闪人，而非人闪车，只要懂得梦游，你就能安然无恙。我和太太想起当时过马路情景，至今仍然心有余悸。

如何看好骨科门诊

在写《漫漫从医路》的时候，由于门诊工作现实的需要，让我冒出一个念头——在书中插入“如何看好骨科门诊”和“骨科教授教你祛病强身”两章，又怕有些离题，但仔细一想，这也是一位骨科医生医疗实践的重要部分，自己积累了一些经验和教训写出来也许能给后人提供一点借鉴，希望借此减少病人看门诊的次数，使病人尽快得到正确的诊断和治疗，勉强还算切题吧。我尽量使用科普文章手法来写，也许使一些有文化的病人，能够看懂和用上其中的一些防病健身之道。

看好门诊，并非易事

有些医生不太看重门诊，这是要纠正的一个倾向。门诊是考察一位医生的学术水平和知识面的，能够尽可能快地给病人做出正确的诊断并非易事，一样需要您自己不断地去钻研、总结和提高。想起我年轻刚到协和时，碰到一些较难的病人，头天开了影像学检查单子以后，我都把名字记下来，第二天再到放射科请人家帮忙查清楚有关的结果，或者是自己去查书搞清楚，经验就是这样积累出来的。在协和出门诊时，我常早早地到门诊去，打听哪个老医生坐在哪个屋子，赶快到他屋里去先占好个位子（以前都是两位医生在一诊室里看病)。坐到老医生身边，可以及时请教一些问题，另外也“偷偷地”学习他们的本领。现在我看许多年轻的医生刚毕业，就愿意独坐一室，大大夫的派头十足，我劝他们还是虚心一点比较好。只有你把病看得好，你的回头客才会多，你在病人心目中的威信才能提高，当你是一位大大夫。

介绍门诊常见病诊治经验

下面我讲一点个人诊治一些门诊常见病的体会。这些病很常见，但却常被误诊、误治，患者在外地长治不愈，才忧心忡忡来到北京。

我开个头，抛砖引玉吧，把自己积累的一些经验和教训写出来。有和我一样想法的同道中人，能够做一些工作的，为何不为后人留下一点东西，莫让您的宝贵经验随风去。

摸索研究症状发生的规律和机制

在骨科门诊，病人的主诉归纳起来常见的有下述几种：头疼、头晕，“后脑勺发沉、发闷、看东西迷糊”，“脖子发梗（僵）、胸闷烦躁”，“气不够用”，腰髋部疼，下肢麻木或疼痛。有些人症状反复发作，长期不愈。也有许多怪异的主诉，如有一位老太太来看病，问她哪里不好，老太太说：“大夫啊，我下楼梯时不敢直着走，得横着一步步地走，人家笑我是螃蟹，我这是什么原因呢？”有些病人，你问他哪里不好啊，他说：“我屁股发凉。”听起来好像开玩笑一样……

看病就得摸索这些症状的规律和机制，这些都是疾病的反应，你自己得先搞清楚这一问题，才能看好病。每一种病都有它发病的机制。病人总是问大夫，为什么我会得这个病？你给我讲讲。这些要求过分吗？不，一点也不！

医生有责任帮助病人得到有效的治疗，也要帮他们了解他所患疾病的原因和防治办法。我在这里讲解几种常见和一些容易反复的疾病的诊治体会。按得病的解剖基础、症状的机制和防治办法这条线路图，一个一个地进行讲解。但是要强调的一点是，病人得病不会是仅某一点得病的，常常是几个部位、几种病合在一起的，所以一定要仔细听病人主诉，根据症状，按图索骥，把发病的部位都给他找出来。要在门诊能看好病，一定要仔细地检查病人，不能一听病人说脖子疼，就把颈椎正侧位的片子开好了，说腰疼就开出了腰椎的正侧位的 X 线片、MRI 片子。不仔细进行查体的医生，是当不好大夫的。

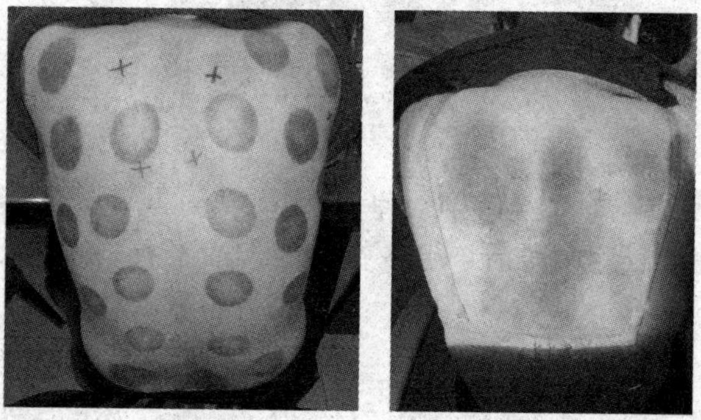

就打 × 处几个痛点，何必拔得满背淤斑，刮出大片血痕

说是浑身疼，其实就只有几个点。疼痛是骨科门诊最常见的，不管是青少年、白领、体力劳动者还是老年人，大概没有人没有得过脖子痛、腰背痛的。随便调查一下你身边的人群，有 1/3 以上的人都在近半年内痛过。这是一个很惊人的数字，说明这个问题的重要性。

病人主诉说他浑身疼，你怎么看？不少患者转遍全国各地医院，最后来到北京求治，他们提着沉甸甸满口袋的片子，走进我的诊室，坐下后，你问他（她）:“您哪里不舒服啊？”患者说:“大夫，我全身疼（老年妇女居多）”；“我浑身酸疼、疲劳极了（年轻人的居多)”。这样的主诉常让年轻医生愕然，不知从何下手。病人大多已经去过内科、神经科、风湿科、中医科检查了，做了很多项的化验和检查，可是也没查出什么明显的异常，但就是感到难受，所以跑到北京来看病，他（她）们感到很痛苦！

解开衣服检查的时候，看见患者背部呈现出斑斑驳驳的各种怪异的治疗方法的后遗痕迹：有密密麻麻小针刀的刀口，有像摆围棋似的拔火罐后的印迹，刮痧留下的血痕，各种奇不奇正不正的膏药留下来的化学烧伤的特殊斑痕……再看患者带来的资料或者病历记录，大部分都是正常的，或者是没有临床意义的轻度的退变。但是却被戴上了各种病的“帽子”，忧心忡忡来到北京。年纪轻轻的中青年人哪有那么多的“脑梗”、“脑供血不足”、“颈椎病”……从病史记录中可以看到大多缺乏仔细的查体记录，有些仅凭症状头晕就和脑供血不足等同起来；将轻度的骨质增生，长骨刺或者和所谓的“脊柱的生理曲度变直”误诊为颈椎病；将胸闷、气不够用，误诊为心脏病等。不少于2/3的这种来求治的病人，只是犯了肩周炎、枕大神经痛、肌肉纤维质炎。说是浑身疼，其实就只有几个点，但是它会向周围一片放射，所以病人感觉哪儿都不舒服，你一定要帮他仔细检查，把他的痛点全找出来，才能治好他的病。

且听我慢慢地将他们身上的痛点一个个地分别查出来标记好，并说明这个压痛点会产生那些相关的症状和体征，以使病人能对症找点，进行自我诊治。

1. 头颈部痛

（1）枕大神经痛　枕大神经痛是后脑勺发沉，眼睛发懵，像睡不醒一样，是偏头痛的真凶，枕外粗隆有一压痛点。枕外粗隆位于

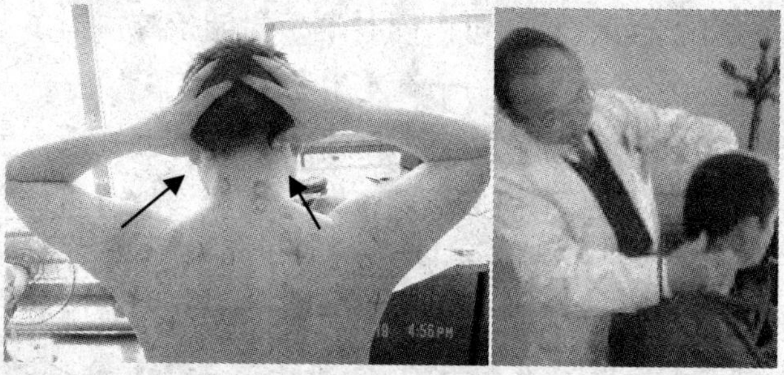

枕外粗隆压痛点

中医的风池穴位置稍内上方一点，用手可触摸到稍微隆起的骨头（图示箭头），它是提肩胛肌、小菱形肌等肌肉的附着点，有好几层筋膜，肌腱容易发炎（这些肌肉下方的附着点，在肩胛骨内上角的地方，以后再讲）。当枕外粗隆肌肉的附着点发炎时，局部便有个压痛点，引起疼痛并放射到颈中部，所以病人会有脖子发梗的感觉，在枕外粗隆的下方，枕大神经从多层筋膜里穿出，向前支配外侧半的头部，再向前为眶上神经，支配眼眶周围的感觉，附着在枕外粗隆的肌肉发炎、水肿时容易卡压这根神经，发生后脑勺发沉，眼睛发懵，像睡不醒一样，有时候会产生半侧头部过电一样跳痛，常被误诊为偏头痛，甚至还打麦角胺。由于枕大神经穿行时，要穿过几层筋膜，病人在转头时，会加重神经的卡压和扭曲，使头晕、恶心的症状加重，致病人不敢转头。枕大神经在脊神经分出来的部位，和交感神经、椎动脉这些小分支互相邻近，互相伴行，枕大神经受到刺激时，常常会反射性地刺激交感神经和椎动脉，所以病人就会产生头晕、恶心、天旋地转。

枕大神经痛，可以引起各种误诊：如梅尼埃综合征、脑梗、脑供血不足、颈椎病等，但去耳鼻喉检查，前庭功能是正常的，神经科检查和做多普勒 B 超血管也是好的，磁共振检查头颅无异常，可是病人这些症状反复发作，非常痛苦。这里，我要提醒骨科大夫，当病人在别的科室看不出所以然转到骨科来看时，请大家别忘了骨科里面的枕大神经痛会引起上述一系列症状。你可以在上边图示的地方按压检查一下，如有较明显的压痛，即可诊断，给患者选择开下面一种消炎止痛的药，如扶他林口服片或芬必得缓释胶囊，把扶他林乳剂或法斯通乳胶剂药膏，挤一点在大拇指上，行枕外粗隆局部按摩两三分钟，一天按摩三四次，症状就会减轻，再做做椅子操向后伸展颈部就会好，重的可以同时给予封闭治疗。为了让你记住这个问题，我在此给大家讲一个真实生动的故事。

20 世纪 80 年代的一个夏天，我到高干病房去查房，去看望联合国的一位官员，因出车祸造成颈椎、胸椎爆裂性骨折，我给他做的手术。当我查完房出来，看见对面大房里，各科的主任进进出出，我问他们："上班时间你们在这里晃晃悠悠的干吗呢？"他们说："XX 院长病了，你也不去看看？"我进去一看 XX 院长躺在床上，头晕严重，表情很痛苦，再看床边围了一圈各科的主任，有神经外科、放射科、耳鼻喉科的主任，在那里商讨病情，大家看见我进来就开玩笑说："叶大夫，XX院长的病我们都查过了，跟我们没关系，是你们科的病。"跟院长打完招呼，我说："既然他们查过都没事，那我给您查查吧。"我就根据他的主诉，先找在枕外粗隆的压痛点，"啊！"他觉得这地方好痛啊。我叫护士拿支康宁克痛A加普鲁卡因给他注射封闭，院长顿时感觉轻松多了，转动头部也不晕了。第二天我去查房见到院长时，他高兴地说："昨天你可救了我了，谢谢你！"这是一个小例子，就可以看出枕大神经痛能带给人们多大的痛苦。

枕大神经痛常在哪种情况下诱发呢？长时间坐飞机以后，财务、会计赶任务，和写文章需要很长时间低头的时候，由于劳损了枕颈部的肌肉，再者就是感冒发烧时，也会刺激到这块肌肉，就会引发头晕。所以我要提醒大家，**头晕还有一个常见原因就是骨科的枕大神经痛**。在骨科也有很多这种头晕病人，由于只凭片子上有一点点退变，没有好好查体，被误诊为颈椎病，实际上，枕大神经痛是比颈椎病更常引起头晕的症状。

（2）肩周炎　如果问你会看肩周炎吗？大多数年轻的大夫会不屑一顾地回答："哼！谁不会看。"但是你真正了解肩周炎吗？不见得就回答得完全了，再问："你会治疗肩周炎吗？"他又会哈哈一笑"谁不会治啊，不就是贴点膏药吃点药，转转膀子，甩甩手嘛！"这是一种粗糙的治疗方法，这就是为什么肩周炎总也治不好的原因，是因为知其然不知其所以然，或知道得不完全。更重要的是你没有花时间让患者也了解这些病是怎么得的，应该怎么治疗，怎么坚持锻炼。只有让患者真正了解怎么来防治，医生的职责才算完成了。

肩周炎在它的诊断发展史里面曾经有两个阶段。在我当学生的时候，肩周炎（或叫狭义的肩周炎）是指附着在它盂肱关节（肱骨头和关节盂形成的关节）周围的两块肌肉：肱二头肌的短头（止点在喙突下）和冈上肌（止点在肱骨大结节）发炎了，就在上述两止点有压痛点。

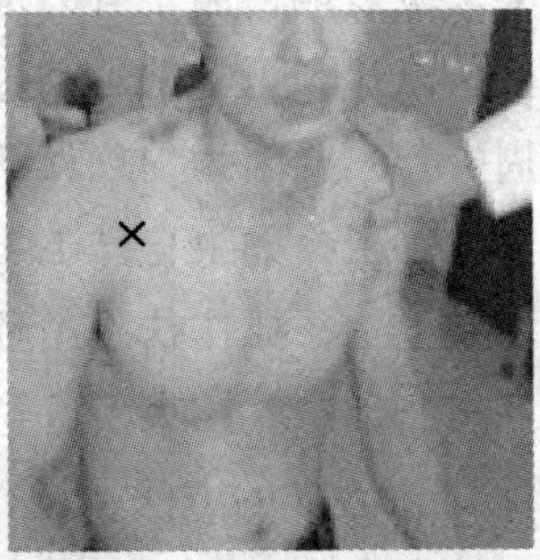

肱二头肌腱炎压痛点

肱二头肌腱炎，它让你肩关节疼

痛和梳不了头。**它的压痛点**，在喙突的下方，肱二头肌短头的止点，在图示的肩关节的“窝”里头。发炎时，肩关节疼痛和肩关节外展外旋受限，病人抬手做梳头的动作时很困难，疼痛可以向着上臂的内侧（肱二头肌的部位）放射，所以除了肩关节疼以外还有上臂的疼痛。在肩关节的“窝”压疼的地方画一个“×”，做好记号，轻的可以贴贴膏药，吃点药，如扶他林或芬必得等，练练体操，重的可以同时做封闭治疗。

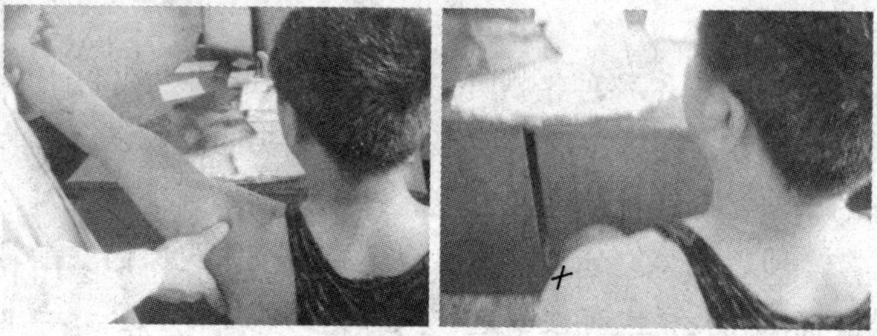

冈上肌腱炎压痛点，打×处

冈上肌腱炎，它让你肩关节不能外展。**它的压痛点**是狭义的肩周炎的第二个重要的压痛点，检查时让病人上臂外展在肱骨头靠近肩关节的地方有一个压痛点（如图示），做好标记，可以做封闭或者贴膏药（如图示）。

以前治疗肩周炎的时候，有“恶治”，按摩师在上述伤病的部位按摩推拿几分钟准备后，就朝着病人胳膊不能动的方向强力地掰一下，让病人很痛苦，立即发出“啊!”的惨叫声，然后再给些热敷的药慢慢就好了。在医院我也见过一些医生用硫喷妥钠诱导麻醉下，缓慢地，但是有力地把病人的肩关节向各个方向慢慢地尽量展开，以达到正常的运动范围，消除局部粘连，用以治疗顽固性的肩周炎。不要因为怕疼就放弃，鼓励病人慢慢地练，让粘连的部位松开就好了。如果自己下不了手，我们就鼓励病人去挤公共汽车，用患肢上抬，抓住扶手吊环，汽车急刹车的时候，人群一挤，“哎哟”一声，治疗就结束了，这就属于“恶治”的一种。我也曾经用过这种“恶治”的方法，记得我在协和门诊时，当门诊还未开门时，我们就会在休息室里聊聊天。一次，有个老护士老翟，我们的关系很好，他跟我开玩笑说:“什么骨科大夫喽，我的肩周炎你都治不好。”

我说:“是嘛，我给你看看。”我就把他的患肢一把端起来，平时我们在查病人时，都会一边查一边问:“疼吗?”而给老翟查的时候，因为当是开玩笑，我没有一边查一边问，而是猛地外展外旋一掰，只听老翟痛苦地“哎哟”一声:“要死呀！你，疼死我了。”我赶紧带歉意地笑着说“哦，真有肩周炎啊?”赶紧给他拿了一点止疼药。第二天他见了我，笑嘻嘻地说:“你还真给我懵好了，不疼了。”说明他肩部有粘连，舒展开就好了。

现在这些“恶治”的方法我们已经不采用，不提倡了。因为“恶治”的一瞬间太疼了，附着在止点的肌腱在有炎症时，它的脆性增加，你掌握不好会把它撕断。所以我提倡先口服消炎止痛药，局部再贴伤湿止痛膏，用热水袋热敷等一系列有效的治疗后，做单臂爬墙的动作（在这里先简单说一下，详见下一章健身操169页）。虽然锻炼肩关节的操五花八门的，我认为这个操容易掌握，病人容易做，疼痛程度可以自己控制，能耐受，不容易引起他们反感，能够长时间地坚持下去。我用了多少年了，确实有效，但一定要告诉病人，锻炼时要压到有点疼了才有效。

如做肱二头肌肌腱炎的爬墙操时，病人**面向墙**贴近墙站立，将患肢胳膊搭在墙上，手慢慢一点点往上爬，爬到上不去（开始疼了）就停下，然后病人的身体慢慢向前倾、下压，贴向墙面，带动往下压肩关节，一定要告诉病人，锻炼的时候要身子下压到肩部有点疼，但是能耐受的程度，才有效，让病人可以自己按这样的要求调控。至再往前压耐受不了时，身子就往后回撤，肩膀放松，然后再来一次慢慢往前压，到有点疼时，再往后撤。如此反复锻炼，交替进行，每分钟15次，每天两次，每次15~30分钟。

冈上肌肌腱炎的锻炼操。**侧身向墙**，患肢如上述练习肱二头肌操一样，伏在墙上慢慢往上爬，用身体的运动带动肩关节的牵拉。每天睡觉的时候把沙袋子炒热了或热水袋敷在被子盖不到的患侧肩膀，或塞

面向墙站立

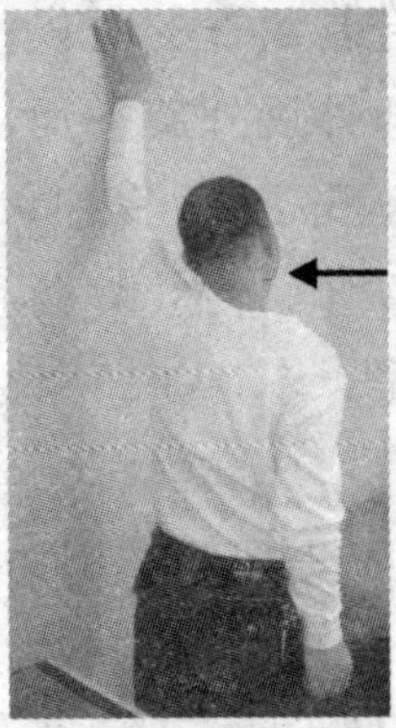

侧身向墙

一件毛衣，起到保暖的作用。当你肩关节部位的肌肉疼痛好了以后，千万别好了伤疤忘了疼，还应该不断地巩固，也可用我设计的椅子操不断地反复锻炼。有肩周炎的病人在做椅子操时，上肢强力向后展到一定程度时，你的两臂再刻意地旋转两下，然后再继续做别的动作，这样就把防治肩背疼和肩周炎的练习操结合起来了。

广义的肩周炎的压痛点

下边讲的压痛点，是广义上的压痛点了。有人发现肩关节运动的时候，在盂肱关节要加大运动幅度时，肩胛骨也在运动，所以人们把肩胛骨和胸廓之间这样的移动，也认为是肩关节运动，辅助肩关节的移动，于是把它算成肩关节了。所以广义的肩周炎的压痛点除上述两个点外，还要加上两个：肩胛骨内上角和肩胛骨腋缘三头肌附着点。

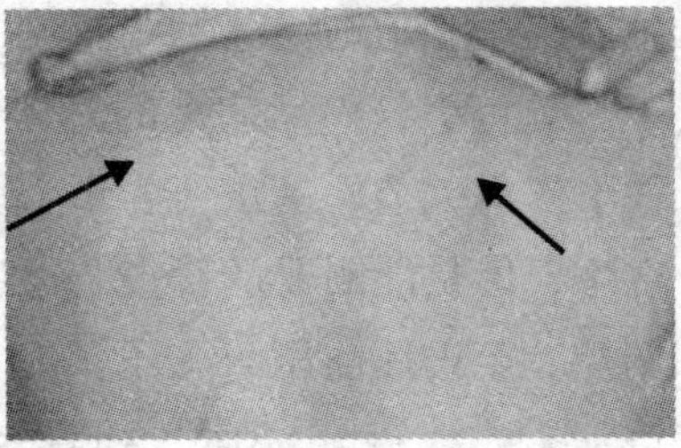

肩胛骨内上角肌腱炎压痛点

肩胛骨内上角的肌腱炎，它让你脖子又痛又僵俗称“落枕”。肩胛骨的内上角是提肩胛肌，小菱形肌和斜方肌等肌肉的下方支点，（上面已经讲过了上方止点在枕外粗隆），压痛点在肩胛骨内上角（图示箭头），由于长时间的伏案工作，容易劳损，肌腱发炎时可以引起颈部肌肉发僵，疼痛的时候转脖子困难，俗称“落枕”。它是由附着在它上面的肌肉的无菌性炎症引起的，不是枕头不合适引起的（不要冤枉了默默无闻的枕头啦）。疼痛可以沿着提肩胛小菱形肌向颈部的放射，所以造成脖子又痛又僵，常常误诊为颈椎病。在止点上方垂直于它的肌纤维左右拨动按摩一两分钟以后，症状马上就可以缓解大半，再吃一种消炎止痛药：扶他林或布洛芬就好了。局部压痛点贴麝香壮骨膏，再做向后伸展的椅子操，就可以治疗和预防。

肱三头肌腱炎，它让你上臂的外侧疼，在黑板上写字、抬手梳

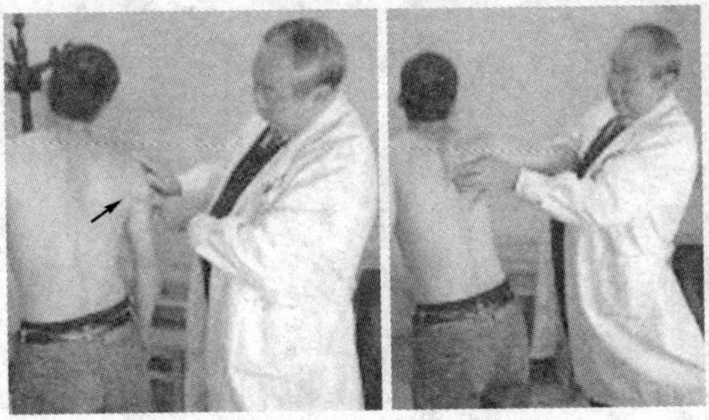

肱三头肌腱压痛点

头、胳膊向后脱衣服都很困难。在检查肱三头肌止点的压痛点时，让病人背对你站立，在胳肢窝的皮纹“人字缝”顶点靠内上方一点可摸到一压痛点，那是肱三头肌在肩胛骨外缘附着点（如图示）。也可在检查时，让病人侧身，把病人的手抓住向外展90度，胳膊与肩胛垂直的地方一压，就可以找到痛点。发炎的时候除了局部痛之外还可以顺着上臂的外侧放射，造成上臂的外侧疼，病人脱衣服困难。这个地方很难找，病人常常搞不清楚是哪疼。所以把膏药贴在上臂的外侧，这块肌肉支配后伸，同时还协同三角肌的纤维外展，维持上臂的外展动作，所以病人痛的时候，脱衣服、在黑板上写字、抬手梳头都很困难。在压痛点上面画个“×”做好标记，好贴膏药。做椅子操向后伸展上臂，同时多做几个旋转肩的动作。

上述肌腱发炎时都可引起肩关节痛，统称肩周炎。肩周炎常常引起肩关节活动受限，严重时抬不起胳膊，一般50岁以上的人多见，所以又称为“50肩”，又叫冻肩，这是由于老年人不爱活动，所以肌肉慢慢地退化和粘连。年轻人也一样得，这是很不好治疗的。首先，要求医生要了解该病的特点，真正教会病人做一些针对性的有用的体操，使得局部粘连的肌腱逐渐地舒展开，才能治好。第二要求病人要坚强不怕疼，有的病人怕疼在做操的时候肩膀没动而是身子在那晃，这是没有效果的。告诉病人没有疼痛的锻炼是无效的，这里借用英文的一句谚语，“no pain no gain”，比喻形象。

2. 胸背部痛——肌纤维质炎

肌纤维质炎，让你胸闷烦躁，气不够用，常容易把它误诊为心脏病。在胸5、6的椎旁和肩胛骨的内沿之间，有多层肌肉筋膜重叠

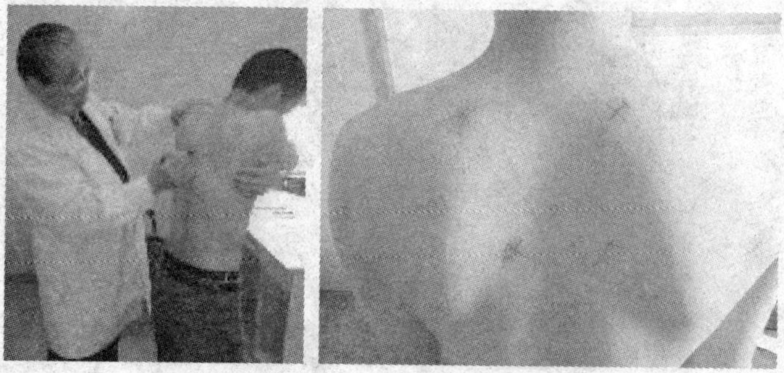

肌纤维炎检查法，压痛点在两肩胛之间

在一起，劳损发炎时，一般统称它为“肌纤维质炎”。检查时让病人双手交叉到胸前，弯背，在背中线和肩胛骨的内沿之间，可以触到明显的压痛点（打×的地方）。该病可刺激邻近的肋间神经使疼痛放射到前胸，引起病人烦躁不安，注意力不能集中等现象，由于刺激邻近的肋间神经，疼痛可沿着肋间隙放射至前胸，甚至在前胸肋间隙还可触及压痛点。如果在左侧，因病人胸闷、心前区隐隐作痛，内科医生很容易把它误诊为心脏病。可自己选服一些止疼药，如：扶他林、芬必得等，局部贴上麝香壮骨膏或用法斯通乳胶剂按摩按摩，做做椅子操，几天就可以好转。以后继续天天做椅子操，并在做椅子操时，加做几下扩胸动作，可以既治病又可防止复发。

3. 腰胯疼的诊治

腰胯部疼又是一个困扰中老年人，特别是久坐为职业的人群的一个常见的临床问题。我自己不完全统计，它占了骨科门诊的2/5，甚至1/2。常说病人腰疼，骨科大夫头疼，是指很多病都可以引起腰胯部疼的症状，容易误诊。但常见的几个病种，还是有规律可循的。

常见门诊求治的症状归纳起来如下：腰疼（轻者表现为钝疼，搞不清楚到底是哪里疼，反正腰部一片都疼。山西内蒙古一带来的病人叙述此症状为“腰困”指的就是这个意思。），屁股发凉……严重时，弯腰、直腰都困难，夜间翻身时疼痛加重，甚至卧床不起，同时疼痛可窜到下肢，主要在大腿外侧，小腿肚部，或放射到臀部、骶部、大腿内侧和会阴部，但不会放射到足尖。腰胯疼常让病人自己和医生认为是得了“椎间盘突出”，其实最常见腰腿疼的原

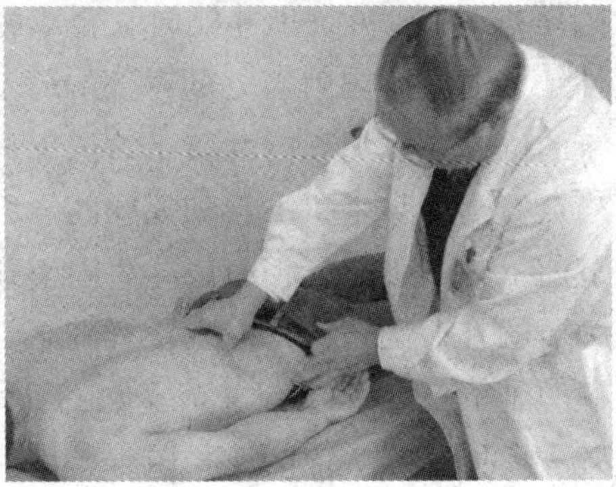

腰肌劳损左侧压痛点

因不是椎间盘突出，而是腰肌劳损。由于病人不能跷二郎腿，走路的时候感到大胯不能吃力，还常被误诊为股骨头坏死。

（1）腰肌劳损，此一诊断名词，虽然很老，用于临床很长时间了，但是要真正地理解它发病的来龙去脉，并非易事，还是要花一点力气的。我在从事治疗腰肌劳损这个疾病的时候，从来就没感到过轻松，一直在摸索它的发病规律和总结治疗经验，不断翻阅国内外的一些资料，所以今天谈起腰肌劳损，可以说了解得比较全面了。现在我就从腰肌劳损的发病机制谈起，这样大家就更容易理解为什么它那么容易误诊、漏诊，为什么已诊断出为腰肌劳损，也给了药了，还易反复发作，不容易根治。

人体第三腰椎处于胸后凸和腰前凸的转折的地方，转折的地方受到的应力比较大。X 线片上你可以看到腰 3 的横凸比较长、比较粗，这就是它适应长期受到比较大的应力造成的，附着在它上边的腰肌和椎旁肌在维持脊柱的姿势时，受的力量最大。如果你坐的时间很长，强迫体位很长，让这些肌肉长期收缩，得不到舒展和休息，它就会出现劳损、充血，发生无菌性炎症甚至到后来出现纤维化和粘连，就会出现腰部痛（症状比较轻的时候，患者搞不清疼痛具体位置）。**在腰三横凸上（腰眼上）可以找到腰肌劳损的一个压痛点**。附着在腰三横凸上的肌肉发炎时，可刺激来源于腰 1、2、3 的脊神经后支分出来的两条小神经分支，分别叫脊神经原发后支及窦椎神经，它们分别支配腰 1 ~ 3 椎间盘的纤维环，腰椎的小关节和一部分的椎旁肌，所以病人可以有像椎间盘疼痛一样的症状，也可有放射到下腹部疼的症状（如果在右侧，右下腹部疼就会让普外科大夫误诊为慢性阑尾炎）。这两条小神经向下合成臀上皮神经，支配阔筋膜张肌，神经在这块肌肉附着处的臀部的外上方进入，所以在臀部的外上 1/4 的位置（相当于臀部肌注的位置）可以找到腰肌劳损的另一个压痛点。阔筋膜张肌下行到大腿的外侧就变成髂胫束下行，止于膝关节前下方。腰肌劳损时，此肌肉受到刺激以后就变得收缩无力，髋关节就有不受力的“踩空”样的感觉。许多骨科医生常常误认为是髋关节病变，照了髋关节 X 线片，结果都是阴性。有些推销治疗股骨头坏死药的所谓的专科医生，借此乱诊断为股骨头坏死，以推销这类药物，结果到协和医院一检查，根本就是正常的。

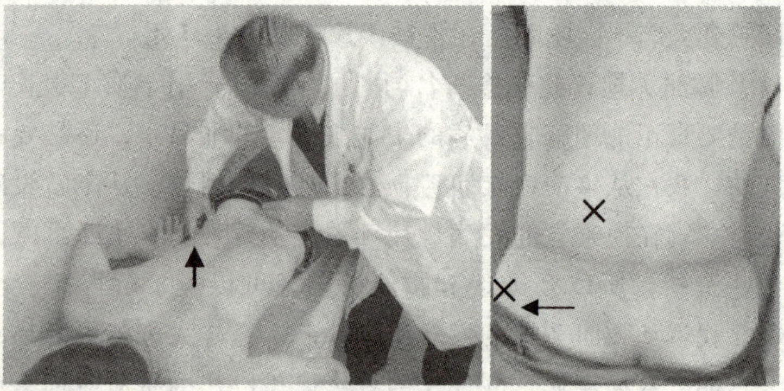

腰肌劳损的压痛点

腰肌劳损病人的疼痛，还可以沿着大腿阔筋膜张肌向下放射，但仅达到膝关节部位。少数病人小腿肚子部位有疲劳酸胀感，但不会放射到足部和趾尖，这就有别于椎间盘突出了。由于上述区域支配的神经受到刺激，病人会感到局部怕凉，一些老太太把麝香膏从胯部大腿外侧一直贴到膝关节，还要让医生再多开一点，说她不够用的，我笑着对老太太说：“你拿我的麝香壮骨膏做裤子啦！您这贴的位置不对，您这是总机坏了，却修电话线。总机在哪儿呢？在腰三横凸处（腰眼的地方）和臀部外侧，这是主要的，贴对这两个部位就可以了。”支配大腿内侧的内收肌的闭孔神经也是来源于腰 1、2、3 神经，它和窦椎神经、脊神经原发后支是同一个来源的，受到刺激的时候通过泛化反应，也可以引起闭空神经的刺激现象，出现在它所支配肌肉——起源于大腿根部的内收肌的疼痛，所以出现腹股沟部疼，局部有压痛点，跷二郎腿受限，泌尿外科大夫在检查病人时，触摸到患者腹股沟部有疼痛，易诊断为附睾炎、精索炎等。女病人在做妇科检查时就会误诊为附件炎。

大家看看，一个小小的腰肌劳损，其影响居然可以跨度那么大，那么广。它可以“欺骗”骨科医生、普外科医生、泌尿科医生、妇产科医生……如果搞懂了它的发病机制问题，结合临床上病人的年龄、职业等因素，也是有规律可循的。年轻的白领、司机、会计等以坐为职业的人群，腰痛反反复复，疼痛放射只在臀部或者是大腿外侧，照 X 线片检查也没什么大的问题，就要怀疑这种病。再结合上述固有的压痛点那就可以诊断了。椎间盘腰痛的病人除了有腰痛，疼痛常放射到足尖，还伴有下肢感觉的障碍，腰部深压痛（+）。这样就很容易区别了。

治疗很简单，可以选用一些治疗无菌性炎症的消炎止痛药，如扶他林口服片、布洛芬缓释胶囊、泰诺林等任选一样，疼痛比较明显者，晚上可以加用一粒消炎痛栓，置肛，并在上述的几个压痛点，图示打 × 部位（腰三横凸处，还有相当于臀部肌肉注射的地方）贴上麝香壮骨膏。

因为刚才提到这种病人最根本的原因就因为他们长期坐着，不注意腰部肌肉的伸展运动，使得胸腰部肌肉长期处于一种紧张状态。针对一些公司白领和很多的人没有时间去锻炼，所以我设计了一种易行而又有特效的椅子操，可给予腰背部的肌肉伸展锻炼，在家里、办公室随时都可以做。找一把比较牢固的椅子（这样可以防止练习的时候后倒），病人的臀部尽量靠后，背部紧贴在椅子的靠背上，尽力向后伸展颈椎和胸椎，当你的背部顶在椅子背的时候，腹部向前挺，直至臀部稍微离开一点椅子面，同时上肢做向两侧扩胸运动，再慢慢地弯腰回来，完全放松肌肉，详见 170 页椅子操。然后再重复，不断地这样做，反复锻炼。速度不要太快，每分钟大概做 10 次即可。一天做 3 到 4 次，每次 5 到 10 分钟。对于一些白领，伏案工作 1 小时以后，争取做这个体操 5 分钟，可以防止腰酸背疼、脖子发僵和头晕等。我已经 70 多岁了，每周仍做 3 到 4 台手术，还出门诊 3 个半天，却极少发生肩背腰痛，这是因为我经常做我的椅子操之故。

因时制宜，晚上睡觉前，早上起床时，做仰卧挺腹操（参阅175页图示），尤其适用于大腹便便的人。仰卧在床上，膝关节屈曲90度，两肘屈曲支撑在身体两侧，然后用力慢慢向上挺肚子，直至你的臀部离开床面，逐渐地加大幅度，然后慢慢向下回落，休息5、6秒钟再重复上述动作，不要太快，每分钟做10~15次就够了，做5到10分钟，但如每次能坚持做20到30分钟，一天做两次，会收到更好的、意想不到的效果。

（2）腰椎管狭窄　腰椎管狭窄让你腰腿疼或下肢无力走不动。来门诊的病人有的主诉清楚，也常常会遇到病人说出一些问题，让我和年轻医生感到困惑不解，一时不知如何下手检查。有一次一位男患者走进我的诊室以后，小心翼翼地把门关上，一边左顾右盼一边细声细气地对我说："大夫，我得了个怪病，站着尿不出尿来，非得坐着或者像女人一样蹲着才能尿出来，怪不好意思的。"还有一对儿医生从东北来，一位是院长，一位住院大夫陪着，院长的腿时不时地就没劲，照了X线片看不出来，来北京检查一下。来到北京以后，先到颐和园去玩玩，爬上佛香阁，从后山下山的时候，走着走着院长的腿就没劲了，坐到地上，没办法只好让陪同他的医生把他背下了山，下了山之后坐了一会儿他又能走了。那位住院医生在诊室笑着对我说："我们院长使坏，耍滑头，走累了让我们把他背下山来。"你说这是怎么回事？

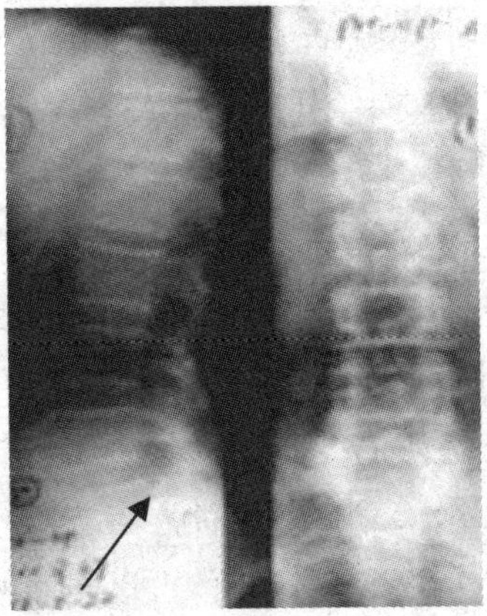

退行性滑脱

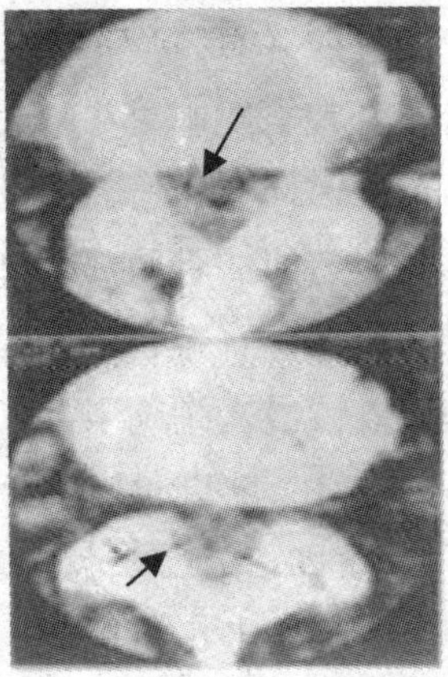

黄韧带肥厚

在腰腿疼的病人中有一部分病人是由于腰椎管狭窄造成的，原因为：腰椎发生退行性改变，腰部的黄韧带肥厚特别是在侧隐窝的地方可以造成狭窄，再加上小关节增生，退行性滑脱，椎板增厚等因素以及椎体后缘骨质增生等因素可以造成脊髓和神经根的压迫。早期主要引起椎管内压迫，主要影响椎管内的马尾和神经根的血液循环，椎管内的静脉淤滞，压力增高，进而产生供血障碍，出现腰疼。下肢有放射性疼或麻木，其特点是：疼或麻木与行走或站立有明显的关系，因为走一段路或久站等运动以后，身体内血液重新分配，到运动的下肢的增多，到腰椎椎管内的血液供应就减少，椎管内的马尾和神经根的供血障碍使症状会加重，会出现疼痛或麻木、下肢无力，有时候需要休息几分钟才能再次行走，我们称这种现象为间歇跛行。这就可以解释那位爬佛香阁的院长不是要坏，下山时要直腰。人在直腰站着时，腰椎管会短缩几毫米，会暂时加重椎管内狭窄的程度，让马尾和神经根的血液循环供应减少，马尾神经是管小便的，而弯腰时则相反，腰椎管会拉长几毫米，会减轻椎管内狭窄的程度，让马尾和神经根的血液循环供应暂时增多，这就可以解释为什么那病人站着尿不出尿。

腰椎管狭窄一旦形成，一般都需要手术治疗，有些保守的方法只能暂时地缓解症状。因上述的病理变化，如黄韧带肥厚，小关节的增生等都会继续发展，不断地随着年龄的增加而加重，到一定程度以后，所有药物治疗就无效了。可是到了那个年龄段岁数大了，心血管的合并症都来了，手术风险就比较大了，丢掉了最佳手术治疗的良好时机，甚至无法手术了。

但我在这里还要谈一点，对于早期比较轻的、中度的，或有原因还不能马上手术的，或是由于当时病人的全身状况不太好，需要一段时间调养来创造手术条件的病人，给他们介绍一些保健治疗的方法和有关的理论。目前肯定有效的两个非手术治疗方法是仰卧起坐体操和使用药物密盖息，至于其他什么贴呀、膏呀、牵引、手法等治疗我还是劝君不要相信。有些是无效的，有些甚至是有害的，不要被他们引出“误区”，却落入他的陷阱。

4. 髌骨软化症的发病机制及治疗原理

1917 年 Aleman 虽然很早就提出“髌骨软化症”这个名词，但他只是在病人膝关节疼痛搞不清楚时，做手术探查和尸体解剖研究，发现软骨水肿变软，有剥落现象，他就是根据这个解剖形态——髌骨软骨变软了，叫它“髌骨软化症”。随着生物力学研究的深入，X线检查的临床应用，Hughston于1968年发表文章指出髌骨软化症实际上是由髌骨向外半脱位或者倾斜，髌骨软骨内侧关节面撞击股骨髁间窝外侧的滑车造成的。

髌骨的正常解剖　正常人的髌骨（膝盖骨）在股骨髁间窝上沿正常轨迹滑动，轴位X线片上可见髌股关节间隙较平行。这是由股四头肌特别是股四头肌内侧头正常平衡牵拉维持的。

髌骨软化症的病理解剖和发病的生物力学机制　人为外伤、炎症、不正常的运动等，引起股四头肌内侧头力弱时，髌骨即发生向外侧侧倾或半脱位，造成髌股关节载荷紊乱，即髌骨外侧软骨面新受到的压力和磨损加大而发生退变，日久可使软骨细胞和基质及其周围滑膜中发生一系列变化，使软骨弹性和抗压能力下降，加速病人软骨进一步损伤和退变，形成恶性循环，致病人膝关节痛，上下楼和下蹲困难，打软腿，有时膝内积液。所以早期矫正髌骨侧倾或半脱位，以减少髌股关节的不正常磨损，是阻止上述恶性循环，取得髌骨软化症治疗成功的关键。

在关节镜出现以后，国外又有一些作者用关节镜来研究这个现象，发现外侧关节间隙运动的时候磨损比较明显，测量病人膝关节压力的时候，发现在膝关节的髌股关节外侧的间隙

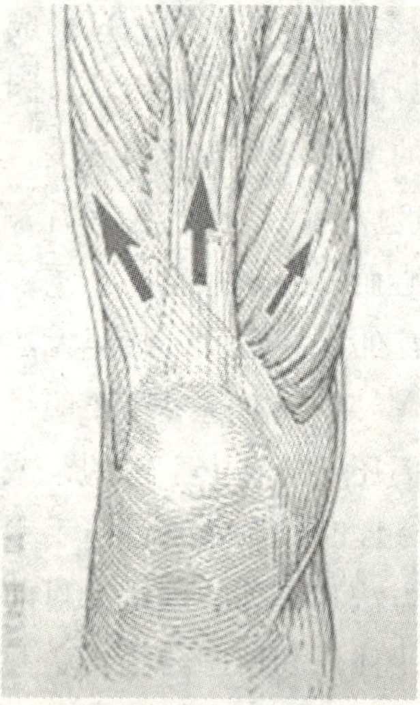

髌骨由股四头肌牵拉保持平衡，股四头肌内侧头拉髌骨向内，而外侧头则相反拉向外

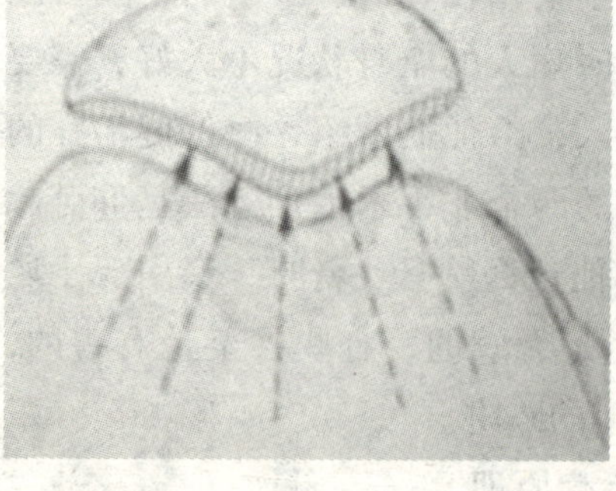

正常髌骨轴位相，可见髌骨关节间隙接近平行

压力比较大，局部骨关节炎明显，所以当时又有所谓的“髌股关节外侧的压力增加综合征”等诊断。根据这些现象，有人就试图把坏死的损伤的软骨用关节镜把它磨削掉，后来发现效果并不理想，因为他的软骨的变化是由于髌骨关节的位置不正常，外侧过度磨损造成的，这个问题没解决，骨关节炎的磨损面磨平有什么用呢？

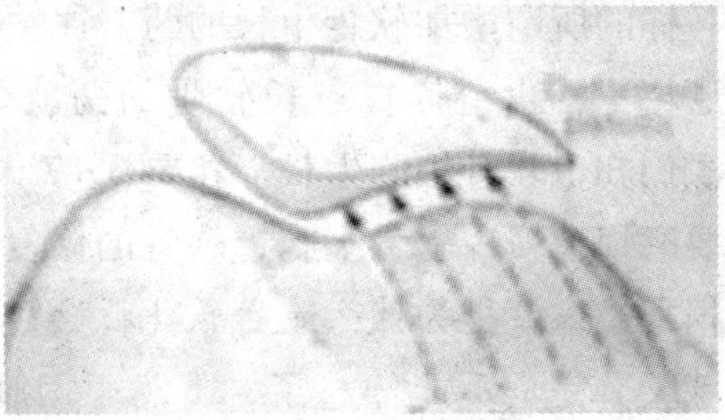

髌骨软化症病人的髌骨半脱位，侧倾，外侧关节间隙变窄

因为股四头肌的四个头在膝关节的伸直的过程中，在不同阶段发挥着不同的作用，膝关节从屈曲到伸直到零度的情况下最开始阶段是由股中间肌、股直肌为主，股内外侧肌协助，最后30度把膝关节伸直及伸直以后，锁住膝关节的是股四头肌的内侧头发挥更大的作用。当各种损伤致膝关节疼痛时，膝关节不敢吃劲，病人常踮着脚走，完全伸直受影响，股四头肌的内侧头得不到充分锻炼，发生失用性萎缩。当股四头肌的内侧头萎缩以后，髌骨的内拉力下降，髌骨向外侧的倾斜和脱位加重，这样就形成一个恶性循环。如何来阻断这个恶性循环才是治疗的关键。

髌骨软化症还常常误诊为风湿，患者膝关节由于软骨有损伤和修复，修复的新鲜的软骨和滑膜炎组织对外界的气候变化会很敏感。当开空调或吹风扇的时候，患者膝关节会怕冷，有不舒服的感觉，给予热敷就会觉得很舒服，所以患者很容易接受膝关节风湿这一错误诊断，所以常年吃这个、那个抗风湿的药。另外本病吃一些止痛药，适当地休息，症状也可以暂时缓解，好多病人就会认为是好了，其实呢，这些止痛药只能消除髌骨关节引起的滑膜炎炎症刺激的疼痛和肿胀，但是髌骨磨损仍然在继续进行。止疼不治病，所以病就这样反复发作，逐年加重。现在，市面上有什么病难治一点就会冒出什么专治这病的冲剂啦、丸啦、贴啦……如膝关节滑膜炎积液了，就种种所谓的滑膜炎冲剂了，其实滑膜炎本身就是髌骨软化症磨损后掉下的“渣滓”产生一系列生物化学的反应，造成常见的临床体征，根本原因没解决，消肿完后很快又复发了。还有各式各样的所谓增加软骨生长的药，往关节腔里注射，说“你这是软骨磨坏了，我给你打点长软骨的药就好了”，其实不是那么容易的，我们知道软骨细胞生长一茬要6~7天，你在一天的活动里头不知道要磨损掉多少软骨细胞，软骨的修复远远跟不上磨损带来的变化和损害。这就是为什么髌骨软化症会越来越发展，到老年的时候出现膝关节完全不能伸直了，下蹲很困难，反复积液等一系列的症状，这时什么药都无用，只能手术了。

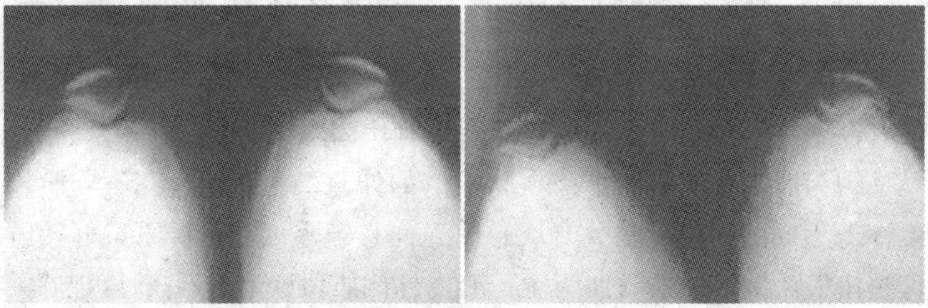

病人10年前膑骨软化症，10年后软骨磨损，外侧关节间间隙消失

髌骨软化症的症状和体征 症状：膝痛，上下楼梯加重，尤以下楼最困难。休息后症状好转或消失，半蹲位可引起疼痛加重，也是本病的一个重要症状。运动员常于半蹲位时膝痛或打软腿。病人常见上山容易下山难，就是这个原因。

体征：由于髌骨面的磨损致出现裂纹和高低不平，在髌骨下可发生**摩擦音**；由于髌骨向外半脱位，可出现膝关节突然不能屈伸，即所谓的**“交锁”**。稍加活动在髌骨下发出“咯噔”响声后又能活动，常误诊为半月板损伤。反复损伤后，髌下脂肪垫出现反应性炎性增厚，故在过伸时也可引起疼痛，膝关节是前后相通的，在反复出现关节积液时，也有病人主诉膝关节后方胀痛，加上增厚腘窝脂肪，常误为腘窝囊肿。髌骨研磨试验阳性（用手按压膝关节前方的髌骨，使髌骨与其相对的股骨髁间关节面互相挤压研磨或上下左右滑动，有粗糙的摩擦感、摩擦声和疼痛不适为+，图A），或检查者一手用力将髌骨推向一侧，另一手拇指按压髌骨边缘后面可引起疼痛（图B），病人单腿持重，逐渐下蹲到90度~135度时可出现疼痛。到老年的时候膝关节完全不能伸直了，下蹲很困难。

辅助检查：髌骨轴位 X 线片对诊断髌股排列错乱——髌骨半脱位，及股骨髁发育不良具有重要的诊断价值，是髌骨软化症病因诊断较为可靠的方法。髌骨半脱位特别在膝关节呈 35 度~50 度的半屈曲位时，最容易发生（休斯顿设计 X 线的投照法，在患者照 X 线的时候，也是用这样的位置来投照的，能最有效显示髌骨半脱位），过曲大于 50 度投照时，髌骨半脱位会自动复位，外侧关节间间隙消失，得出没有问题的假象（参看 120 页图）。早期所见为髌骨外侧倾或半脱位，软骨磨损。晚期可因软骨大部磨损，髌骨与股骨髁部间隙变窄，髌骨和股骨髁部边缘可有骨质增生。

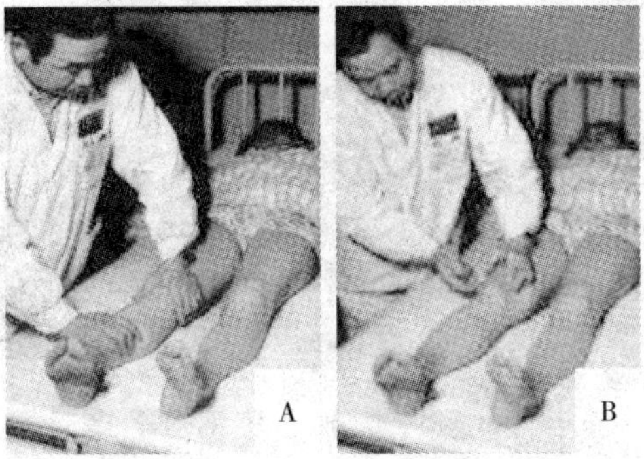

A. 髌骨研磨试验　B. 髌骨软骨面压痛的检查

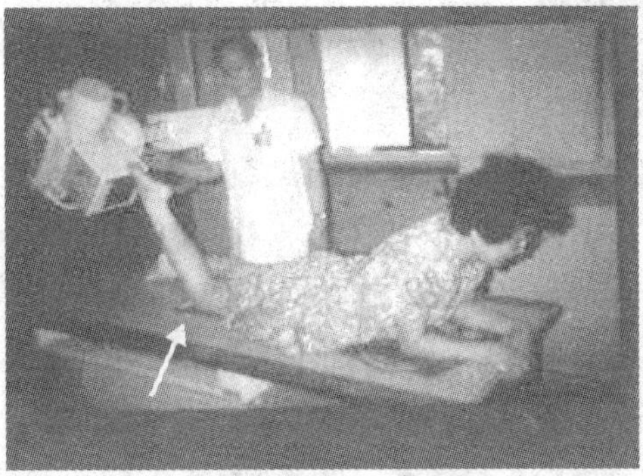

髌骨软化症照 X 线片的投照法，X 线片放在膝下箭头处

CT：对诊断髌股位置错乱及股骨髁发育不良有诊断价值，可作为 X 线片诊断的补充手段。其优点是能清楚显示髌骨关节面病变及髌股关节外侧间隙狭窄。

MRI：对髌骨软化症有较大的诊断价值。能够很好地显示关节积液，能非常好地显示髌骨软骨退变及软骨下骨的囊性变等表现。

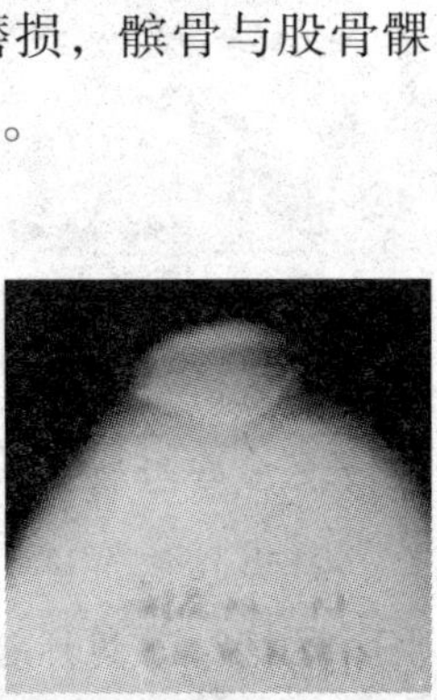

正常膑骨相

髌骨软化髌骨向外半脱位和倾斜

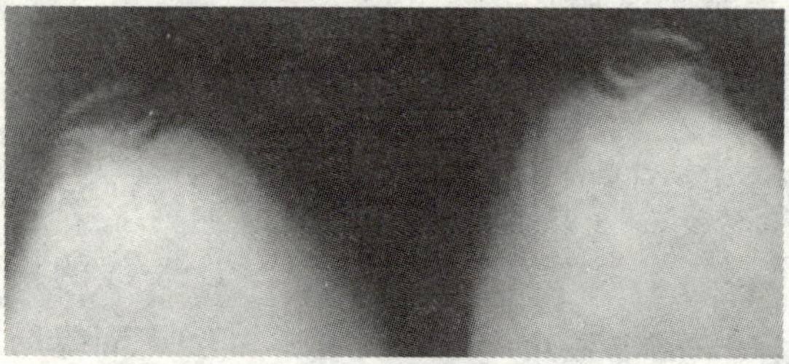

晚期软骨磨损，外侧关节间间隙消失

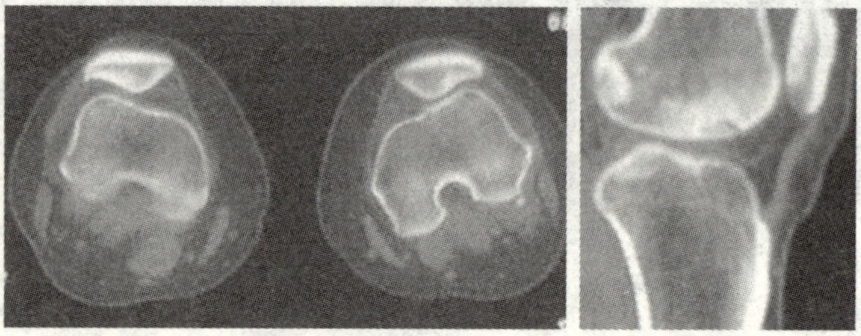

MRI 示髌骨半脱位外侧关节面软骨下骨硬化，股骨囊性变

关节镜：是髌骨软化症确诊与治疗的有效手段之一，可以在镜下直接观察软骨面的变化，但不能够观察到软骨下骨的变化。

髌骨软化症的诊断　依据患者膝关节髌下疼痛的病史，典型的临床症状，髌骨压磨试验阳性，及单腿下蹲试验阳性（病人单腿持重，逐渐下蹲到 90 度～135 度时出现疼痛、发软，蹲下后单腿不能起立）。X 线检查：髌骨轴位 X 线片，早期所见为髌骨外侧倾或半脱位，晚期可因软骨大部磨损，髌骨与股骨髁部间隙变窄，髌骨和股骨髁部边缘可有骨质增生（应该注意检查有无合并半月板损伤和创伤性关节炎等）。CT 及 MRI 检查支持。

髌骨软化症的治疗　这里只简要介绍非手术治疗方法。

（1）药物治疗：西乐葆、扶他林、泰诺林等都可以选用，但是药物只是止疼不治病，髌骨的磨损继续在进行。到一定程度，药效就没用了，只能做手术了。

（2）体疗：伸膝绷劲操。在这里我向大家介绍这种简易的方法，躺在床上，或双脚架在凳子上，双膝关节呈伸直状态，然后膝关节原位不动，用力向下，膝关节略微向上屈曲 30 度，然后再用力向下绷直绷劲（如图示上排）。每分钟 10 ~ 15 次，每天练习两三次，每次半个小时。如果已经有膝关节伸不直的患者，最好双膝伸直，小腿的下部和脚垫在小墩子上，膝关节下方悬空。膝关节上方压上一个 5 ~6 斤的炒热的沙袋子，双膝关节屈曲 20 度 ~30 度，用劲绷直，像上边那样做，绷直以后维持 5 ~6 秒钟，然后放松休息 10 秒钟。然后再重复上述动作，锻炼次数和要求要达到上述标准。天天坚持，10 天半个月就会发现你的膝关节越来越直了，疼痛减轻了。

（3）支具阻挡法：用时髌骨软骨面受到的压力和磨损力加大。

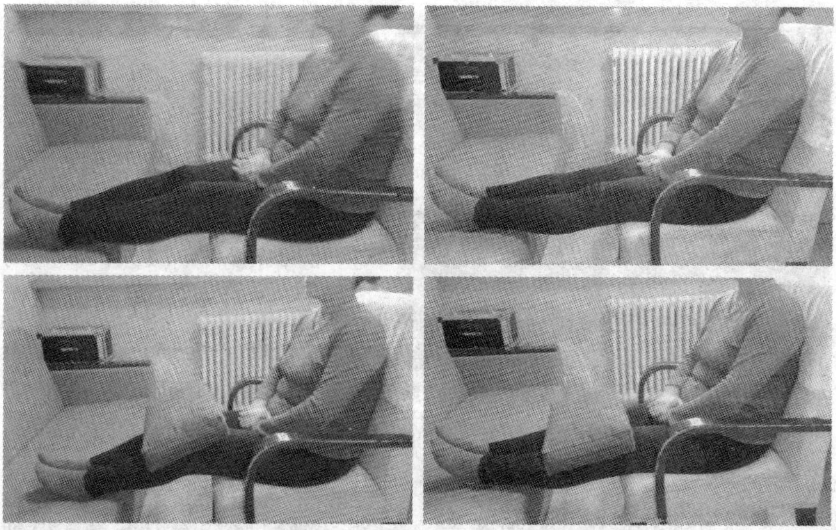

伸膝绷劲操（下图膝上压沙袋）

（4）选择股四头肌内侧头电刺激法：利用肌肉康复治疗仪，通过选择性电刺激股四头肌内侧头使之强壮，以牵拉髌骨复位，可缓解症状和矫正髌骨半脱位，这才是从根本上解决本病的方法。

原理：每隔6秒钟输出一个电刺激波，刺激股四头肌内侧头，使其收缩锻炼强壮，使股四头肌的四个头建立了新的平衡，阻断髌骨软化症发病的恶性循环。

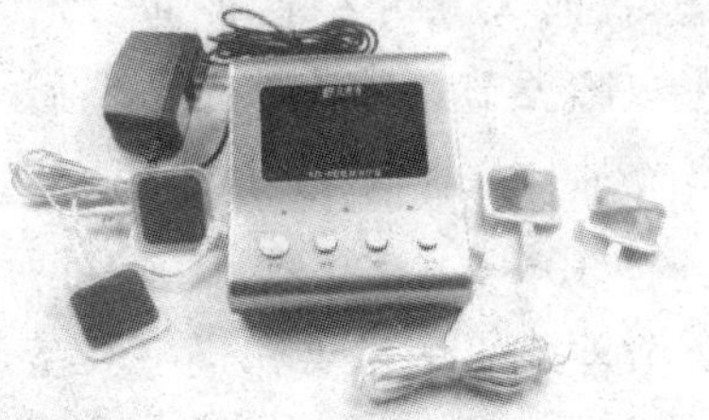

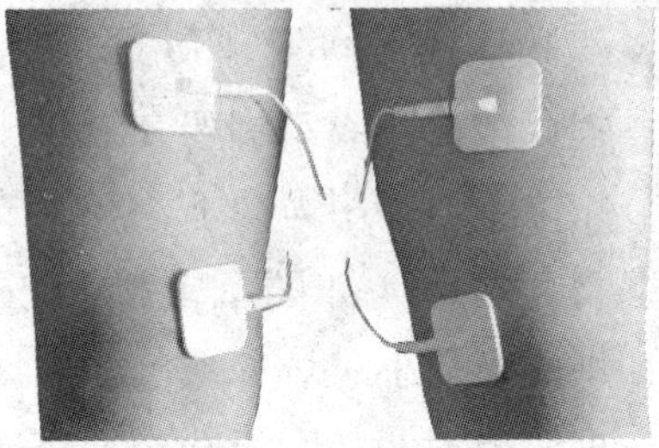

利用肌肉康复治疗仪电刺激治疗股四头肌内侧头

方法：在两侧的膝关节上方内侧股四头肌内侧头的头端和尾端各放一个电极片，距离10厘米左右。开动仪器，选择合适强度刺激股四头肌，轮替地收缩和舒张，达到锻炼和治疗的目的。每天治疗2～3次，每次30分钟以上。治疗几天以后，病人就会觉得局部很舒服，疼痛减轻。两周左右膝关节上方10公分处周径增加1.5公分，一个多月后，症状大部分都缓解了，可改一天做一次。当症状完全缓解以后，仍需每周做2～3次，巩固。因为这个仪器治疗的原理实际上就是选择性地锻炼一块肌肉，如果你不继续锻炼肌肉就会退化回去。门诊经常有病人回来报告他（她）坚持治疗下去，得到很好的效果，令人欣慰。

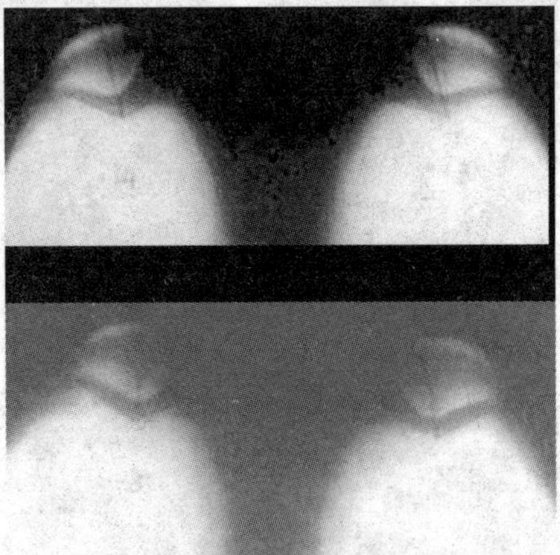

电刺激治疗后髌骨侧倾改善

（上排治疗前，下排治疗后）

祛病强身之道

科学健身是强身之本

随着国家经济的发展，生活水平逐渐提高，人们都在追求更好地享受生活，于是各种版本的保健养生书籍如雨后春笋般应运而生。翻阅之，确有不少精品，有一定的指导意义，但不少方法过于繁琐，颇有些哗众取宠之意，令病人不容易掌握和坚持。也有一些“金玉其外，败絮其中”，不仅许多做法离奇，就连作者本身都没有搞清楚治疗机制，说都说不明白，或者是根本就毫无道理，不少还夹杂着推销一些产品和药品，有误众生。

作客健康之路频道讲解祛病强身之道

我不是一个养生专家

（但还可以算作是一位骨科专家吧），不想（也不能）洋洋万言地介绍养生保健知识，而只是将自己这几十年（北京协和医院四十年，武警总医院七年）行医生涯中用过的，或者是一些自己创建的，在实践中验证有良好疗效的，或者经过病人使用后有良好的反馈信息的保健方法，以及相关的理论，在这里告诉大家，供大家使用参考。在介绍中，尽可能将得病的原因和治疗的原理告诉大家，试图让大家从根子上了解一些问题，以免头疼医头，脚疼医脚，连贴膏药的正确地方都找不到。

随着年龄的增加，我们的身体都要老化，这是一个不可抗拒的自然规律。个人老化的程度有很大的差别，同样是六七十岁的人，有人仍然身轻如燕，动作轻巧敏捷，有人却老态龙钟，连弯腰都觉得困难，穿不了鞋、脱不了袜子，区别就在于你没有强身之道。强身之道不是打羊胎素或者是吃补药这些东西能带来的，而是运动——生命在于运动。但运动要得法，还要防止不当的运动和不当的姿势带来的伤害。如一些人因为特殊职业的需要，如白领、司机和操作电脑等工作的人群，需要长时间地弯腰、伏案，长时间地劳动和运动一组肌肉去维持特定的姿势，就会带来身体的不适，日久还会诱发特定的疾病，如颈椎病、肩周炎、腰肌劳损等。而这些病60%都是不需要吃药就能治好的，这就需要向老百姓普及科学防病知识。

首先在这里来讲一点怎样科学健身。科学健身要有良法，选择好方法要遵循三个原则：易懂、易做、有效。

怎么叫易懂呢？就是你能够明白选用的方法的治疗道理，明白它能给你的身体带来哪些好处。

易做是指在你做运动时，不需要繁琐的设备，随时随地可以完成，让你能够坚持下去。现在有些健身操编排得很繁琐，或者要躺着、趴着才能做，影响你坚持。如我们常让病人做的小燕飞操，我调查发现罕有人能坚持下去。更不要为那些怪诞方法吸引，如什么狗爬行、猫伸腰、猴子挠腮帮等，实属无聊。

有效，指的是你要了解身体存在的问题，结合你的病和根据病痛部位来选择，做后能让你身体的不适减轻，身体的功能加强。

有人痴迷瑜伽，一练几年，照样常常腰酸背痛的，为什么？听我慢慢告诉你其中道理。身体的运动功能，包括耐力、速度、灵敏度、柔韧性等，都会在一定年龄后开始衰退。首先退化的是柔韧性，其次是肌肉力量，最后是耐力。而要想防止这些功能的退化，离不开针对性的训练。运动包括动力训练（增强肌肉力量为主）和拉伸训练（又分为静力拉伸和动力拉伸，以锻炼柔韧性为主）。瑜伽主要是以锻炼肌肉韧带柔韧性为主的静力拉伸运动，指在较为静止状态下进行的拉伸动作，往往要求在拉伸到自身“极限”后，坚持10秒左右。比如坐姿伸直双腿，俯下上身用手触摸脚尖，如果无法碰到脚尖，握住脚踝或小腿也可以，然后保持10秒钟。主要锻炼腰、髋、膝后部的柔韧性，虽然也有些动力锻炼，但对你针对性不强，对增强肌肉力量和功能的效果较差，而且编排繁琐，对提高腰背部肌肉的抗疲劳能力和工作能力也帮助不大。腰背部肌肉最需要的就是动力伸展锻炼。这就是年轻人在门诊老问我“为什么我每星期都练瑜伽还腰痛”的道理所在。所以不必去追求时尚，请练练“叶伽”——**椅子操**吧，它是强壮头、颈和腰背部肌肉的良方。

大家更不能去听信什么特异功能的方法，如触摸220V的高压线（小心把你烧焦了），什么能在水下闭气几个小时（几分钟就会让你因脑缺氧而成为植物人）……

特别要强调一点是，科学健身，重在科学，贵在坚持。持之以恒，才能收到健康长寿的效果，三天打鱼两天晒网，或者病一好，就忘了锻炼，病当然会反复发作，不能根治。大多数病人坚持性很差，病一好就忘，我建议你把这个锻炼编入到你的生活程序当中去，使之不忘，自我规定每次做什么之前，总是先做这个锻炼。

科学健身要求你要有锻炼的意识：坚信锻炼是有效的，明白你的身体情况需要锻炼。你有了锻炼的意识，才可能坚持锻炼，许多人常常叫苦，工作一天下来都累死了，哪还有精力和时间出去锻炼。我跟他们说:“不是没有时间锻炼，而是你脑子里没有锻炼的意识，你真想锻炼的话，只需要一把合适的椅子就够了。”我积累了多年的经验和自身的体会，创建了椅子操，在室内一把椅子一样就可以得到非常好的疗效。把你办公室里带轱辘的有害健康的椅子换掉，换一把前后径长一点比较牢固的靠背椅，椅子把也不要太高，你就可以做我设计的椅子操（见椅子操治颈背腰疼的理论与实践一文见181页），这就是送给你们这些辛苦工作而没有时间出去锻炼的人的，这椅子操是对久坐办公室的人非常有针对性的、很好的一个锻炼方法。请君不妨试一试，当你慢慢向后伸展脊柱时，你顿时会有一种很舒服的感觉（在有肌肉、筋膜炎症的地方，开始时可能会局部酸痛，只要你坚持下去，就会越练越舒服）。坚持下去，保证你下半辈子腰背不疼，或疼痛明显地减少减轻。到了八九十岁的时候，你的腰杆子还是笔直笔直的。

下面我逐个讲解：痛点—症状—保健与治疗。“满背痛”其实就 13 个痛点。

头疼头晕的按摩治疗

由于受几百年前我们老祖宗认识的影响，我在小时候就常常看见大人们有点头疼的时候，就拿清凉油或风油精按摩太阳穴，至今仍然还有人这样做。我们在电影里面也经常看到扮演坏蛋的丑角，在太阳穴的位置贴个狗皮膏药，可见它的影响之深啊。当然头疼的原因是很多的，在高血压不稳定期可以头痛，颅内有肿瘤也可以头疼。我在这里讲的是常见的由骨科病导致的头痛、偏头痛、前头疼的治疗方法，我们在骨科门诊常常看见有很多的病人的头痛，是由肩周炎时，枕大神经受到刺激而形成的偏头痛（请参阅前面写的容易误诊为偏头痛、脑供血不全、颈椎病的枕大神经痛）

枕大神经痛是后脑勺发沉，眼睛发懵，像睡不醒一样，是偏头痛的真凶。因为枕大神经从枕大粗隆下方出来时，要穿过附着的枕大粗隆上的多层肌肉筋膜，肌肉发炎时，局部有压痛点，可以刺激枕大神经，产生沿着它的分布区：后脑勺半侧的头皮一直到太阳穴、前额部眼眶的部位。所以发病时，病人常感到从后脑勺、半侧

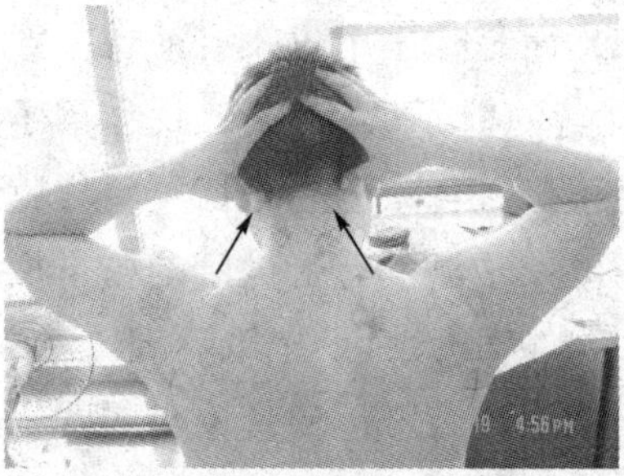

正确按摩法

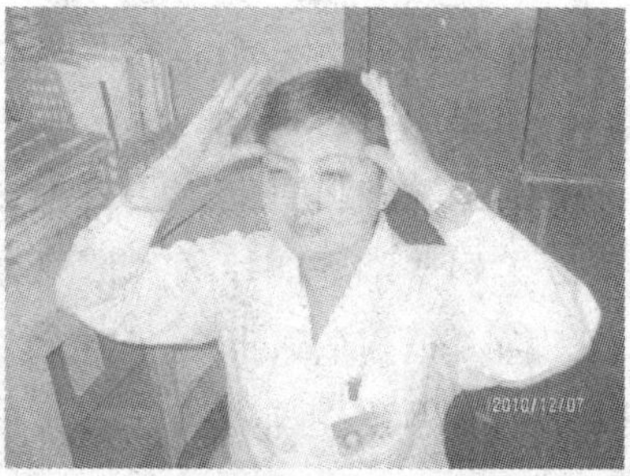

错误按摩法

轻柔按摩枕大粗隆处

的头皮一直到太阳穴前额部一大片部位头痛，眼睛发懵等症状，很多人就会想到按摩太阳穴，那是没用的。所以这个时候，我建议你自己先自查一下，用手按按枕外粗隆的地方有没有疼痛（如图示箭头处），如有明显压痛，可以口服扶他林或芬必得，外用些扶他林乳剂或风油精，涂抹在大拇指上，在痛点进行轻轻按摩，每天3~4次，每次5分钟。再做做我教你们的椅子操，向后伸展后颈部的肌肉，让它赶快消肿、消炎，头痛就会慢慢好。

肩周炎的病人保健操怎么做

肱二头肌肌腱炎，它让你肩关节疼痛和梳不了头。它的压痛点

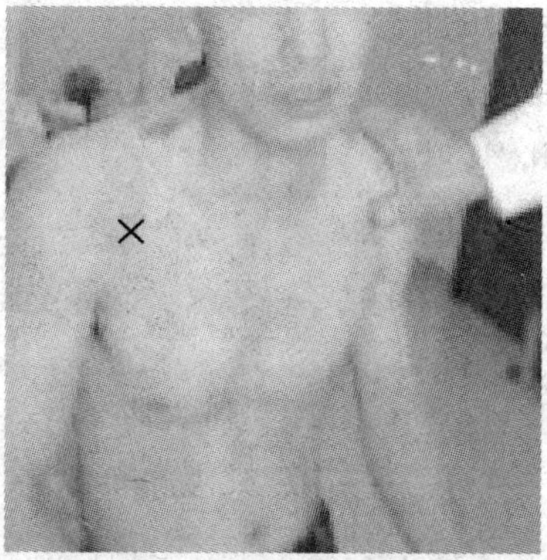

肱二头肌肌腱炎压痛点

肱二头肌肌腱炎爬墙操

在喙突的下方，肱二头肌短头的止点，在图示的肩关节的“窝”里头。发炎时，肩关节疼痛和肩关节外展外旋受限，病人抬手做梳头的动作时很困难。

现在先讲**肱二头肌的肌腱炎的爬墙操**。也就是在肩关节窝有压痛时，病人**面向墙**，贴近墙站立，将患肢胳膊搭在墙上，手慢慢一点点往上爬，爬到上不去（开始疼了）就停下，然后病人的身体慢慢向前倾压，贴向墙，带动往下压肩关节。一定要告诉病人，锻炼的时候，要身子下压到肩部有点疼，但是能耐受的程度，才有效。

冈上肌肌腱炎，它让你肩关节不能外展。**它的压痛点**在肱骨头靠近肩关节的地方（如图示），做好标记，可以做封闭或者贴膏药。

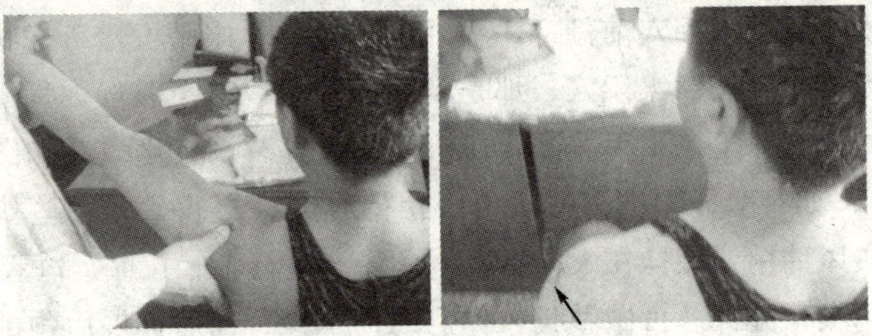

肱骨大结节，冈上肌肌腱炎的压痛点

冈上肌肌腱炎的锻炼操，侧身向墙，患肢如同练习肱二头肌操一样伏在墙上慢慢往上爬，身体的运动带动肩关节的牵拉（如图示）。每天睡觉的时候把沙袋子炒热了或热水袋敷在被子盖不到的患侧肩膀，起到保暖的作用。当你肩关节部位的肌肉松弛开了以后，千万别好了伤疤忘了疼，还应该不断地巩固，做我设计的椅子操，不断地、反复地锻炼。有肩周炎的病人在做椅子操时，上肢强力向后展到一定程度时，再继续做几下旋转肩关节的动作，这样就把防治肩背疼和肩周炎的练习操结合起来了。

冈上肌肌腱炎爬墙操

椅子操在治疗肩周炎时应用。图示：①坐在一个牢固的椅子上，臀部紧贴椅背，张开上臂向后伸展脊柱，头

椅子操

颈后伸；②当肩背部贴靠椅背时，头颈部的肌肉继续收缩后伸；③同时用力扩胸两次，然后再继续做几下旋转肩关节的动作。上述动作主要锻炼治疗肩背疼。头颈后伸很轻柔、缓慢伸展，1 分钟做 7 ~ 8 下，再慢慢向前弯腰放松，这样来回做。每天练 2 ~ 3 次，每次 20 ~ 30 分钟。累了可以小憩一会儿。

“落枕”

肩胛骨内上角的肌腱炎，它让你脖子又痛又僵，俗称“落枕”。肩胛骨的内上角是提肩胛肌，小菱形肌和斜方肌等肌肉的下方止点（上面已经讲过了上方止点在枕外粗隆），压痛点在肩胛骨内上角（图示箭头），由于长时间地伏案工作，容易劳损。肌腱发炎时可以引起颈部肌肉发僵，疼痛的时候转脖子困难，俗称“落枕”，它是由附着在它上面的肌肉的无菌性炎症引起的。疼痛可以沿着提肩胛小菱形肌向颈部放射，所以造成脖子又痛又僵，常常误诊为颈椎病。在止点上方垂直于它的肌纤维左右拨动按摩一两分钟以后，症状马上就可以缓解一大半，再吃点消炎止痛药扶他林或布洛芬等。局部压痛点贴麝香壮骨膏，再做向后伸展的椅子操，就可以治疗和预防。

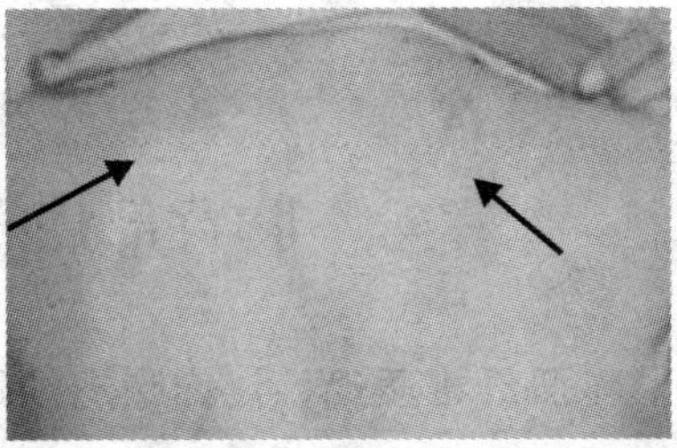

肩胛骨内上角压痛点

肱三头肌腱炎，它让你上臂的外侧疼，在黑板上写字、抬手梳头、脱衣服都很困难。在检查肱三头肌止点的压痛点时，让病人背对你站立，在胳肢窝的皮纹“人字缝”顶点靠内上方一点，可摸到一压痛点，那是肱三头肌在肩胛骨外缘附着点（如图示）。也可在检查时让病人侧身，把病人的手抓住向外展 90 度，胳膊与肩胛垂直

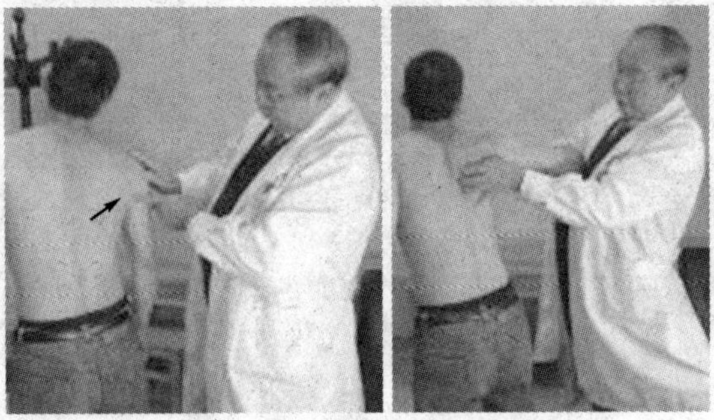

肱三头肌止点的压痛点

的地方一压就可以找到痛点。发炎的时候除了局部痛之外还可以顺着上臂的外侧放射，造成上臂的外侧疼，病人常常搞不清楚是哪疼？所以把膏药贴在上臂的一侧。我们应该在压痛点上面画个“×”好贴膏药。做椅子操向后伸展上臂，同时多做几个旋转肩的动作。

胸背部痛——肌纤维质炎

肌纤维质炎，让你胸闷烦躁，气不够用，常容易把它误诊为心脏病。在胸5、6的椎旁和肩胛骨的内沿之间，有多层肌肉筋膜重叠在一起，劳损发炎时一般统称为“肌纤维质炎”。检查时让病人双手交叉到胸前、弯背，在椎旁和肩胛骨的内沿之间，可以触到明显的压痛点。它常和同侧肩周炎同时发病，要一起检查。发炎时，病人胸闷烦躁，气不够用，引起病人烦躁不安，注意力不能集中等现象。由于刺激临近的肋间神经，如果在左侧，因病人胸闷、隐隐作痛，内科医生很容易把它诊断为心脏病。可自己选服一些止疼药，如：扶他林、芬必得等，局部画×的地方贴上麝香壮骨膏或用法斯通乳胶剂按摩按摩，做做椅子操，

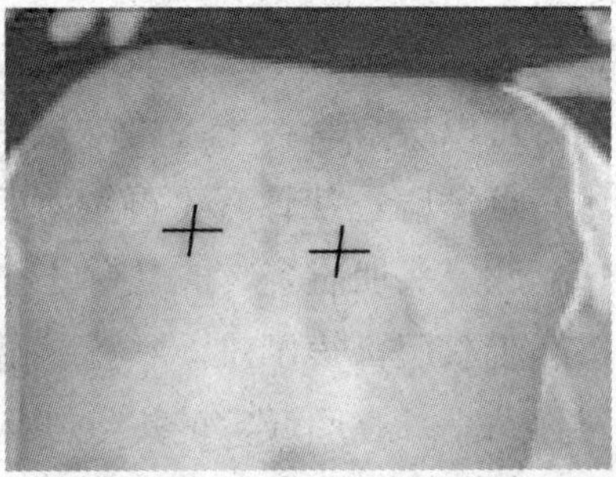

背肌纤维质尖压痛点

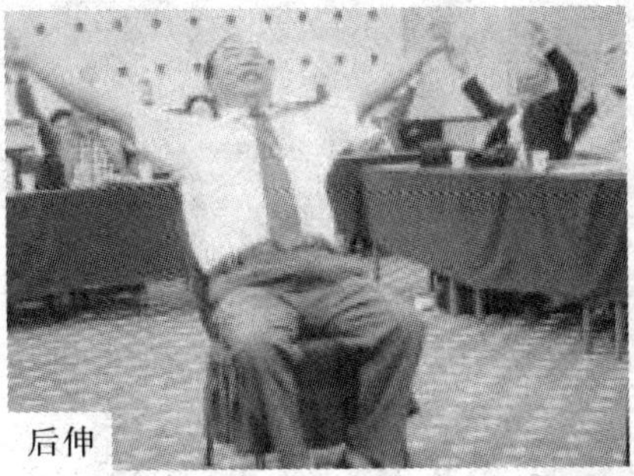

做椅子操时多做几下扩胸动作

并在做椅子操时，加做几下扩胸动作，几天就可以好转了。以后继续天天做椅子操，既可以治病又可防止复发。

腰肌劳损的压痛点及保健与治疗

腰肌劳损，此一诊断名词，虽然很老，用于临床很长时间了，但治疗方法发展缓慢而紊乱。为什么它那么容易误诊，漏诊？为什么已诊断出是腰肌劳损，也给了药了，还容易反复发作，不能根治？主要是由于还不完全了解腰肌劳损的发病机制。

人体中第三腰椎处于胸后凸和腰前凸的转折的地方，转折的地方受到的应力比较大，附着在它上边的腰肌和椎旁肌，在维持脊柱的姿势时，受的力量最大。如果你坐的时间很长，强迫体位很长，让这些肌肉长期收缩，得不到舒展和休息的话，它就会出现劳损、充血，发生无菌性炎症甚至到后来出现纤维化和粘连，就会出现腰部痛。病人可以有像椎间盘疼痛一样的症状，也可有放射到下腹部疼的症状（如果在右侧，右下腹部疼就会让普外科大夫误诊为慢性阑尾炎）。这两条小神经向下合成臀上皮神经支配阔筋膜张肌，神经在这块肌肉附着处的臀部的外上方进入，所以在臀部的外上 1/4 的位置（相当于臀部肌注的位置）可以找到腰肌劳损的另一个压痛点。阔筋膜张肌下行行到大腿的外侧就变成髂胫束下行，止于膝关节前下方。腰肌劳损时，此肌肉受到刺激以后，就变得收缩无力，髋关节就有不受力的“踩空”样的感觉。许多骨科医生常常误诊为是髋关节病变，股骨头坏死，X 线片检查都是正常的。

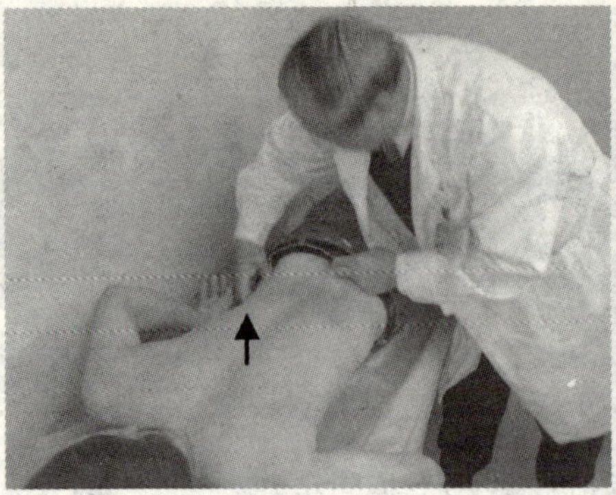

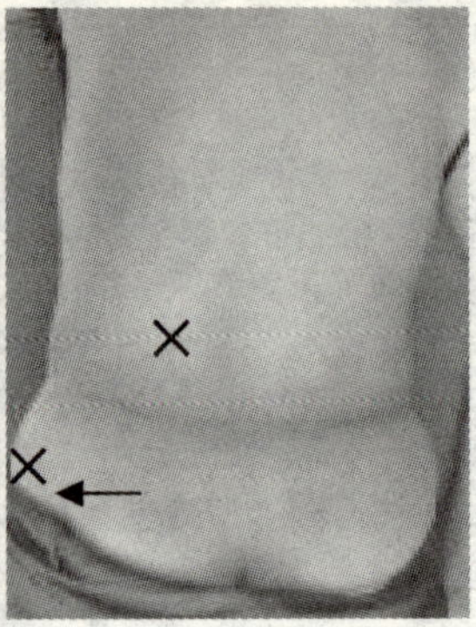

腰肌劳损的压痛点（常可两侧同时存在）

少数病人小腿肚子部位有疲劳酸胀感，不会放射到足部和趾尖，这就有别于椎间盘突出了。由于上述区域支配的神经受到刺激，病人会感到局部怕凉，一些老太太把麝香膏从胯部大腿外侧一直贴到膝关节，应贴在腰三横凸处（腰眼的地方）和臀部外侧，这是主要的，贴对这两个部位就可以了。支配大腿内侧的内收肌的闭孔神经，也是来源于腰 1、2、3 神经，和窦椎神经、脊神经原发后支是同一个来源，受到刺激的时候通过泛化反应也可以引起闭空神经的刺激现象，出现在它的支配肌——起源于大腿根部的内收肌的疼痛，所以腹股沟出现疼，局部疼有压痛点，如果搞懂了它的发病机制问题，结合临床上病人的年龄、职业等因素也是有规律可循的。年轻的白领、司机、会计等以坐为职业的人群，腰痛反反复复，疼痛放射只在臀部或者是大腿外侧，检查照 X 线片都没什么大的问题，就要怀疑这种病。再结合上述固有的压痛点那就可以诊断了。椎间盘腰痛的病人除了有腰痛，疼痛常放射到足尖，还伴有下肢感觉的障碍，腰部深压痛（+）。这样就很容易区别了。

治疗很简单，可以选用一些治疗无菌性炎症的消炎止痛药，如：扶他林口服片、布洛芬缓释胶囊、泰诺林等任选一样。疼痛比较明显者，晚上可以加用一粒消炎痛栓，置肛，并在上述的几个压痛点，图示打 × 部位（腰 3 横凸处，还有相当于臀部肌肉注射的地方）贴上麝香壮骨膏。

因为刚才提到这种病人最根本的原因就因为他们长期坐着，不注意腰部肌肉的伸展运动，使得胸腰部肌肉长期处于一种紧张状

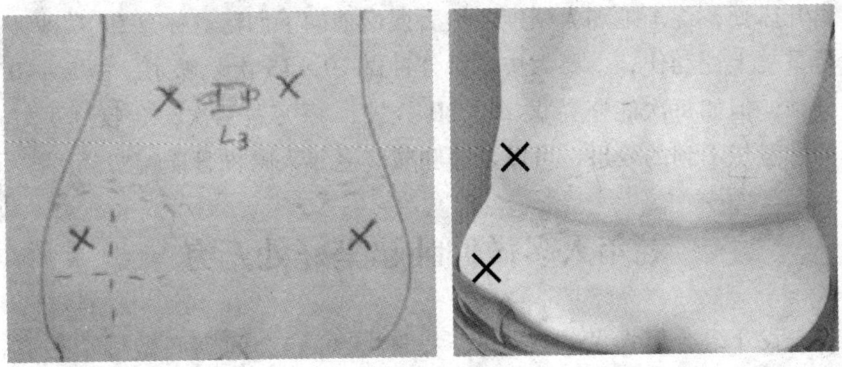

×为压疼点

态，针对一些公司白领和很多的人没有时间去锻炼，所以我设计了一种易行而又有特效的椅子操，可给予腰背部的肌肉伸展锻炼，在家里、办公室随时都可以做。找一把比较牢固的椅子（这样可以防止练习的时候后倒），病人的臀部尽量靠后，背部紧贴在椅子的靠背上，尽力向后伸展颈椎和胸椎，当你的背部顶在椅子背的时候，腹部向前挺，直至臀部稍微离开一点椅子面，同时上肢做向两侧扩胸运动，再慢慢地弯腰回来，完全放松肌肉。然后再重复，不断地这样做，反复锻炼，速度不要太快，每分钟大概做 10 次即可，一天 3 ~4 次，每次 5 到 10 分钟。对于一些白领，你伏案工作一小时以后，争取做这个体操 5 分钟，可以防止腰酸背疼、脖子发僵和头晕等。

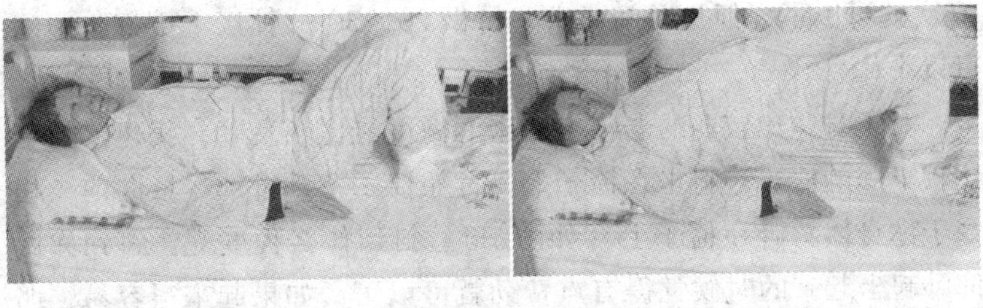

仰卧挺腹操做法

因时制宜，晚上睡觉前，早上起床时，做仰卧挺腹操（如图示），尤其适于大腹便便的人。仰卧在床上，膝关节屈曲 90 度，两肘屈曲支撑在身体两侧，然后用力慢慢向上挺肚子，直至你的臀部离开床面，逐渐地加大幅度，然后慢慢地向下回落。休息5、6秒钟再重复上述动作，不要太快，每分钟做10～15次就够了，做5～10分钟，但如每次能坚持做20～30分钟，一天做两次，会收到更好的、意想不到的效果，可以延缓和减轻老年人腰椎骨质疏松。

老年人多做仰卧起坐好处无穷

我介绍老年人做的操那么多，有人可能会问到底做哪个最有用？其实这些操都有用，因我只能一个个地讲解，你做的时候可以根据你的需要，一种、两种或多种交替的做，健身嘛，只有好处没有坏处。

这里再给大家讲讲多做仰卧起坐的好处。先讲讲仰卧起坐这个方法，小学生考体育的时候就有这个项目，让一位同学压着双脚，被压的人用力地坐起来。在此，我想提醒学校的老师，这种锻炼方法是不科学的，这样会让椎间盘承受很大的应力，容易伤孩子的腰。科学的做仰卧起坐的方法应屈膝40～50度。膝关节下垫个枕头，这样才不容易伤腰。

老年人做有两种方法，一个是对于身体比较强壮的老年人，可以在比较软的席梦思床上做仰卧起坐，膝关节下面垫上个厚枕头，然后可以起来。如果起来时有困难，两只胳膊可向上向前甩动帮你用劲起来，然后再慢慢地放松躺下15～20秒后，重复第二次。老年人做体操运动，不要求速度，要求时间的坚持和质量，一分钟做个10次就可以了，但是时间要求坚持做20～30分钟以上更好，中间可以小休息。

对于身体比较弱的老年人在床上做可能比较费劲，我建议找个比较牢固的椅子，斜坐在椅子上，背靠椅子背，臀部尽量向前，相当于你身体斜卧在椅子上（如图示）。斜到什么程度呢？斜到你做仰卧起坐起来的时候觉得有点费劲就可以了，如果起来很容易，那锻炼的效果也不好，就需要调整臀部的位置，可以再向前一点，斜一点，如果起来很费劲可以将臀部向后调整一点，总之你能起得来，而起来的时候有点费力，就能达到锻炼的效果。

仰卧起坐还有哪些好处呢？第一除了治疗老年人的腰背痛之外

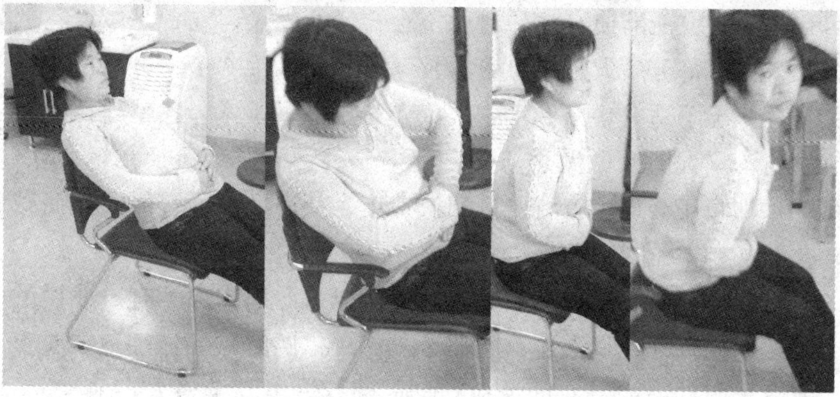

斜躺在椅子上做仰卧起坐操

还有就是可以防止便秘，老年人由于运动少，乙状结肠都有一点松弛了，大便容易积存在那里不易排出，会有便秘的现象，那么为什么仰卧起坐能治疗便秘呢？还记得我们在大学学习生理的时候，讲过大便的形成和发生需要有三个因素：你记得吗？哈哈！好多人一望见臭气熏天的大便，忙不迭掩鼻而去。不可能去研究这个大便的大道理，那我告诉您吧：第一，你吃饭，会刺激十二指肠产生十二指肠、结肠蠕动冲，逐渐将肠内容物挤向肛门，很多人饭后都有便意，就是这样造成的。第二要有腹压，腹部得有压力，老年人除了乙状结肠退化以外，还有就是他们运动少，腹压减少。做仰卧起坐就是增加腹压帮助排便，我们都知道股骨颈骨折或其他手术后的病人，躺在床上起不来时，腹肌的运动少了，腹压也就减少了，就会有便秘的道理是一样的。所以做仰卧起坐有助于增加腹压排便，我一百多岁的老岳父从 80 多岁就开始便秘了，后来我教他做这操很有成效。有一次，我在隔壁的屋子里，就听见他一本正经地将这“大便经”传授给他美国回来的同学，我掩口而笑，他老人家真是我的一位“好学生”。第三个因素就是要有肠内容物的刺激，我们吃的食物里面含有的纤维素是肠道刺激的一种好东西，老年人吃东西不要太精细，应该多吃一点含高纤维的东西，像白薯、香蕉、芹菜等，对缓解便秘有好处。

现在回过头来讲讲仰卧起坐另一个重要好处，老年人常常都有轻度的腰椎退行性病变，有很多的人有轻度的退行性滑脱，滑脱到一定程度就会压迫脊髓和神经形成椎管狭窄症，所以我们经常做做仰卧起坐，就能够使脊柱的滑脱不会再继续发展，或者是减缓它的发展。有一部分病人已经患有脊柱滑脱，要做手术了，可是由于他的身体状况不适宜马上做手术，或者是不能做手术，我就建议他们在药物治疗同时，做做这个仰卧起坐操，它可以有助于减轻症状。因为增加腹压会加速腹腔血流回流速度，从而减少椎管内淤血而减轻症状。

老年病人腰肌劳损是很常见的，所以这些病人除了有刚才说的上述一些病以外，常常还有腰肌劳损，查体的时候要仔细地看看有没有这个问题，如果有的话应该同时治疗，以利于病人控制症状。有轻度的腰椎管狭窄症滑脱的病人也可以让老年人做仰卧起坐为主，适当做做仰卧挺腹操，为辅的少做一点，为主的多一点。坐在椅子上也可以做做轻度的向前挺肚子，椅子操是可以结合起来的，要分轻重缓急，以身体的主病需要的某一种操为主，其他的做辅助，将会得到一个很好的效果。

脊柱功能退化除了与年龄因素有关外，与生活方式也有关（如坐、卧太多，岂不闻久坐伤腰，久卧伤骨），尤其缺乏运动锻炼往往是造成或加速脊柱病变的重要因素。因为脊柱的功能状态很大程度上取决于肌肉和韧带的功能状态，如果平时疏于活动，缺乏锻炼，未能使自己的肌肉和韧带保持良好的功能状态，脊柱就可能逐渐松弛或慢慢地松动。所以，人过中年就要锻炼脊柱，这有助你青春永驻。人的脊柱打个比方就像一根电线杆，过去木头的电线杆埋在地里时，为了使其稳定，工人就在其左右两侧用钢筋绳将其固定在地上，这个道理也可以用在我们脊柱的保健上。我们练好脊柱前后左右的肌肉就相当于工人在木电线杆子上拉钢筋绳一样，让你的脊柱挺拔坚强。我建议老年人不要去做很复杂的锻炼，坚持做做这些简单而有科学道理的锻炼，身体就会越来越好。

仰卧挺腹操给脊柱带来的诸多好处

仰卧挺腹操其实很容易做，老少咸宜。有腰肌劳损的时候也可以进行防治，前面讲过腰肌劳损是坐出来的，缺乏腰背肌的伸展锻炼，使腰肌长时间地维持脊柱的向前弯曲（如伏案写作、开车、用

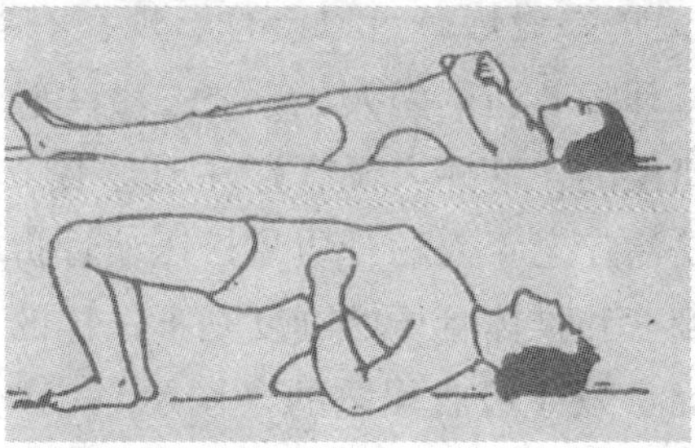

仰卧挺腹操治疗年轻人脊柱压缩骨折

电脑的时候），过度过久地绷紧背部的肌肉，得不到休息和恢复而劳损，伸展腰肌是治疗的重要手段（请参阅我上边讲的腰肌劳损的有关章节）。病人除了练习我创建的椅子操能够有效地防治这个病以外，仰卧挺腹操也是一种有效的锻炼方法，尤其适于老年人。人们每天都要上床睡觉，只要能够记住，睡觉前锻炼十分钟，起床前练习十分钟，就可以有效地防治腰背痛，还能有效地抑制老年人脊柱骨质疏松症。一般老年人有了骨质疏松症以后，就知道吃各种各样的钙片，他们不知道吃了钙片，要能吸收和能够沉淀在骨头上，才能防止骨质疏松症，而运动就有助于钙沉淀在运动的骨头上去。

仰卧挺腹操还可以治疗和防止老年人的脊柱压缩骨折，也可以治疗年轻人的脊柱压缩骨折（图示）。椎体前方的压缩没有超过椎体高度的 1/2 时候，只要你能够坚持做好仰卧挺腹锻炼，骨折是可以复位的（图示箭头处）。不要消极卧硬板床。对于年轻人仰卧挺腹锻炼可以做得比老年的幅度更大一些，像所谓的四点支撑、五点支撑。骨折病人头两三天因为有骨折的疼痛和出血，刺激腹腔里的神经丛，病人有疼痛腹胀，头三天可以口服止疼药，在背部垫

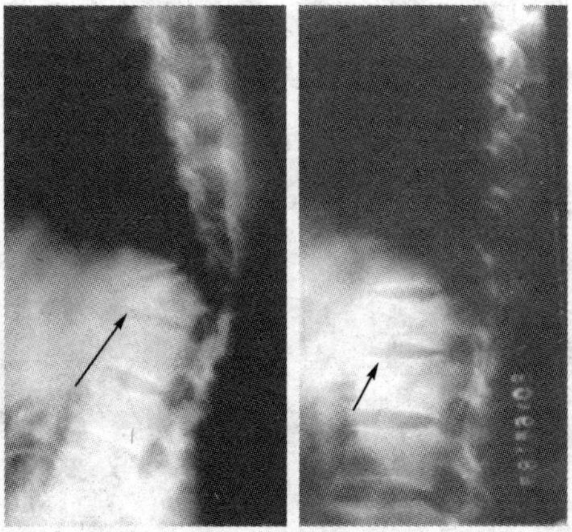

X 线片显示压缩脊椎骨折锻炼后完全复位，箭头指处

上一个厚枕头，好好歇息个两三天，三天以后开始做仰卧挺腹操，逐渐地加大幅度，坚持锻炼就可以复位。现在有些“脊柱外科大夫”对年轻的脊柱压缩骨折的病人，也要去做注射骨水泥的椎体成形术，这是极端错误的，这些人没有好好地念书，不知道骨水泥后凸成型充填手术是治疗老年人的骨质疏松压缩骨折的，你不能乱治呀。因为骨水泥刚度和椎体骨质的刚度是不一样的，日久以后骨水泥和骨松质的界面会发生吸收塌陷的（图示），又会出现疼痛复发

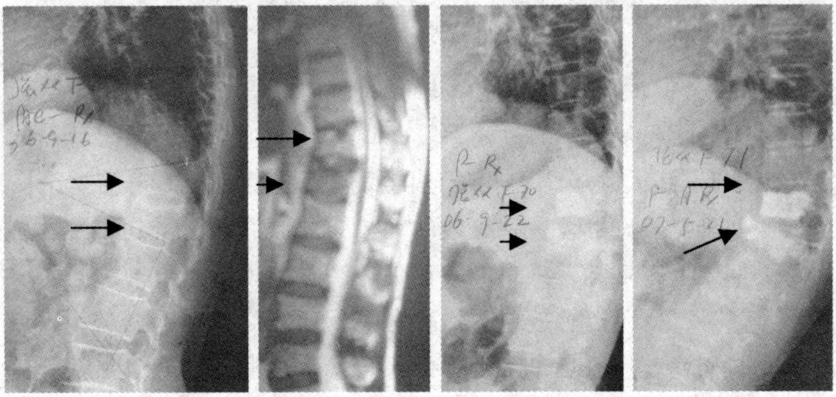

椎体压缩骨折骨水泥的椎体成形术　第 3 张图为注射后，第 4 张图为注射 1 年后，骨质吸收

加重。很多文献报告术后 10 多年随诊，腰背痛的复发率达到 23%，所以我们要慎重啊。老年人的多发性椎体压缩骨折常见，如他们椎体的压缩没有超过椎体前方高度的 1/2，也一样可以用这个锻炼方法来治疗，至于多发性的轻度脊椎压缩骨折，只做一节两节的骨水泥充填是没用的。

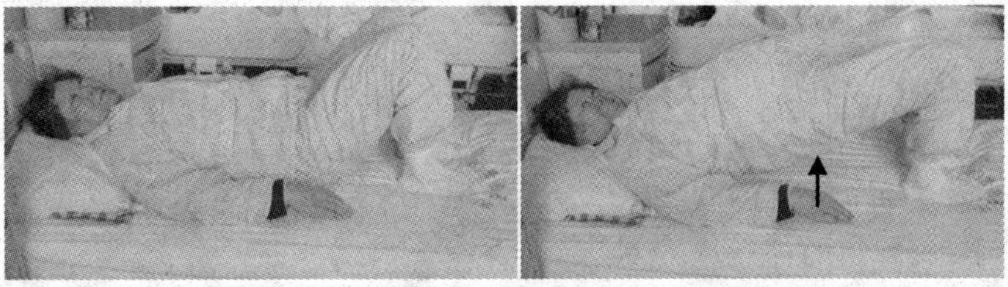

仰卧挺腹操

仰卧挺腹操做法如图示，病人仰卧在床上或者在沙发上，膝关节屈曲 90 度，两肘屈曲支撑在身体两侧，然后用力向上挺肚子，直至臀部离开床面。逐渐地加大幅度，然后慢慢地向下回落，休息 5、6 秒钟再重复上述动作。不要太快，每分钟做 10 ~ 15 次就够了，但是希望每次能坚持做 20 ~ 30 分钟，一天做 2 ~ 3 次。会收到意想不到的效果。

椅子操治颈背腰疼的理论与实践

现在我向大家介绍一下我和匡正达主任在新浪网上发表的椅子操的做法和相关的理论，供大家参考。

作客新浪网讲解椅子操功效

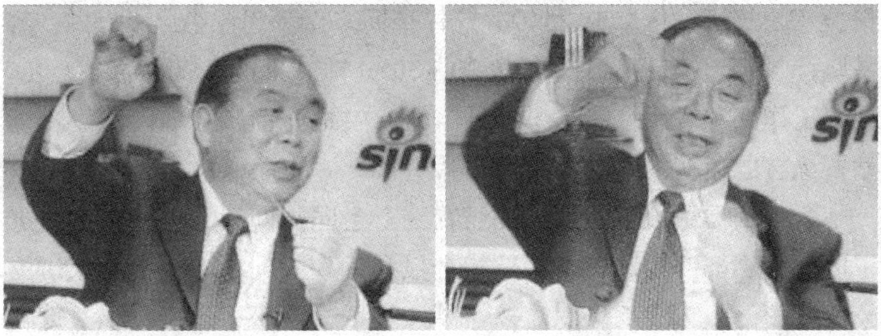

作客新浪网介绍叶氏椅子操的治疗原理

颈、胸、腰脊椎伸展运动。如图示：①坐在一个牢固的椅子上，臀部紧贴椅背，向前弯腰放松；②张开上臂向后伸展脊柱，头颈同时后伸；③当肩背部贴靠椅背时，头颈部的肌肉继续收缩后伸，同时用力扩胸两次，上述动作主要锻炼治疗肩背疼；④上述动作完成后，双脚轻轻一蹬腹部向前挺起，臀部微微抬起，略离开椅子面（打挺动作），此动作锻炼腰背肌，治疗下腰疼。

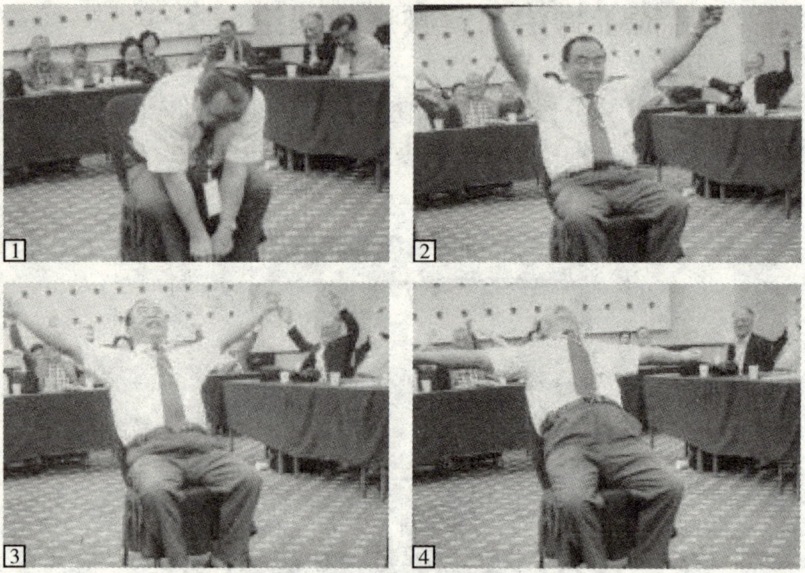

椅子操锻炼法示意图

头颈后伸很轻柔用力，缓慢伸展，1 分钟做 10 次左右即可，再慢慢弯腰放松，休息 10 秒钟。这样来回来做。它比小燕飞好做，容易坚持。每天练2 ~3 次，每次 20 ~30 分钟。累了可以小憩一会儿，白领工作 1 小时后，锻炼 5 分钟，能有效地防治腰背痛。注意不能站着练，以免伤椎间盘。

为什么得做椅子操呢？曾经有一个老同志问我，为什么我们老了以后，疼都疼在背后。这是一个很有哲理的问题。我给大家讲一个浅显的例子，一条橡皮筋，如果拉长了又放松了，拉长了又放松了，可以玩很久都不会坏，如果你把橡皮筋拉长了、绷紧了，这头固定在一个地方，那头固定在另一个地方，1 ~2 天下来它就缩不回去了。这说明什么呢？这叫“积劳成疾”，变性退化，弹性消失了。

看看我们日常生活里，特别是年轻人，大部分时间是坐在电脑、桌子前写东西，低着头、弯着腰这样工作的。当你一低头的时候，背后肌肉就开始绷紧了，以维持你的姿势。有时候你工作一下子就一两个小时，一直让背肌处于疲劳的状态，就像橡皮筋，没有让它缩回去休息。长时间的疲劳，就带来肌肉充血、水肿，肌肉纤维退化就比较早，再加上一点风吹草动，一些常见的病，如：肩周炎、肌纤维质炎、枕大神经疼和腰肌劳损就发生了。比较疼，很难受，怎么预防？刚才说了，大部分年轻人的脖子疼、肩膀疼和腰疼都是上述原因造成的，所以，你要照顾你背部的肌肉。怎么照顾呢？有两点，第一点，减轻它的负担，不干活，可是不行，我还要上班呢，我还有好多资料没写完呢；第二点，提高背部这组肌肉的工作能力，使它变得坚强起来。怎样让它坚强起来呢？一个是不要让它太累了，要让它有机会放松，缩回去休息康复。大家都有这个体会，当你一天工作完了，回到床上一躺，一伸腰，啊，真舒服啊！这是肌肉反馈信息到大脑，告诉你，它需要休息了，它很舒服。但是光休息还不够，它体质弱嘛，怎么办？就要锻炼，锻炼是提高这组肌肉抗疲劳能力和工作能力的最好的方法，怎么做？最需要的是伸展锻炼。椅子操就是一个非常简便有效的伸展锻炼背部肌肉的方法。

访谈实录：

（视频）

http://news.sina.com.cn/h/2010-05-01/093520189233.shtml

视频：颈椎病的发病原理及防治方法

http://video.sina.com.cn/news/c/h/v/2010-05-02/112059609.shtml

视频：专家谈颈椎病治疗方法及注意事项

http://video.sina.com.cn/news/c/h/v/2010-05-02/111959608.shtml

视频：专家纠正颈椎病自我治疗误区

http://video.sina.com.cn/news/c/h/v/2010-05-02/111859607.shtml

视频：专家介绍颈椎病诊断标准

http://video.sina.com.cn/news/c/h/v/2010-05-02/105759606.shtml

“老寒腿”——膝关节骨性关节炎的防治

一年夏天，我到老年大学去讲课，当讲到膝关节疼的课题时，我就问她（他）们:“凡是有过膝关节疼的病人，请举手!”哗！举起一大片，大概有3/5以上的学员都有，我又问他们:“半年内有过膝关节疼的病人请举手!”结果又有1/2的病人都举手了，其中女性为多，多么可怕的现象。课间的时候，我请这些膝关节疼的老年人站在前排，撩起他（她）们的裤子，令人吃惊的现象出现在我的眼前，他（她）们中竟然有1/3的膝关节已经不能完全伸直了。他（她）们到我的门诊照正侧位和轴位X线片一看，均有明显的髌骨半脱位，有些软骨磨损很厉害已经形成了髌股关节炎，髌股关节的外侧间隙明显狭窄了，软骨破坏，有一部分病人同时还有膝关节内翻、外翻，所以相邻的大关节（胫股关节）也有明显的软骨磨损、狭窄现象，这是全膝关节骨性关节炎，这些就是所谓“老寒腿”的原因所在。为什么叫“老寒腿”呢？因为他（她）们的膝关节怕冷，用热水袋敷敷就很舒服。中医诊断为“老寒腿”、风湿，可按风湿治疗多少年了，效果不佳，没有见好，还是逐年加重，膝关节一年年坏下去，越来越伸不直了。为什么呢？因为老寒腿怕冷不是风寒造成的，而是刚才讲的，是软骨磨损以后，它有自我修复现象，新生的软骨和在膝部有滑膜炎存在时，炎性组织和新鲜的软骨对外界寒冷潮湿气候的变化很敏感，天气不好时症状会加重，患腿能做天气预报，所以中医诊断为风湿性关节炎，老百姓就很容易接受。但这种表象的诊断是不够的，还要仔细地检查，研究病人发病的实质。

就因为膝关节疼痛以后不敢吃劲，病人常常踮着脚走路，步态就显得蹒跚了，久而久之股四头肌就萎缩了，特别是股四头肌内侧头萎缩了，膝关节就不同程度地不能伸直，再加上一些人拄着一根拐棍，就更显得老态龙钟了，所以人们就说人老先老腿。由于膝关节疼痛常见，所以人们就非常注意膝关节的锻炼，公园里有很多人在练膝关节，我看了以后，发现他们大多的锻炼方法都是不科学的，甚至是有害的。有些老太太在“向左转三圈，向右转三圈”的呼喊声的指挥下，手扶着半蹲的膝关节在左右旋转着，这其实是对膝关节有着严重伤害的锻炼，因为当你半蹲（屈膝35度~50度）的时候，髌股关节窝间隙的磨损最明显最厉害（请参阅研究创新思维章节中我搞髌骨软化症研究一文）。有人每天早晨去香山公园、八大处公园爬山，想锻炼他的膝关节。爬山运动对于人的心脏，对肌肉有好处，但对于膝关节已经有疼痛症状的人，是大大不利的。君不知有许多人上山容易下山难，因为下山的时候，膝关节需要略呈半屈膝状态，造成髌骨关节严重磨损，促使疼痛出现和加重。有些人在做不知哪儿学来的“钩脚”（背屈踝关节）和“站桩”锻炼，这种锻炼方法与膝关节何干？

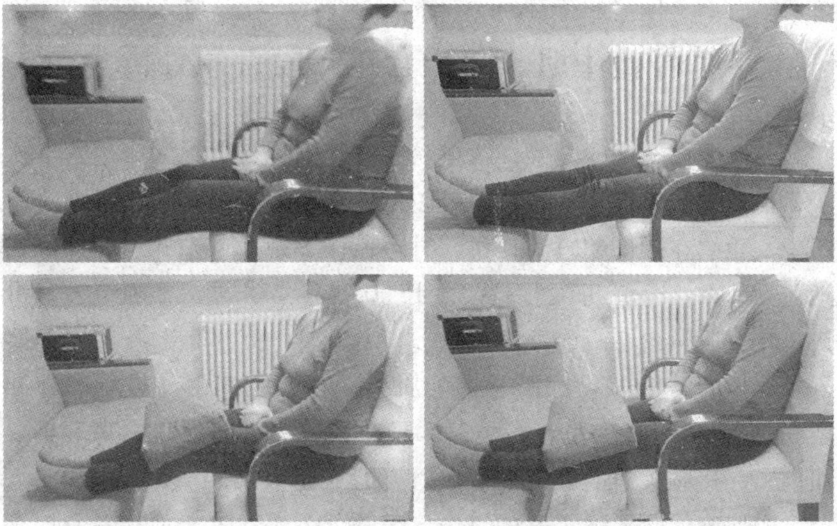

伸膝绷劲操（下图膝上负重法）

伸膝绷劲操。在这里我向大家介绍一种简易的治疗膝关节疼痛和髌软化症的方法，躺在床上，或双脚架在凳子上，双膝关节呈伸直状态，然后膝关节原位不动或膝关节略微向上屈曲30度，然后膝关节再用力向下绷直绷劲（如图示上排）。每分钟10～15次，每天练习两三次，每次半个小时。如果已经有膝关节伸不直的患者，最好双膝伸直，小腿的下部和脚垫在小墩子上，膝关节下方悬空。膝关节上方压上一个5～6斤的炒热的沙袋子，双膝关节先屈曲20度～30度后，再用劲绷直，像上边那样做，绷直以后，维持5、6秒钟，然后放松休息10秒钟，然后再重复上述动作，锻炼次数和时间要求要达到上述标准。天天坚持，10天半个月左右，你就发现你的膝关节越来越直了，疼痛减轻了。

热沙带的做法：用一块厚一点的棉布，做一个枕头大小的口袋，可以装五六斤重的、米粒那么大的沙粒（可以到建材商场或者施工的工地上买做水磨石的白石粒)，用铁锅炒热，装在缝好的布口袋里。不要装得太多太紧，要让沙袋里有一定的松动空间，以能使沙袋服帖地放置在膝关节上，这样可以反复用。条件更好一点，还可以去购买一台髌骨软化症治疗仪，它可以选择性加强锻炼股四头肌内侧头，是克服股四头肌萎缩，纠正膑骨半脱位的更有效的治疗方法。

练好臀中肌，防止老年人股骨颈骨折

一次我在查房的时候，站在一位股骨颈骨折老太太床边的小伙子，1 米 8 的个子，个高臂长，他是患者的儿子，奇怪地问我:“叶医生，我妈在摔倒的瞬间，我及时地抓住了她，母亲并没有摔倒在地，为什么还会骨折呢?”这个问题让我猛然省悟，必须给大家讲讲老年人股骨颈骨折的发病机制。

人体的臀中肌是大胯外侧的肌肉，有外展作用（俗称向外撇腿)，它是将股骨头稳定在髋臼窝里面，防止它向外脱出来的重要肌肉，保持髋关节的稳定性。大概有的人还记得，小儿麻痹的病人有臀中肌麻痹时，他走路的时候，髋关节会不稳定，他有左右摇摆的特殊的步态——“鸭步”，为什么呢？当右腿吃劲时，他把身体的重心倾向右侧，使股骨头能靠身子姿势把它稳定在髋臼窝里，相反左腿吃劲时，他把身体的重心向左侧，所以病人走路时摇摇摆摆。老年人由于缺乏锻炼，臀部的几块肌肉都会退变，但是臀中肌比前方强大的髂腰肌和后方坚强的臀大肌更容易萎缩和退化，它维持髋关节稳定性的能力就会受到损害，老年人走起路来，开始摇摇晃晃。在一不小心向外侧歪倒的过程当中，折弯的应力就集中在股骨头颈部位，股骨颈无法承受这个身体折弯应力时就断裂了。实际上病人还没倒地，股骨颈就已断裂了，股骨颈断了以后，不能支持身体重量，一歪就倒地了，所以可以这样说，老年人的股骨颈骨折的发生大多数不是“摔断”的，而是“折断”的。老年人运气好一点的，折弯的力量又正好合适，股骨颈的下骨折端就插入到股骨头侧的骨松质里面去了，形成一个外展骨折。很少有人知道这个道理，所以很少有人去加强锻炼臀中肌。

早上你到公园里去看看，晨练的人们这边喊声震天，一群老头

锻炼臀中肌的向外撇腿操

老太太在一位带队的头领指挥下呼喊着“嗨，嗨!”用手拍腿捶背发出噼里啪啦的声音。在那边树林中，一群老人背靠绿树，勇猛地向后一下下地后撅臀部，猛烈地用臀部冲顶树干，使树枝哗哗作响，大有不把小树连根拔起不罢休的势态……老人喜欢运动是好事情，锻炼总是有益的，但是在这里，我建议老年人应该多做一些科学的锻炼，以求得事半功倍。做一些防病、防伤的体操，结合锻炼身体岂不更好！所以我建议老年人加练一下锻炼臀中肌的操，在家里扶着门框或在公园里扶住一棵树，抓稳了，就可以进行了。两条腿交替做，先一条腿站稳了，一条腿向外撇（如图示），撇了 4 ~ 5 下以后，再换另一条腿交替做。每天练两次，每次 20 ~ 30 分钟，臀中肌就会变得强壮起来，使得胯关节更加稳定，走起路来就不会摇晃了。外撇腿时产生的外展应力还可以防止股骨颈骨质疏松，有利于防止股骨颈的骨折，股骨颈骨折的概率就会越来越少，简单易行。富含科学道理，何不乐而为之。

颈椎病的牵引治疗

颈椎病属常见病多发病，多见于中老年人。牵引作为颈椎病的缓解症状的一种治疗方法，历史悠久，疗效可靠，颈椎牵引可以缓解颈部肌肉痉挛，增大椎体之间的距离，减轻颈部神轻根、椎动脉和脊髓所受到的压迫或刺激，同时还由于牵引制动有利消肿止痛。其方法简单，应用方便，可以在家里进行。很多患者在患病期间均采用过牵引方法进行治疗，但，有的颈椎病患者牵引后症状减轻，而有的牵引后反而症状加重。这说明了颈椎病牵引治疗是有适应证和禁忌证的。有人推荐椅背后伸牵引法，此法仅适用于磁共振像显示椎管后部无明显狭窄压迫轻型病例。因为颈椎后伸时，椎管内的后纵韧带会皱缩，加重颈椎管狭窄，使脊髓所受到的压迫或刺激加重。颈椎前曲（如有人推荐床沿牵引法，它仅适用于椎管前方椎间盘压迫不明显者），当颈椎前方有较大椎间盘时，常可引起脊髓所受到的压迫加重，故患者颈椎牵引时，需到正规医院或在专业医师指导下、示范下进行，切勿盲目进行，以免发生意外。

1. 平常就有手麻病人，尽量少转脖子。转脖子会加重椎间孔狭窄，加重椎神经根处的刺激。

2. 牵引方法：目前临床多采用：颌枕吊带法，一般不主张后伸位牵引。如上述颈椎后伸时加重颈椎管狭窄，使脊髓所受到的压迫或刺激加重，而发生意外的危险性。常用中立位或轻度颈椎屈曲位（20 度 ~30 度）牵引，牵引重量 5 ~6 千克，牵引时间宜在 10 ~15 分钟较为合适，可以使椎间隙和椎间孔增大，缓解颈部肌肉痉挛。

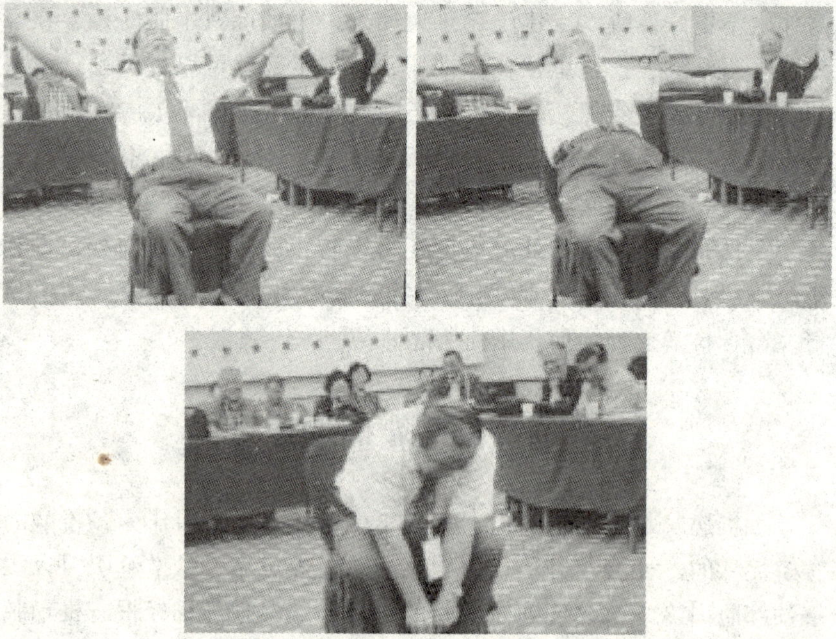

治疗颈背酸痛的椅子操法

3. 颈椎病已发展至较严重时（如MRI显示已有椎管明显狭窄、较大椎间盘突出、韧带明显增厚或骨化时），根本就不应进行牵引，以免白花钱、招危险又延误治疗。

4. 有些人胡吹用牵引方法预防颈椎病，是完全错误的，颈椎最需要的运动就是屈伸，特别是伸展运动。就是点头和往后仰头。因为颈椎软骨的营养是靠颈椎稍微有点活动的时候关节的营养液流通循环，里面一些葡萄糖等营养液渗透到关节软骨里。白领族群工作的时候长时间低头，颈椎前面软骨老压着，营养东西过不去，日久就退化了。这就是颈椎病发病年轻化原因。轻型颈椎病一般无症状。**颈椎病高危人群，如教师、编辑等白领**上班劳累后，出现头昏、头后部发麻、颈背部疲劳等感觉，常常是合并肩周炎引起的，所以牵引中或牵引后症状加重。你要想做颈椎病防治锻炼，我建议你只要坐在你办公室的椅子上（不带滑轮的），做做**椅子操**的伸展运动动作就行了。

椅子操——颈脊椎伸展运动。图示：①坐在一个牢固的椅子上，臀部紧贴椅背，张开上臂向后伸展脊柱，头颈后伸；②当肩背部贴靠椅背时，头颈部的肌肉继续收缩后伸。同时用力扩胸两次。头颈后伸很轻柔，缓慢伸展；③再慢慢向前弯腰放松，这样来回来做。1分钟做8~10次，每天练2~3次，每次10~20分钟，累了可以小憩一会儿。白领工作1小时后，锻炼5分钟。上述动作锻炼既防治颈椎病又治疗肩背疼，练一天见轻，一周见好，何乐而不为。

盘膝、提臀、提肛操

我常常看到一些老年人，才60多岁，站着穿脱裤子就很困难，需要坐着才能完成，有时候盘膝穿脱袜子也困难了，剪脚趾甲就得家人帮助。这是由于缺乏有关的锻炼，膝部、臀部韧带老化，柔韧性下降所致。还有些老同志在外出的时候，常匆匆忙忙找厕所，因憋不住尿而带来烦恼。我在65岁时就开始思考，如何为老年人克服这个问题，我自行设计了一个盘膝、提肛、提臀操，做了很多年以后，自感效果不错，我仍能站着穿脱裤子。

盘膝、提臀、提肛操的做法：坐在高度合适的椅子上或床边，双手扶膝关节，一条腿慢慢架在另一条腿上，一手握住足部，另一

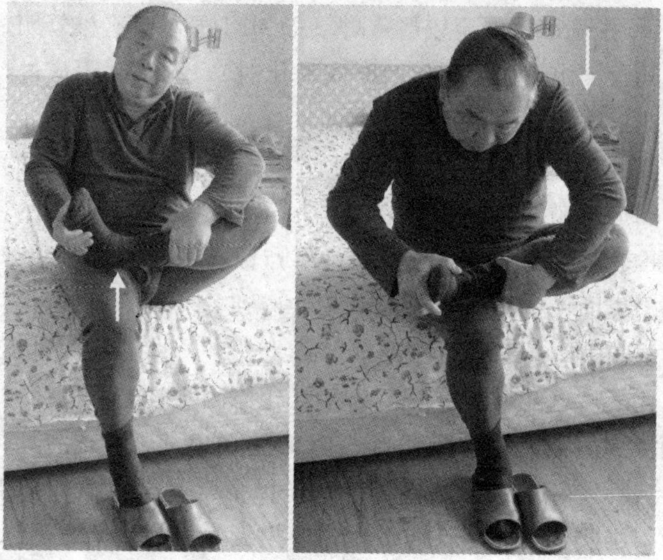

盘腿、提臀、提肛操

手扶小腿下段轻轻地将膝关节向上提起一点，坚持 5 秒钟，然后身体慢慢稍向前倾，轻轻地给膝关节施加一点压力，身体稍前倾然后保持这种状态 10 秒钟。一定不要暴力！老年人的韧带柔软性比较差，所以开始动作务必轻柔，不要太重，不要操之过急，轻轻地上提或下压膝关节，至膝关节上下和大腿外侧有一点拉紧的感觉就可以了，以免损伤膝关节的韧带！在上拉下肢的时候，肛门、膀胱主动随着做上提收缩动作。我刚开始练习的时候也有点发僵、费劲，一点点做，逐渐加大提拉的幅度，10 天之后就感到越来越轻松了。

为了使这项锻炼坚持下去，我把它编入到我的生活程序当中，使之不忘。自我规定每次穿、脱袜子之前，总是先做 30 ~ 50 次这种动作，然后再穿脱袜子，两条腿交替进行。大家从照片上可以看到，我能将膝关节提拉到那么高，因为我坚持做了五六年了。一般人应该从 60 岁以后就坚持做，年龄太大以后就不要做了。因为膝关节、胯关节韧带弹性已很差，动作幅度太大会造成韧带损伤的。如一定要做，要非常非常小心。

出乎我意料的是，我在做这操时，得到另外一个意外的收获。我以前有轻度的痔疮，大便稍微硬一点的时候，就容易便后肛门滴血，练习这个操以后，我这个毛病不怎么犯了，我在想：这是为什么？后来领悟到，这是由于痔疮实质是肛门下段的黏膜下的静脉曲张，老年人的黏膜会逐渐变得松弛，再加上不爱运动，常常坐着，使得肛门处的血管淤滞就发生痔疮出血。同样，一些中青年司机、办公室人员，常常坐着不动，也易发生痔疮出血。在做这提肛、提臀操时，肛门括约肌收缩，静脉回流改善，淤血症状消失，所以痔疮发病减少。淤血和慢性炎症的消失还有助于预防直肠癌。由于你在进行锻炼上提膝关节时，有意识地让膀胱的括约肌也随同加强收缩，收缩力加强以后，对大小便的控制能力加强，所以我到了70多岁也从没有发生过大小便憋不住的现象。这是项很容易做，做得恰当时，效果会很好的体操。所以请大家不妨试一试。希望大家都能像我一样，身体那么健康。

为了你的健康，一起去健走

健走，是快于散步慢于竞走的一种运动方式。主张通过大步向前，快速行走，提高肢体的平衡性能。它不受年龄、性别、体力等方面的限制，属于低投入、高产出的有氧健身运动。可在增加体内能量消耗的同时，使人体代谢机制改善和增强，是目前预防和治疗代谢性疾病的重要的手段。健走的好处是：坚持健走，可刺激脑室内产生内腓肽，促使脑部释放多巴胺，提升精神，使人心情愉悦。健走能有效地预防心血管系统疾病的发生。可提高呼吸系统的能力。

预防心脏病，预防动脉硬化。据《新英格兰医学杂志》报道，一周健走3小时以上，可降低35%~40%罹患心脏病的风险；利用短时间走路累积也可有一定成效。不健康的饮食习惯，使得体内血液中的胆固醇与中性脂肪异常增高。血液中胆固醇量过多，会逐渐渗入血管壁，动脉因此变硬、变脆、变狭窄，易诱发心肌梗死、脑梗死等病变。胆固醇有好胆固醇（HLD，即高密度脂蛋白）、坏胆固醇（LDL，即低密度脂蛋白）之分，HDL会把多余胆固醇送往肝脏，预防动脉硬化。持续20分钟以上的健走，有助分解燃烧体内中性脂肪，增加HDL的量。常走路的人血液循环较好，肝的代谢功能就好。**健走还可避免脂肪肝**，血液循环好了，冬天睡觉脚下不用放热水袋。

预防治疗糖尿病。中老年人罹患糖尿病的原因，多半是饮食过量、运动不足和压力，而限制饮食量，用运动把积蓄在体内的糖分当做能源消耗掉，就可降低血糖值。美国《护理健康研究》刊载，一天轻快健走1小时，对2型糖尿病有50%的预防效果。糖尿病患者健走时最好随身携带点心，有低血糖征兆时补充一点能量。

健走能降血压。人到中年以后，血压多半会上升，但步行可以减少荷尔蒙分泌（因荷尔蒙促使血压上升），因而减少血压上升的机会；另外是步行会增加牛胆酸的分泌，而牛胆酸具有降低血压的作用。为了安全起见，高血压患者应先从散步开始，逐步进展到健走，每次持续30分钟以上。

消除压力、帮助睡眠、纾解忧郁。多用双脚，能改善体内自律神经的操控状态，让交感神经和副交感神经的切换更灵活，有助于消除压力，更轻易入眠。

预防老年痴呆。美国《自然》杂志报道，60岁以上银发族，一周有3天，每次45分钟以上的健走运动，有助于维持较好的认知功能。人体中最耗费氧的部位就是脑神经细胞，深呼吸可以提供充分氧气给脑部，促进脑神经细胞功能活化，一边健走一边配合呼吸，可以获得全身血液活络与脑循环顺畅的双重效果，脑血管重返坚韧，自然就能预防健忘与痴呆。

走出好的骨质和强壮的肌肉。年纪愈大，骨质越易流失，骨头变脆，轻易就骨折或腰痛。预防骨质疏松症，除了多摄取含钙食物外，运动可增加钙在骨骼上沉淀，健走更理想。健走既增强了对背部肌肉的拉伸，又锻炼了脊柱的灵活性，还能改善因久坐而造成的腰部疼痛。

远离乳癌威胁。据美国《护理健康研究》一项长达20年的统计研究指出，一周运动7小时以上，可以降低20%的乳癌罹患率，而最理想的运动就是健走。

健走动作要领：

1. 步态　步行的姿态要求上身基本是正直的，眼看前方，头颈部肌肉放松；两臂自然地向前后摆动。不能驼背、曲胳膊行走。

2. 散步频率　100步/分左右；步态放松；平衡向前，每周3至4次。最佳散步或快步时间：下午3点至9点。

3. 健走的步形着地技术　从脚跟着地，按顺序转到前脚掌，最后以脚趾发力蹬离地面结束。这可增加运动的能量消耗，提高脚踝和脚趾的力量。行走时身体重心要随之变化，当老年人小脑或大

健走方法

脑出现疾患或是老化，行走时双脚不能走在一条直线上时，要预防摔跤。

4. 呼吸方式　一般采用口和鼻同时呼吸，以口呼吸为主。呼吸要有节奏，一般是两步一呼两步一吸。

5. 强度　运动医学认为，一个人在运动的时候达到的最佳心率＝（220－年龄）×（75～80）%。比如30岁的人脉搏控制在143～150次/分钟之间为最佳，还可以依据体重或健康状况再略微调整，达到自己的需求量为宜。老年人运动时每分钟心跳的次数与本人年龄相加不超过170。如50岁者跑步时每分钟心跳不要超过120次，60岁者不超过110次，70岁者不超过100次，其他依此类推。

6. 健走减肥，每天1万步　健走减肥的秘诀在于需每天至少一万步以上，每天轻松走1万步就能消耗平常普通走10倍以上的脂肪。并特别强调，健走瘦身必须每天坚持才有效。健走进行约20分钟后，才会正式燃烧脂肪。

7. 健走运动警示　当出现头痛、头昏，呼吸困难，想吐，出冷汗，强烈心悸，喉咙痛，脸色发白，意识不清，手臂痛，脚步乱，背痛、腰痛，脚抽筋或剧痛，胸口痛，有压迫感，心跳数超过年龄数＋80……你就应该立刻停止健走，否则会危害身体健康。

健走运动前应去医院查体，在医生的指导下量力而行。首先是慢慢适应这种运动方式，然后再逐步提高走步的强度和量，能给你带来更多健康收益。

北欧健走法

8. Nordic Walking　北欧健走早在1930年，北欧滑雪选手每到夏季就会持滑雪杖健走，以保持体力和体能。后来发展到Nordic Walking这种新型运动方式，并改造滑雪杆的手柄、腕带以及杆体的材质，制成“健走杖”（walking stick），使之更适合健走、登山。原本作为滑雪选手的夏季训练体能方式，现在已经成为一种大众参与的户外运动。这种运动普遍被称为Nordic Walking，也就是北欧健走。

两岸同根情意浓

我的台湾情缘

我对台湾的了解，是零零碎碎积累起来的。从小学起，教科书便告诉我台湾和大陆是一体的，台湾是我们伟大祖国不可分割的一部分。我的一位老师是地理迷，他告诉我们许多地理知识：在远古时代，台湾和大陆本来连在一起的，后来由于地壳运动，相连接的部分陆地沉为海峡，台湾遂成海岛。也有我从念过的历史小说中得来的，诸如：郑成功亲自率领2.5万名将士及数百艘战船，与荷兰军展开多次激战，荷兰殖民总督于1662年不得不签字投降，中国人民收回了被荷兰殖民者侵占的台湾宝岛。黑旗军首领刘永福等官兵在新竹、大甲溪、彰化、嘉义和台南一带与日寇拼死搏斗……曾经让我热血沸腾。1894年日本发动了甲午之战，又攻占澎湖。腐败的清政府于1895年4月17日与日本签订了丧权辱国的《马关条

民族英雄郑成功

约》，将台湾和澎湖列岛割让给日本，台湾从而沦为日本的殖民地，又让自己拍案而起……1945 年 8 月 15 日，中国人民经过 8 年的艰苦抗战，付出了巨大的牺牲，终于同全世界人民一道，打败了日本侵略者，日本宣布接受《波茨坦公告》中的条款，无条件投降，台湾重新回归祖国的怀抱，结束了屈辱的历史。每读到这段历史，我都欣喜若狂。我小的时候常听我的一个在海轮上干过活的堂叔讲台湾的美丽的大蝴蝶，又大又甜的不知名的水果，让我直流口水，梦想踏上这片美丽的土地……

在 1949 年，那个特殊的时间界点，使得台湾和大陆的人们久久地隔海相望，但一衣带水的同根亲缘，永远无法改变。我始终没有忘记儿时的梦。机会终于降临到我头上，1996 年，我踏上这片美丽的土地。

1992 年和 Ono 教授在大阪

初识陈博光教授

我和台大医院陈博光教授的相识是在一次偶然的机会。1992 年的夏天，我应日本 Ono 教授的邀请和中国南方另一位 X 教授到大阪参加世界骨肿瘤会议。在 X 教授发言以后讨论时，他遇到了语言的障碍，还没等我反应过来，就看见在我座位的前两排的地方，有一位身材修长，穿着浅色西装，梳个背头的学者，站了起来主动替 X 教授翻译。讨论继续进行，另一位日本大夫又提出问题的时候，我赶紧站起来帮 X 教授翻译，刚才帮忙翻译的那位学者回过头来对我点头微笑一下。会议结束以后，我和 X 教授赶到前排找到那位学者，对他的帮助表示感谢。彼此相互介绍中，知道他是陈博光教授，来自台大医院脊柱外科，我们互相交换名片。那种感觉真的很奇妙，其实大家都不认识，但一见面之后，彼此心里就觉得很近，这大概是同是炎黄子孙的心灵沟通吧。我把几篇发表的英文论文送给他，请他赐教，他说："很抱歉，我没有带文章过来，不过以后我会根据名片上的地址寄些材料给您。"就这样我们结识了。后来我们又参加 Ono 教授的宴会，席间我们交谈得很高兴。

Ono 教授宴请亚洲骨科教授

回到大陆以后不久，我就收到陈教授从台湾寄来的一本脊柱外科会议论文汇编，至今我还保留着。在以后的时间里，我们经常互通问候。恰好这个时候，有一位北京的宋先生和他的夫人，拿着片子到协和医院来找我会诊，一看是成人脊柱侧弯合并有脊柱滑脱，椎管狭窄，要做手术的。患者是宋先生的岳母，在台湾，是原国民党一位外交官的夫人，回大陆做手术可能会有些困难，宋先生请我帮忙在台湾请一位教授给会诊，我就向宋先生推荐了陈博光教授。后来有一对夫妇从台湾来协和医院手术，都患脊柱滑脱、椎管狭窄，我先给男士做了手术，这样全家都跑到大陆来伺候他，台湾那边的生意就没有办法照顾。出院时，他们请我给找一位在台湾的，做手术和我一样好的脊柱手术专家，给他夫人手术，于是我又把陈博光教授介绍给他们。宋先生的岳母，经陈教授手术治疗好了后，宋先生特意跑到医院来表示感谢，他说："我找到陈教授后告诉他，我是北京协和医院的叶启彬教授介绍来的，陈教授很热情地接待了我们，手术做得很好，陈教授让我们捎话给您，如果您愿意去台湾进行学术访问的话，他可以想办法，安排邀请。”我当然很高兴，就给陈教授发了一封信：表示希望有机会跟台湾的同道们，一起切磋交流脊柱外科方面的问题。陈教授很快就给我发来了邀请信，于是，我第一次踏上了访问台湾之路。

第一次访问台湾时和陈教授合影

在 1996 年那个时候，办理赴台手续还是很麻烦的，经过很多道审批手续，很不容易去。当时有一个说法：去香港比出国难，去台湾比去香港更难。当时改革开放的大门，开得还不够大，所以当我途经香港，我的一位朋友，中国民航副总孔祥文先生到机场接我时问我：“其他同志们呢？怎么还没下来？”我说：“就我一个人。”他大吃一惊：“他们怎么能放您一个人去访问台湾呢！”（哈哈！）可见当时大家的心态。我到了台湾以后，陈教授就安排我入住一个医院用来招待外籍教授的公寓，旁边就是住院大夫宿舍。我的房间是个套间，陈教授说这样方便我和大家聊聊天和进行学术上的交流。在陈教授的带领下，我参观了他们的手术室，第三天我们就坐飞机到高雄去了。

到高雄后，在沈永训院长的博正医院的礼堂里，我们进行退行性脊柱病变的专题讨论会议，我在会议上报告了治疗脊柱滑脱的进展和存在的问题。我还带了一个 L5 腰椎 5 度滑脱的病例的 X 线片，请他们会诊，他们很感兴趣，说没有见过这么严重的病人。讨论怎么做手术时，他们互相谦让一通之后，一位大夫说："从前路先进去，把腰5椎体切掉，把腰4椎体融合在骶骨上，从后方给予固定。"我知道这个方法，是一位美国的Robert Gaines的手术方法。其实，他也才只做了几例，我觉得这种手术创伤太大了，所以后来回到大陆后，我还是用我的老师Armstrong教我的哈林同复位的原理，但用CD棒系统取代哈林同棒复位。先在骶1上打两枚骶骨钉，在腰1、2的地方放上钩子进行撑开复位，利用撑开长的CD棒的杠杆作用，把整个向前滑脱的L5脊柱旋转并向后移提拉复位，然后在腰4的椎弓根上又打上一个"提拉钉"。当时还没有提拉钉这样一个东西，我是用一种Dick钉，钉在椎弓根上，在Dick钉的螺杆上倒扣一个哈林同钩，钩在CD棒上，再拿一螺母由上向下拧紧，通过压钩子下压棒子时，在Dick钉上产生向上提拉力，就把滑脱的L5柱体后提拉。通过联合这两个复位的力量，终于把腰5从滑脱的地方旋转并向后移复位。我成功地做了5度滑脱的腰5椎体一期复位固定手术，这个病人的资料我发表在《脊柱外科新手术》一书中。

右2为沈永训院长和夫人

在高雄我结识了我的老朋友沈永训院长，他也是很热心两岸交流的一位学者，他经常到大陆来参加学术会议，介绍他们办医院和学术上的一些经验，我们成为了好朋友。在高雄报告会以后，陈教授说："叶教授，我给您安排从高雄经台南然后再回台北，让您游览

和沈文哲教授

一下。”于是，在高雄时，由沈院长的公子沈文哲教授陪同我游览了高雄，领略了高雄风光。图为在海洋奇珍园（为蒋介石当年反攻大陆的地下指挥所改建）前合影，之后又把我送到台南。在台南，陈博光教授也安排了成功大学医学院的林瑞模教授接待我，参观了成功大学医学院，游览了台南，历史古城，风物幽幽，参观了一天以后我又回到了台北。

参观成功大学医学院

在台北参加骨科新进展的一个专题会议（Update of Orthopaedics）

来台湾已经五六天了，陈教授安排我在台北游览了许多的名胜古迹。正当我在打点行装，准备要回大陆的时候，陈教授过来找我说：“叶教授能不能晚走几天？我们在周六有一个骨科新进展的专题会议，我非常希望您能参加会议，并作个报告。”我说：“批准台湾逗留的时间已经到了。”他说没问题可以帮我办理延期手续，我说：“不过我没有准备新进展的文章，我可以把我在大陆做的一些自认为新一点的东西，用几个幻灯片跟台湾的同道们

在台大医学院和陈教授合影

讨论吗?”他说可以。

和刘桂堂老教授在台湾合影

在开会的时候我就选了几方面：报告了我自行设计的 DRFS 钢板，他们很惊讶这一项很美妙的设计，用的器械那么少，复位效果那么好。我介绍了用协和环钻，从后路经椎弓根，切除脊柱的陈旧性骨折压迫脊髓致瘫骨片方法，治疗不完全截瘫的病例，效果很好，受到大家赞赏！介绍了我使用俄罗斯钢板，不植骨融合治疗生长中儿童脊柱侧弯方法，介绍了几个病例，他们非常感兴趣，说我们的工作很超前，都是有挑战性的问题。在会后用餐的时候，讨论很热烈，其中有两名我也不太认识的比较年轻的大夫说:“叶教授，今天您的报告虽然不是整篇文章，只是几张幻灯片，但展示出你们大陆做的工作，大大出乎我们的意料。前两年，曾经有个大陆的代表团来访问，他们跟我们介绍的还是第二次世界大战时期，用老钢板治疗脊柱骨折及创伤方面的东西。我当时觉得大陆的医疗水平怎么还那么落后啊？今天听了您的报告，我们才知道大陆骨科学术进展的真正水平。”

我先后参观了台大医院、荣总医院、长庚医院、博正医院、成功大学医院和慈济医院等，台湾骨科在各方面的进展很大，大多都和国际接轨。在医院的管理和健保方面也有很多可借鉴之处。我们敞开交流，毫无保留，互相取长补短，我先后在台湾作了 6 次学术演讲。陈博光教授还对我研制的 PRSS 赞誉有加，认为这是一项革命性的创举，就像对待他自己的发明创造一样，亲自撰文在英文杂志上介绍，又邀请我在 2010 年的 APOA 会议上做重点发言，帮助 PRSS 走向世界。这些行动已超出了学术上的友谊，令我感动。

结交台湾各路诸侯

从 1996 年以后，我先后六次访台湾，除了结识陈博光教授外，我陆续又认识和结交台湾各路诸侯（精英）。有荣总医院的罗惠熙老教授，在几次华裔骨科会议上，我们已初步认识，到了台湾以后

和罗教授在华裔骨科会上

他又几次邀请我们到台湾荣总医院参观。他性格豪爽，言语直率，热心为两岸医学交流奔波。

以后（1997 年）又应刘华昌教授的邀请，参加了在台湾举办的两岸学术交流会议。2003 年，参加在台湾举办的两岸学术交流会议，2005 年，参加 APOA 脊椎外科和小儿骨科联合会议。

我结识的台湾朋友越来越多，先后有荣总医院的脊柱外科主任刘建麟教授，长庚医院的施俊雄教授，陈文哲教授，许文蔚教授，还有就是在高雄时认识的我们的老朋友沈永训院长和他的公子沈文哲教授，成功大学医学院林瑞模教授，花莲慈济医院的陈英和教授，三军总医院已退休的梁柏铃教授（将军）还有吴兴盛教授，还有热心两岸交流的阳明大学的郑成功教授，是搞生物力学的，在我第一次访问台湾时，他就来介绍他是怎么样坚持在生物力学方面研究，在国际上已经有一定的地位了，做了很多的工作；还有著名的郭耿南教授、王国照教授，他也是肖增明教授的老师……我的朋友遍台湾，不胜枚举。

参观荣总医院时留影

和刘建麟教授

还让我很高兴的是，在我结识的朋友里面，客家人占了很大的比例，陈博光教授祖上是惠州的客家人，罗惠熙教授祖上是兴宁的客家人，刘华昌教授是焦岭的祖籍，梁柏铃教授是祖籍梅县的，客家人真是人才济济啊。有一次我在台大礼堂演讲后，有一个比我年长的老先生走到我身边说："我听你的口音是梅县的，我也是梅县的，叫叶冠生，当年叶剑英元帅上学的时候就住在我们家。"彼此觉得很亲切，他一定要请我吃饭，去参观了台北的客家会馆，同时还邀请了一大批的客家精英，吃的是客家饭。会上好多艺术家、书法家、画家，展示许多到大陆访问的照片，让我倍感亲切。在台湾我最大的感受就是无处不在的浓浓的人情味！

大陆代表团参观荣总医院

和刘华昌教授及夫人

大陆代表团和台大医院刘桂堂老教授留影

和陈教授在欢迎标牌前

协和医院骨科代表在台大医院

和刘建麟教授

和陈文哲教授

和林瑞模教授

和陈英和教授

和吴兴盛教授（前排中）

和郑成功教授

和郭耿南教授和夫人

和王国照教授

在台北的客家会馆留影，右 2 为叶冠生先生

患难见真情，地震、风灾搏斗中喷涌出来的民族真情

一湾碧水，隔不断华夏血脉；一场天灾，让我们心手相连……我们不止一次听到过世界各地震灾、风灾消息，哪一次也比不上听到发生在两岸的灾情时，那样牵动两岸亿万人的心，这不正是同根亲缘，永远也无法改变的真情流露！

台湾1999年9.21大地震的消息传到了北京，我们都感到非常震惊。我们一些去过台湾的内地教授，都纷纷拿起电话拨给我们在台湾的老朋友们。我先后给陈博光教授、罗惠熙教授、刘华昌教授等打长途电话联系。几经周折终于和刘华昌教授联系上了，他告诉我们请转告北京的朋友们“我们大家都很好！你们认识的这些台湾的教授们也都很好，谢谢北京的朋友们！”听到这么说，我们心中的石头此时才算落地，从刘教授的来电中我们获悉，这次台湾9.21大地震主要在阿里山一带，对台北的影响不是很大。

2008年，四川5·12地震，台湾各家电视台不断播出屋垮路塌，大陆人民在抗震救灾的画面。受难者的不幸和痛苦，坐在电视机前面的台湾人民和大陆人民，凡是中国人，无不一样感同身受！电视、电台几乎是24小时连续播报，有些灾情报了再报，有些画面播了又播，但大家的视线还是不舍离开，因为感动依旧。这次震灾消息披露后，台湾的捐款和募款，在各地默默进行。企业界、宗教界、一般的老百姓，经由不同的渠道自发地捐款，电视台先后以晚会形式，发起募款，短短几小时里，募得款项都以“亿”计。晚会主持者都是台湾著名艺术家，他们不但不收酬劳，个人还慷慨解囊。有好几位歌星一边演唱一边流泪，甚至激动得数度中断。这是真情的流露，台湾人民和大陆人民血浓于水的民族情感，显露无遗。台湾人民以及全球华人和大陆13亿人同呼吸，心连心，那些承载着爱心的台币、食物、药物，温暖的不仅是灾区人民的心，更是大陆同胞的心。因政治缘故遭压抑的民族情感喷涌了出来，台湾某位电视名嘴说得好：“这时候还分什么蓝绿，大家的血都是红色的！”

2009年“莫拉克”台风使台湾遭受了50年来最严重的水灾。灾情牵动两岸同胞。在大陆，一篇题为《捐助台湾：水灾无情人有情，我们都是中国人》的文章，成为大陆各大门户网站点击率最高的“热帖”。各大网站都呼吁捐款，援助台湾灾民。从官方到民间，天南地北的普通人通过各种方式向海峡对岸传递着浓浓的手足情、同胞爱。人们用慷慨解囊，表达着对台湾同胞的深切关心。这些汇集着爱心和爱意的善款，跨海而去，把爱速递到台湾，希望能为他们在风雨中撑起一把伞，在哭泣里传递一点力量和温暖。

“我是个打工妹，刚在网吧看到手机发信息可以捐款，我发了5条，捐了10元，我工资很低，不要笑话我。”8月14日，台湾举办的“把爱传出去——88赈灾募款晚会”上，当主持人念出这一条来自凤凰网的留言时，霎时间现场一片寂静，大家无不为之动容。这句淳朴的话，这样温暖人心的话，通过台湾八大电视台的转播，让当时观看赈灾晚会的台湾民众深受感动。骨肉亲情哪里体现？关键时刻、危难时刻见真情。这是几千年传承下来的伟大的中华民族精神，绝不是几个政客搞“去中国化”所能改变的。

台湾的服务业的诚信和服务是一流的。台湾的无限风光、同胞的笑脸迎人，让很多大陆游客念念不忘。台湾的服务业的诚信和服务是一流的，比美国和香港都好，值得大陆服务业学习。台湾同胞很会经商，他们知道怎样有礼有节地把别人的钱赚进自己的腰包，真是经商有道。所见之处几乎没有强买强卖和卖假货的事情发生，商业道德良好。作为旅行者来说，出门在外讲究的一是安全感，二是舒适感，三是快乐感，这三点的基本点都来自于诚信和服务。他（她）们把诚信与服务融于礼仪之中，彬彬有礼，待人亲和，以礼待人而绝不以“理”相争。

客家人在台湾占到了很大的比例，有一次我们在地铁里，突然，我听到广播里有一个很熟悉的声音一晃而逝，我就盯着下一次播音员报站。原来他们报站的时候先用普通话，然后用台湾本土的闽南话，再后，是我的老家话——客家话，最后是英文。从这里也可以看到他们的服务还是周到的。

每次买东西，店主都会很客气地说谢谢，有一些店，还摆放小糖果或美食样品，供客人免费品尝。这里做美食的人都有一种特殊的情结，认真对待每一份食物，力求精致，也会特别重视食客的评价，无不让人感受到其中的用心和整个的感情。

两岸距离事实上是非常近的，尤其是中国加入世贸组织以来，中国与世界的联系更为广泛，参与世界经济活动的能力不断增强。30年来经济体制改革极大地促进了社会生产力的发展。改革开放以来，中国的经济增长速度远高于同期世界经济的平均增长水平，综合国力不断增强。所以未来台湾和大陆若能连接在一起，势必会成为全世界最好的一个发展的地方。

环保的宝岛

台湾的植被保护得非常完好，看不到人为的毁坏，到处郁郁葱葱，山清水秀，让人感觉到原生态的气息。

上一次我们在南投县看到“9·21”大地震留下的山体滑坡有裸露的痕迹，两年后再去时就看不到毁坏的痕迹了。旅游景点也规划保护得很好，没有私搭乱建，街道绿化也是花园式的。街道上虽然难觅垃圾桶的踪影，但路边甚至是小吃摊前，都鲜有垃圾出现，可见垃圾自理的意识在这里已经深入人心。高雄市原是工业污染最严重的地方，这次我们看到现在全市有污染的工业项目都基本得到了治理或关闭。爱河清澈无味，环境卫生整洁而有特色。我们一路上从南到北，从东到西所到之处几乎看不到在地上乱堆杂物和垃圾的，没有看到随地吐痰和乱扔东西现象。台北垃圾分类处理技术先进，北投垃圾焚化厂是台北垃圾焚化量最大的工厂之一，拥有现代化设施及汽电共生设备以回收能源。上海市市长韩正参观后表示，看了北投垃圾焚化厂很有启发，上海在这方面可以借鉴。

台湾风情

1996年，我的第一次台湾之行，虽只有短短的9天行程，不啻是惊鸿一瞥。然而所见所闻，却让我终生难忘，宝岛情思就像珍珠项链一样，留下一串难忘的记忆和不尽的思考……吸引着我一次又一次访问台湾的欲望。现在我访问台湾已经6次了，每次都有新的感觉。到宝岛繁华的城市台北，这里车水马龙，行色匆匆。驻足细看，台北不如上海繁华，不及北京宏伟端庄，甚至没有深圳那么多的高楼大厦，但徜徉在台北的大街小巷，常会有一种时空交错的幻觉。传统与时尚相互包容，雕梁画栋的庙宇与现代街道完美结合。从世界最高

台湾101大厦

的高楼之一的101大厦到国际级的中华艺术典藏，摩天大厦旁是老旧的平房民居，阳明山脚下的故宫博物院，丰富的藏品，涵盖着中国近七千年丰富的文化精粹，让人感到了祖国历史文化的瑰丽与深邃。所到之处，你都会被多样的文化特质吸引、感动，你会发现她独特的吸引力，这就是台北的魅力所在，它让人安心、放松。

台湾故宫博物院留影

猫鼻头在南端垦丁，看巴士海峡海天一色，听太平洋惊涛拍岸，南海的大海咆哮，胸襟豁然开阔（巴士海峡位于中国台湾岛和菲律宾吕宋岛之间，是太平洋和南海的天然分界线）；鹅銮鼻，位于中央山脉尾端，园内有清朝建的白色灯塔，在日光辉映下熠熠生辉，分外分明；泛舟日月潭里，看碧波荡漾，灵魂为之净化；台南古城风物幽幽；高雄八景，风光旖旎；在阿里山上，仰视神木英姿，俯听丛林风涛，心灵为之震撼；置身太鲁阁峡谷，看奇峰矗立，怪石巍峨，峡

猫鼻头

鹅銮鼻的灯塔

大陆代表团在鹅銮鼻

谷幽溪，叹大自然造化之神奇；望高雄85大楼，登台北101大厦，又为人类伟力所折服；面对这一切，万千思绪心头涌，不尽感慨上笔端。

日月潭。日月潭是台湾的“天池”，卧伏在玉山和阿里山之间的山头上，湖岸面积7.73平方公里，湖周长35公里，平均水深40米。潭中有一小岛名珠仔屿，海拔745米。日月潭本来是两个单独的湖泊，在日伪时代，因为发电需要，在下游筑坝，水位上升，两湖就连为一体了。潭中有一个小岛，以此岛为界，北半湖形如一轮圆日，南半湖则状如上弦之月，因名日月潭。现在你需要导游指点，方能领悟。日月潭之美，在于环湖山峦重叠，潭东的大山高逾两千公尺，朝霞暮霭，山峰倒影，风光旖旎。潭北山腰有一座文武庙，自庙前远眺，潭内景色，尽收眼底。南面青龙山，地势险峻，山麓中有几座寺庙，其中玄奘寺供奉唐代高僧唐玄奘的灵骨。山麓下有

夫人和黄千在日月潭

日月潭畔

个阿婆在卖美味茶叶蛋，生意火红。湖面辽阔，潭水清澈、澄碧，湖中有天然小岛浮现，宛若明珠，形成“青山拥碧水，明潭抱绿珠”的美丽景观。清人曾作霖说它是“山中有水水中山，山自凌空水自闲”；陈书游湖时说“但觉水环山以外，居然山在水之中”。300 年来，

泛舟日月潭中

日月潭就凭着这万山丛中的景色，一年四季不同，晨昏有别，成为台湾八景中的佳丽。夏季清凉宜人，（七月）平均气温，不高于摄氏二十二度，为避暑胜地。东南的邵族居民聚落，有专供旅客观赏的民族歌舞表演。那天，我一时兴来，竟然轻扭腰肢，踩着鼓点与之共舞，

和邵族姑娘共舞

别具一番情趣。泛舟游湖，在粼粼的波涛上，在轻纱般的薄雾中飘来荡去，优雅宁静，令人心醉。

阿里山。阿里山素有台湾“森林宝库”之称。在海拔 2000 多米的阿里山森林公园，面积约 1400 公顷。走进园区，就看到了高挺入云的桧

左起杨旭、高娜、王以朋、杨新宇在日月潭上

树、铁杉等，它们都是那样的高大、粗壮，彰显出站在它面前的人们的矮小和单薄。浓密的森林掩映着奇岩、鲜花、湖泊和瀑布，给人一种多姿多彩的享受。在高耸入云的大树下，还可以看见很多的古树残根，形成各式各样的有趣的图案。有个树根非常像野猪从树林窜出来，

阿里山猪形根雕

惟妙惟肖的猪鼻子猪头，引起大家的兴趣纷纷过去拍照留念。还有一个古树“根雕”，形成一个象征爱情的“心形”的图案，寓有永结同心之意，引来一队队年老的、年轻的夫妻纷纷与它合影留念。有些古树是树上生树，盘根错节，一树三代，大家也希望自己的家族繁衍生

永结同心

息、人丁兴旺、合家团圆，所以为求这个意义，都与之合影留念。

和苗华教授、徐石鹏教授

最有趣的、吸引大家去的还是那些已有两三千年历史的高大粗壮的大树，当地人称之为“阿里山神木”。大家纷纷到那里去合影留念，以求永葆青春，健康长寿。从树缝和叶隙间穿透过来的阳

光，照得地表忽明忽暗、影影绰绰。行走林间，呼吸着山野的潮润和芳香，欣赏着山花的烂漫和娇美，令人心旷神怡。不时还可近距离地看到机灵的小松鼠跳上跳下，充满了生命和谐的情趣。

阿里山神木前留影

明净而玲珑俊俏的姊妹湖，投下亭阁和绿树的影子，好一幅如画的景致。忽然间，从远处飘过来"高山青，涧水蓝，阿里山的姑娘美如水，阿里山的少年壮如山……"的歌声，脍炙人口的歌词，悠扬的旋律，在大陆时我们听过和唱过不知道多少次，但哪一次都不如这次置身在阿里山中听到的那么亲切，有一种美的升华感。我们也随之放声唱了起来，将心中对台湾同胞的情感、祝福和歌声一同融进了这片苍茫的丛林中……

淡水风光。淡水是一个充满历史风情的小镇。早在1858年就开港通商。今日的淡水镇，商旅船舶的热络景象虽已不再，但走在淡水街道上，一座座红色的陈年洋楼，闽式、日式的旧建筑，仿佛都在诉说着小镇的悠悠往事——从300多年前西班牙人进占，后来荷兰人入侵，清朝的统治，到日占年代的一段段历史旧事。游览淡

在阿里山姐妹湖畔留影

水，不妨步行走走淡水的老街，欣赏悠悠的小镇风光。老街上零星可见一些保留有旧建筑趣味的屋舍，加上古董文物、艺术品店林立，更显其古朴风味。老街的街道特别狭窄，老店铺门前就是马路，没有骑楼，非常独特。老店铺里摆满各种当地特产美食，我们每人都大肆采购这里的各种土特产，像凤梨酥、麻薯、铁蛋、花生牛轧糖等，大包小包拿回送给亲朋好友。除了码头之外，沿河筑有河堤公园，在堤岸上还有一些雕塑，衬托着这美丽的湖光山色。可能与我们是做脊柱外科的有关系，上次和林进走到这河堤上时，一眼就被一个弯着背的雕塑吸引住了，它的背部雕出一个大口子，活像脊柱外科手术的背部的正中切口，我们赶紧跑过去与这幅雕塑合了个影。最近这次去台湾，钟生才主任也是一眼就看见了那个背部正中裂开一个口子的雕塑，我们又被吸引到跟前去拍了合影留念。水岸边还有很多很多的小饭店，专做海产风味的饭食。上次，我和王以朋、林进等在那里吃了一些烤鱼、牡蛎、鱿鱼等，美味可口，价格也很便宜。淡水新景还有木栈道、渔人码头、北县鱼市和跨港大桥。

淡水街头

和钟生才主任在脊柱背正中切口雕塑前留影

游客可以从淡水码头坐船到渔人码头去观光那里的木栈道、渔人码头、北县鱼市和跨港大桥等新景点。木栈道位处淡水河出海

渔人码头跨港大桥

口，往海延伸，成为欣赏淡水黄昏的最佳所在。所谓的渔人码头是渔港的一个街区，有餐饮、酒吧、表演、商店等。跨港大桥属于白色风帆造型的斜张桥，以翩翩的优姿，展臂衔接渔港两岸，并接连木栈道与观光鱼市，游人可在白天登桥观赏海景、夕阳，入夜后还可观赏到五彩缤纷的渔港夜景。河流和远山，更是赏心悦目的好风景。

淡水暮色也是许多到此一游的游人的一个美丽期待。一到傍晚，渡船码头边聚集着等待的人群，落日余晖映照水面，衬着渡船归人的远影，一片水光山色，令人流连忘返。

西门町和“哈日族”。由于西门町紧邻象征日本殖民统治的总督府，据说，当时每到下班时间，这里的百货商场、电影院、剧场、游乐场等都挤满了来消遣的日本殖民者。西门町的灯红酒绿，一直延续到台湾光复，这里变成台湾年轻人的寻乐园。台湾经几十年的日本殖民统治，为了割断台湾与大陆的关系，大量灌输日本的文化思想，影响了数代人，至今依然有后遗症，造就了台湾有一批民间“哈日族”和哈日政客。他们崇日媚日，吃东西，一定要吃日本料理，看一定要看日剧、日本电影、日文书籍，听音乐一定要听日本歌曲，日常用品一定都得要“made in Japan”，说话一定要加上几句日本话而面带自豪，话题一定要跟日本扯上边，逛街一定要逛日系的百货公司，带着一副不屑的神情傲视本土人。如果是普通人，你崇拜日货，喜欢日本歌曲，吃日本料理，说日本的好话，这是个人的选择，顶多你看不惯，转过头去不看就是了。但是让人厌恶的是那些哈日政客，他们就不一样了，他们吃着中国人民、台湾人民的饭，却背叛自己的民族——中华民族，其中一些人还把我们中国固有的领土钓鱼岛，说成是日本的领土。一些厚颜的哈日政客，还跑到日本的靖国神社去参拜那些双手沾满了中华民族同胞鲜血的刽子手，实在令人不齿。

骄阳西下的西门町，染着各色头发的青少年比比皆是，穿着怪异的年轻情侣在街头接吻，妙龄少女三五成群地站在街边，这里是灯红酒绿的台北著名娱乐街。一定要去品味一下西门町的美食，最吸引人的地方不是高档餐厅，而是随处可见的路边小吃店。据说，这里的美食店都有几百年历史，许多门面不起眼的小店往往是拥有上百年历史的正宗招牌店，如“老天禄”、“阿宗面线”、“美观园”、“鸭肉扁”、“谢谢鱿鱼羹”等都是著名特色小吃店。走进店内，不大的空间里挤满了顾客，每人都在爱不释手地啃着手中的卤味。

太鲁阁峡谷景观。我第一次访问游览太鲁阁是在2003年参加了台北的APOA会议以后。在会上我和花莲的陈英和院长一起做了关于脊柱后凸畸形外科治疗的报告，会后由陈博光教授安排我们去游览太鲁阁，并请陈英和院长接待我们。我们是坐火车过去的，我和王以朋大夫、林进、吴志宏、杨旭、高娜、李美霞等六人一同前往。

花莲太鲁阁

地处台湾东部花莲县的太鲁阁，以峡谷景观闻名。沿着立雾溪的峡谷风景线前行，触目所及皆是峭壁、断崖、峡谷、连绵曲折的山洞隧道等风光，游人无不赞叹造物者之鬼斧神工。在奔流不息的立雾溪长期雕琢下，太鲁阁峡谷岩壁和溪畔岩石上刻绘出许多美丽的图案，有的呈人形侧脸，有的如鲤鱼飞跃，甚具特色。燕子口和九曲洞，是太鲁阁峡谷最让人心动的自然奇观，也是峡谷最窄的两段。临溪侧辟有人行步道供游客漫步欣赏。太鲁阁除了它险峻的风光以外，还值得参观就是蒋经国当年带着几十万国民党老兵在根本就无立足之地的台湾东边的悬崖峭壁上，用钢钎等原始的工具和炸药，硬生生开辟出一条很险峻的公路，有很多老兵就牺牲在这修公路的工程中，所以为他们在半山腰修了座庙。

悬崖上凿出的公路

第一次去的时候我们玩了半天多，游览的地方要比第二次去时玩的多得多。一路欣赏峡谷风光的时

协和医院代表和香港张文智教授在 APOA 会上

候，我们选择太鲁阁国家公园管理站附近的登山健行步道，深入游览，一直跑到山顶上。在山窝里还有少数民族的村落、小卖店，还有当年宋美龄在那里做礼拜的教堂。

台南，古城幽幽，在那里结识了林瑞模教授。在高雄参观完了以后，沈永训院长派车子把我送到台南。陈博光教授已经安排好了由台南成功大学医学院的骨科主任林瑞模教授接待我，带我参观医院和他们的手术。他们的手术室还是比较现代化的，像我们手术现

太鲁阁山上的原住民村落

在使用的监护录像，他们医院当时就有了，在办公室一边聊一边还可以看到手术的过程，林瑞模大夫还派人用车子带我去游览台南地区的风景名胜。台南旧名赤嵌，是台湾第四大城市。它是著名的历史古城，明清时为台湾首府，至今仍保留着众多的文物古迹，有“五步一神”，“三步一庙”之喻。在现代化的脚步中，在台南古都呈现新旧杂陈的都市景观；明、清官宅，庙宇，传统闽式民宅，西式建筑风格，夹杂在崭新而高大的现代楼宇之中，于是在水泥丛林中踏访古迹，便成为寻访台南府城最深刻的印象。昔日的行政中心赤嵌楼，全台首学孔庙、延平郡王祠等历史古迹都分布于此。我在这里看见了延平王民族英雄郑成功等在台湾打败了荷兰侵略者及建设台湾的展览。我在庙前留影，对这位民族英雄表示无限的崇敬，了却了我在幼年时代就想参拜这位民族英雄的夙愿。成功大学就在这东区市里，是文教重镇；西区一带车水马

在郑成功像前留影

龙，商铺林立。台湾发祥地西郊安平地区，此时虽已退出历史舞台，但安平老街、旧聚落、古堡、炮台、行商洋楼、渔港，依然散发着幽幽古意。久负盛名的台南市小吃都是由历史悠久的老店生产的，品种繁多：担仔面、肉粽、棺材板、台式喜饼、香肠……林林总总，不胜枚举。

高雄行

高雄市地处嘉南平原与屏东平原之间，面临台湾海峡南口，这里全年长夏无冬，一派热带风光，是一座美丽的海港城市。高雄主要旅游景点：澄清湖、爱河、莲池潭、西子湾、春秋阁、高雄孔庙和六龟彩蝶谷等，全区风光旖旎，适宜欣赏湖光水色。台湾最大的佛寺——佛光山、旗后灯塔、旗后炮台、前清打狗英国领事馆、雄镇北门等，都是历史久远的文物古迹，很值得一游。1996 年，我第一次来高雄时，还没有那么多高楼，老街市区街道还是比较残旧。高雄市原是工业污染比较严重的地方，高楼不多，恰似大陆南方一个中等城市。记得当时去参观了蒋介石的地下指挥所，其余印象不深。沈永训院长的博正医院在一条不大的街边上，是一所办得有声有色的私立医院。

延平郡王祠

英国领事馆

这次我们看到现在全市高楼鳞次栉比，街道纵横，新建有高雄 85 大楼，为高雄第一高楼。也看到现在全岛有污染的所有工业项目都基本得到了治理或关闭。爱河清澈无味，环境卫生整洁而有特色。我们还去逛了六合夜市，规模很大，夜幕降临，游客、白领们都聚集到夜市来，吃点小吃、喝点啤酒，缓解一天的疲劳和压力。这儿就像一个大厨房，可以尝到全国各地的美味小吃：担仔面、蚵仔煎、珍珠奶茶……只有你想不到，没有你吃不到的。夜市的另一个好玩之处则在于“逛”，衣服、首饰、鞋子、皮包等应有尽有，琳琅满目。我在这里买到一套修理脚的磨刀。

爱河畔

2010 年 11 月 12 日应博正医院沈永训院长和夫人邀请，到博正医院参观。医院比以前扩大了，门口修了绿化花园，现代化多了，而且除脊柱外科还保留 60 张床外，其余已转型康复和智障儿童训练治疗，做了目前大医院力所不能及的事，我们很赞赏他们对病人的爱心。沈永训院长和夫人带领我参观了他们的病房和手术室，以台菜盛宴我们。

下午我们顺便去游览了西子湾海滩，岸边风景秀丽，海水蔚

参观沈永训院长的博正医院

蓝，波涛不大。高大挺拔的椰林，使西子湾充满热带风光。北面半屏山拔地而起，与水波粼粼的莲池潭，组成高雄又一著名风景区。莲池潭上夏日是莲花覆盖，菱角满地，秀丽的半屏山倒映池中，岸

参观博正医院，中为沈院长

龙虎双塔

边杨柳丝丝，衬以亭亭玉立的春秋阁，既有湖光塔影，山水之秀，又有纯朴的田园之美。新建的启明堂、五里亭、龙虎塔、孔庙等使这里最早的建筑春秋阁相形见绌。莲池潭的名胜古迹众多，孔庙就是仿宋代孔庙和曲阜孔庙而修建的，富丽堂皇、巍峨壮观。启明堂

则是一座典型宫殿式建筑，雕梁画栋、古色古香，里面供奉着孔夫子、关公、岳飞、郑成功等文武圣人，中华文化特色很浓。

启明堂

台湾学术风气

台湾学术风气较浓，主治医生以上医生，都能进行英语交流，经常举行国际学术交流。这次我们就是去参加 APOA 会议，我在会上进行了专题演讲。台湾的学术论文质量近年显著提升，去年发表篇数达 24 305

如今两岸文化交流日渐增多

篇，居全球第 16 名，论文被引用次数也进步到 19 名。

误解在海峡两边同样存在

长期以来台湾和大陆信息的相互封锁，两岸之间的交流太少，台湾同胞对大陆和大陆人民对台湾彼此都存在误解，也因此闹出不少笑话。

奥运会前，台湾居然有 40% 的人不知道北京要举办奥运会了，他们只知道大陆这些年经济发展很快，却不知道快到什么样子，有哪些具体的改变。都到 20 世纪 90 年代中期了，还有一个台湾朋友看到我名片上的电话号码，问我大陆家里也有电话？真让人哭笑不得！许多台湾民众对大陆的认识还停留在30年前，以为大陆还是原来那个穷困、落后的地方。台湾媒体的节目涉及大陆的评论也都不怎么友好。实事求是地讲，海峡两岸不仅在一些重大政治问题存有分歧，而且在很多具体问题上也存在诸多分歧。民众的生活方式和思考模式与大陆迥然不同，在台湾期间，接触的台胞非常广泛，涉及的话题自然也就免不了统一与“台独”，民主、和平与“战争”的问题。

“台独”与统一。前几年从媒体上看到民进党就“统独”问题，一会儿要“全民公决”，一会儿又要“法理独立”，明知搞不成，也仍在刻意制造与中国大陆疏远的方面，极力想成为另外一个国家，以陈水扁为代表的一批人正是怀着这种“理想”的“台独分子”。“台独”势力中，也不乏媚日者和仇共者。“台独”势力愚弄和操纵民意，恨之所及，中国与中国文化一并遭到他们的涂黑与“讨伐”。民进党当局摸透了台湾社会的现状，借民主选举的时机，利用台湾民众喜好安定，害怕社会制度改变的心理特征，大力宣传大陆政治模式的“阴暗”，制造悲情，煽动民众，以统一的“害处”恐吓民众，从而形成部分人畸形的社会认识。

20世纪90年代初，大陆的经济发展刚刚起步，经济实力不够强大，台湾的经济生活好于大陆，搞“台独”的一些人就煽动民众说，统一以后大陆的几亿人到台湾来分我们东西，统一以后的生活水平会受到很大的影响，使台湾民众产生统一后生活水平会受到影响的顾虑。有一个教授曾经很认真地对我讲：“叶教授，您在北京生活比较好，如果青海、甘肃的边疆地区那边两三个穷亲戚来您家住住，您心里怎么想?”我想这个问题也不无道理，他这样问可以理解，因为问题是客观存在的，改革开放以前，两岸的生活水平就是不一样嘛！但是，才几年，随着大陆经济的持续发展，大陆方面继续朝着好的和积极的方向变化，尤其是人民生活水平的提高和综合国力的增强，怕统一以后他们生活水平受到影响的问题，随着时间的推移消失了，再这样煽动就没有市场了。通过两岸这几年多方面的交流，我亲自体会到台湾医学界的教授们看法的变化，他们看见大陆的经济发展确实是很惊人的，不得不承认大陆的经济发展的确太厉害。他们每次到北京来，看到这座城市面貌都在改变，体会

右一为 Gaines，中为 Kokubun

很深。所以，实现祖国完全统一，最根本的还是在于我们自己的力量，在于我们经济实力和综合国力的提高，提高我们的国际地位，就会大大缩短两岸国民收入和生活水平的差距，台湾民众担心统一后生活水平会受到影响的顾虑就会逐渐减轻。唯有如此，祖国大陆对台湾民众的吸引力才会逐渐增强，进而反对“台独”的人才会越来越多。反对“台独”的人越多，就越有利于两岸的融合和未来海峡两岸的统一。

目前，90%以上的台湾民众，都主张维持现状。主张立即独立的，与主张立即统一的，都是非常少数的人。我不是政治家，我支持统一反对分裂，是因为我不希望台湾又成为被列强从中国割出去的一块肉，做帝国主义在太平洋上侵略中华大地的一艘不沉的航空母舰。有一次在台北的宴会上，一位来自美国的教授 Robert Gaines，问我和陈博光教授:“你们对于两岸统一怎么想?”陈博光教授笑了笑说:“这个问题您请教叶教授。”Gaines 转向我说:“如何?”我说:“我希望陈博光教授永远是我的兄弟，而不像你一样是我的外宾。”他哈哈一笑点头。我希望两岸的领导人能够多做善事和实事，相互帮助，把两岸的经济更快更好地发展起来，两岸的政策和制度更符合民众的心愿，做统一大业前进车轮的润滑剂。我祝愿两岸在政治经济都发展到都没什么差别时刻，大家会自然地高兴地走到一起。我希望不要太久。一万年太久，只争朝夕，这是我的心愿。

台湾的“民主”。民主问题是我们也经常讨论，而难以统一的一大难题。既然要交流，那就要讲真话，他们就跟我讲："我们和你们大陆的教授相处得像兄弟一样，交流起来没有什么障碍，但是我们就是无法接受像共产党这样一个专制的统治。"我说我们叫"民主集中制啊！"但是他们不是那么太容易理解，这也是因为长时间两岸民众生活、思考模式不一样所造成的，是可以理解的。再加上大陆多年来，在各个阶段的一些运动里的一些政策上的过火行动，伤害了许多人的感情，不光是外面的人看着害怕，我们自己不也是深有同感嘛！为什么我们大陆的人们就能慢慢把这些不良东西淡忘了呢，因为我们生活在大陆，能天天看见怎样在纠偏，和一天天在进步的过程，可是台湾的一些媒体只报道大陆一些负面的新闻，那些改进的、好转的就不报道了，所以他们看见的都是不好的一面，很难接受。但是后来通过台商的来，台湾的学生到内地来上学，各界人士像我们医学界的教授们一样，不断地来往和交流，看见我们内地的老百姓生活得还是比较幸福自由的，看见我们也可以谈论政治问题，也可以批评国家、政府一些不当的做法，他们也承认大陆取得可以看见的一些进步。我想随着两岸的经济、文化包括政策的进步、成熟，到了两岸都没有什么差别时，总有一天会自然而然就统一了。

我觉得有些东西要换位思考，他们在外边，对于大陆一些政策的改变、纠正、成熟的方面他们体会不到，不像我们在大陆能够感觉得到，有些想法是正常的，所以应耐心等待。从我们自身来说，希望我们大陆政府的领导，各级官员应该想办法，扎扎实实的多做实事，多做有利于人民的事，抓住民心，大家都很高兴，心顺了，自然就会意见一致了。

还有一点就是他们过去常标榜台湾是民主社会，台湾人民可以拉选票，一人一票，在立法院里可以相互打骂，是美国式民主，而大陆不是选出来的，我们是人民代表大会制，这跟他们台湾不一样，他们说我们不够民主。关于民主，前几年他们谈得比较多，非常自豪，引以为荣（但是我觉得这几年下来，我也发现他们也发生一些改变）。听到这样的话，我就笑笑说："是啊，你们可以选举，美国也一直在这样捧你们的民主，但是我个人认为民主是一个很空洞的名词，一人一票并不是主要标志，民主是跟具体政党、政策结合在一起的。是不是真正民主，要看能不能为国计民生服务，给国家带来团结、进步，给经济带来发展，给人民带来好处。这些东西要结合起来，这是我看世界民主的标准。如果你这个民主能符合这个标准，才能说是真正的民主”。关于一人一票的民主选举，这样就能反映你的意愿吗？现在的美国是两党制的民主，我觉得不见得就是好的，一样也要受到限制。比如哪个大公司大老板捐的钱多，你就得给他回报，在制定一些政策时也一样要受到政客们的经济后台老板的操纵，是否真正体现老百姓的需要？老百姓的民主？我看是相对而言的。陈水扁当局八年执政就是一个例子，他一味进行政治斗争，忽视社会民生，而且弊端丛生，造成台湾经济停滞，大量理性的选民已对此更加失望，这几年下来的所作所为，让台湾人民对此教训深刻，上台前他愚弄和操纵民意，鼓吹独立建国，美其名曰是为了爱台湾，爱台湾老百姓，操纵愚弄人们给他投票，让人们相信他，跟着他们干，结果他上台了，就搞他的一套东西，都是为着他们的政治利益了，哪里还顾你一般人的死活。把台湾经济搞得一塌糊涂，暗地里自己却把钱都捞到他的口袋里，存到了外国银行去，导致最后他自己身陷囹圄。选票确实能让一些政客不得不要争取选民的好印象，在表面上不得不放下身段去扫街拜票，不敢在光天化日下为官嚣张，没有那么多禁之不绝的“我的爸爸是李刚”的恶劣现象，有一定的监督作用，但拿选票的人，一样会受政客的选举操弄：造谣、抹黑、贿赂等的影响。政客可以选前选后言行不一，已经很清楚了，这样，一人一票并不能保证真正的民主，难道不应该提高吗？美国现在很强大，法制较完整，有值得我们学习的地方，但它的民主不见得完全适合其他国家，君不见它在全世界那么多地方播种了所谓“民主”，好到哪里去了呢？阿富汗搞得一塌糊涂，伊拉克一样糟糕，让老百姓痛苦不堪。这样的民主没多大意思，难怪普京向美国喊话说，像伊拉克那样的民主我们不要。而现在的民主可以说已经被一些政客操纵了，高喊的口号只是为了掩盖他们见不得人的利益。

实现民主要一步步走，大陆有些东西也有它的优越性啊，尽管西方国家不承认。在这次美国的华尔街搞起来的全球经济风暴导致世界经济衰退时，中国之所以能最快克服问题，很快使经济走上正轨，不能不说是我们这样一种民主集中制度的操控手段，要强于美国这样的所谓民主国家。这些国家现在从世界经济发展看，不得不承认中国经济发展得快，在崛起，但一方面又中伤中国，就因为中国是共产党领导的，我不能认同你。实际上这次经济危机是美国的华尔街搞起来的，乱印钞票，让美国人超前享受，把代价都转嫁在我们身上，把自己的享受转嫁在世界人民的身上，让别人承受灾难，这叫什么民主啊？所以他们老压我们，要接受他们的一套。要接受了，中国不就完了，上当了嘛！不能重蹈苏联解体的覆辙。

两岸确实存在很多很多客观的问题，像认同感啊，一部分人不想“独”，但想完全“统一”的人现在也不多。大部分人都是想维持现状，我觉得应该尊重，两岸友好人士要多做善事，多做有利于共同进步的好事，相互帮助，让我们民族之间的感情越来越深厚融洽，到了彼此都能有以对方的灾难为痛苦，以对方的进步为幸福这样一种心态的时候，就是我们大同的时候了。要看到我们团结在一起确实有很大的好处。我个人是乐观主义者，总觉得在不远的将来，台湾和大陆就会没有什么差别了，就自然合在一起了，我们整个中华民族就强盛起来了。在两岸的灾情时，是那样牵动两岸亿万人的心，这是同根亲缘的真情流露！就是两岸人民最终将走在一起的坚强基础。

目前两岸各有所长，比如台湾在管理、科技转换成生产效益方面做得比大陆好，环保等也比我们好。大陆要好好学习一下，上海的韩正访问台湾的时候，看见台湾在分装垃圾和汽电共生设备以回收能源结合起来等环保方面做得很好，表示上海要借鉴，我觉得北京也应该派人去好好学习一下。

与江岷钦教授在台北

两岸要统一，还有许多的准备工作需要完善，第一个是两岸要不断地发展经济，发展生产，互相帮助，像现在一样成立一个经济互助机构，这样就很好嘛，将两岸的经济都能带动起来。第二个就是我们两岸彼此之间都要克服一些不足的地方。让老百姓不满意的隔阂逐渐消除。第三，还要有正确的舆论导引，台湾电视台的许多记者、名嘴，如儒雅的江岷钦教授、福态的黎建南先生，美女主持人尹乃菁、陈文茜等，他们纵论海峡两岸的政治，观点条理清晰、分析周密，一点不比一些政治人物差。我希望有更多的这样精英参与主导正确的舆论导向，减少政客操弄对人民的影响。

现在还有一个很大的问题就是什么模式的问题。现在动不动就是你矮化我了，我矮化你了，什么中央，地方啦。怎样才能让两岸都能心甘情愿，不存在分歧，这是对两边的领导人智慧的考验。除了老百姓多交流，互相帮助，建立兄弟一样的感情以外，我们两边的领导人也要克服一些形式上的、面子上的问题，尽量地满足两岸人民的要求，这确实需要智慧。我希望在我的有生之年，能够看到我们整个中华民族能共同为世界创造出一个民主、和谐与繁荣统一的模式。

推进祖国统一，客家人不能缺席

广东与台湾都是重要的客家人聚居地，广东有客家人 2000 多万，台湾有 400 多万客家人。新竹作为客家大县，客家人占全县总人口近 85%，客家风俗代代传承。台湾客家与广东客家同根同脉，同祖同宗，在血脉、语言、风俗习惯等方面一脉相承，与广东客家人一起创造了璀璨的客家文化。

黄华华在新竹县与客家同胞一起舂米

千年榕树共条根，天下客属一家亲。同为客家人的广东省省长黄华华和世界客属总会总会长、中

梅县客家人农村，春节期间，到处锣鼓喧天，热闹非凡。背景是作者老家老屋

国国民党荣誉主席吴伯雄曾一起来到台湾客家大县新竹县，出席“好客——台湾·广东周，新竹客家乡亲联谊”活动。与客家乡亲说客家话，聊客家情，唱客家山歌，做客家美食，共同感受两岸同胞特别是客家同胞血脉相连、血浓于水的情谊。客家人向来最讲国族观念，客家人为什么会从中原地区来到南方？因是不愿意接受异族的统治。从历史上看，客家人出过很多爱国志士。我们要继承和发扬客家人的优秀传统，团结海峡两岸的客家乡亲，共同推进祖国统一和民族复兴。

从协和医院到武警总医院

转移阵地

“子在川上曰，逝者如斯夫”，流年似水，岁月悠悠，人生如梦。走过童年的遐想、少年的梦幻，走过青年的激情，渡过中年的成熟，2004 年正当自己还在品味人生的酸甜时，人事处一纸通知：“叶教授请来办理一应退休手续。”瞬间我心头不禁微微一震。无限留恋地看着还带着我的手温的手术刀，我的心情就像我仍在驾驶着冲刺的风帆，还没有返航的心理准备，我和协和医院骨科亲爱的同事们还有着难舍的情缘，和协和医院手术室也还有着一时割舍不了的感情；突然间一切要偃旗息鼓，一切要收欲放弃，我激情难耐啊！我还有着无尽的追求与憧

在协和骨科留影

协和骨科留影

憬呐！我顿时感到人类最大的悲剧，是没有了继续工作的条件，懂事而不能做事。

正当我在感到迷茫之际，耳边好像听到孔圣人之声："叶大夫，道不行，乘桴浮于海。""向晚意不适，驱车登古原"，是啊！何不出去走走。走出协和医院大门，仰视碧空，白云悠悠，突然在云端里"嗖！嗖！"声中，一双又一双友谊的大手伸了下来："欢迎叶教授到我们这里来工作！"让我不胜感动。我随着其中一双大手的召唤，来到永定路69号的武警总医院，一下车，我的老朋友杨传铎主任迎上前来，高兴地握着我的手说："叶教授，我们早就盼望您来！您能来我们武警总医院骨科是我们的福分。"我笑着谢谢他的盛情，随着他来到院长和政委的办公室，只见王发强院长，秦友来政委，医务部郑静晨主任（现任院长），政治部李文红主任（现任政委），和张振胜副主任（现任政治部主任）

协和医院现任院领导，中为赵玉沛院长

和王院长（右），秦友来政委（左）

都等在那里，他们起身对我的到来表示欢迎。他们友好地说："叶教授，您在地方已经干了大半辈子了，到我们部队来，为我们的部队服务服务吧，我们欢迎您的到来，我们会为您创造条件，让您更好地工作下去，我们武警总医院需要您这样的人才"。王院长在会上委托李文红主任、郑静晨主任和张振胜副主任具体落实我到武警总医院骨科工作

和王发强院长（右），贾临波政委（左）

的一些安排，还一再叮嘱我，如果您还有什么要求，一起提出来，不要客气，我们能做到的，一定照办。他们这样热情，让我不胜感动。

和郑静晨院长（右）

到家中和太太商量，她很高兴武警总医院能如此支持我工作，表示支持我去。过了几日，王院长、秦政委、李主任又找我坐下来，双方谈了谈具体工作的设想。院长和政委说："我们医院和周围的几家部队医院比，较年轻，组建时间比较短，底子比较薄弱，您来了以后，我们不会要求您把我们的骨科搞得像协和、301 医院那样的高端，那是不可能的，但是我希望通过您的帮、带、教，使我们医院的骨科能够赶上驻京部队各个兵种总医院骨科的水平。"我初步提出了一些到医院工作的设想和要求，开展医疗工作需要添置的一些器械等，并提出就只当一般的专家请求，因为部队的规矩我不太懂。院长、政委说："叶教授，我了解您，我们请您来，就是

希望您能领导武警总医院的骨科，给您有职有权，您提到对科里工作的改进和业务水平该如何提高的设想，都是很好的，都是我们非常需要的，一定大力支持，我们要您当我们的骨科主任。”他们的诚恳令我再难以推辞。非常感谢院长、政委等领导的相识相知和厚爱有加的恩情，但向院长、政委等提出一个特别要求，就是我的老朋友杨传铎，他在武警总医院很多年了，上上下下都很熟悉，我很需要他，希望他还继续任骨科主任，直到他退休，让我们两人相互协助一起工作，一方面我可以向他学习，熟悉情况，我还提出，就是他到了退休年龄以后，还要继续留下来和我一起工作，我需要他的帮忙，院长、政委表示答应。就这样于2004年11月1日，我身披戎装，进入了武警总医院骨科开始工作。但我仍每星期一、四下午，回协和门诊工作半天，以完成我对协和的未了情。

和李文红政委

2004年起我身披武装开始在武警总院工作

武警总医院我感到既熟悉又陌生。王院长和我也是老朋友了，在来武警总医院之前的几年前，曾经应他的邀请给一位首长的老母亲做过人工股骨头置换术，当时王院长还任医务部主任，他跟我说“您当时的手术做得真快，可是，我当时的心情可能比你还紧张”，为什么呢，因为当时老太太70多岁了，身体弱、贫血、严重骨质疏松，手术时，见她的股骨皮质薄如纸，锉骨髓腔时，都不用锤子，锉刀一锉就进去了，手术只花了半个小时就做完了。这是我第一次结识王院长。他是将我引进武警总医院的主要人物。我觉得他有个主导思想是对的，他认为武警总医院的人才培养要两条腿走路，第一，一步一步扎实培养部队自己的人才，但这样速度较慢；第二，就是引进有特长的专家教授和前一种方法相结合，这样一来就能很快把武警总医院的水平提高到一个新的阶段、新的层次，在他这种思想的指导下，武警总医院先后引进了国内许多有特长的专家教授，像肝移植的沈中阳教授，眼眶肿瘤病很有成就的肖利华教授，口腔科的顾晓明教授，还有知名的肛肠科的金虎主任，胸外科的汪良骏教授，还有肿瘤科的许多专家，我的同学，原阜外医院放射科主任戴汝平教授也被请来一块工作，最近这两年又陆续有乳腺科专家黄汉源教授，过敏反应专家张宏誉教授，大血管外科专家管珩教授，皮肤科王家璧教授等退休后都纷纷应聘前来工作。

和杨传铎主任

杨传铎主任也是我的老朋友了。20多年前，208医院的门洪学主任对我说：“叶教授，你什么时候到我们医院来跟我们表演一下麻痹性脊柱侧弯的手术？小儿麻痹的治疗全身各部位问题，我们都会做了，但是对麻痹性脊柱侧弯治疗还存在一些问题，我希望您能来给我们演示一下。”在他的邀请下我就到208医院给他们做了一例小儿麻痹性脊柱侧弯的Galveston手术，跟我一起上台就是杨传铎大夫。后来他应聘当武警总医院骨科主任，到了以后当天晚上就打电话高兴地说：“叶教授，我向院长、政委报到之后就给你报到来了，以后您要多帮助我啊。”以后和杨主任有很多次的密切会诊合作，一起做了椎管狭窄，脊柱侧弯，表演我的DRFS脊柱滑脱钢板手术等，我到武警总医院以后，他又给我提供很多宝贵的意见，多方面

在208医院手术时和门洪学、刘广杰、吴奇常主任合影

协助我很快地把武警总医院的骨科组建成一个团结的有战斗力的集体。

武警总医院的骨科科室原有骨干都各有长处和较强能力，但也有积存的一些矛盾和彼此之间沟通不够的地方，我和他们敞开聊天，半开玩笑地说："本来杨主任退休以后，应在你们这些精英中选一位同志接班的，我来以后是不是对你们有影响啊？"他们大笑起来说："没这事，久闻叶教授大名，欢迎您来。"我跟大家讲："我这个岁数了，院里请我来是要我和大家一起努力，把我们的骨科的工作全面搞起来，对于权力我没什么兴趣，我是搞业务的人，不是搞行政的人，院里既然把重任委托给了我，就需要大家支持我，一起来把这项任务完成好，我希望在工作中，你们把长处都发挥出来。我欢迎在你们中间出排头兵，这主任工作我最多干两年，希望你们有人能把这项工作接下去，这是我最大的愿望。过去大家都各自有一套自己的管理方法，现在院里要我把大家力量集中起来做事，所以要建立一些集体的规章制度，可能今后大家工作起来不像以前自己各自管理时那么方便了，但是希望大家相信，我绝对不会为自己牟私利的，带动全科人员，把工作搞起来是我的此行目的，我先表个态，如果在一年以后，科室的经济效益得不到改善，技术上也不能提高，我马上自动退职。"我把一些新改进的规章制度拿出来，

武警总医院骨科的战斗集体

请大家提意见后，把大家的意见归纳进去，很快就把力量集中起来了，使得骨科的工作和许多新项目在武警总医院顺利地开展起来，很快追上其他各兵种总医院的步伐。我不是一个人在战斗！我有一个战斗的集体，在这里我要谢谢全科同志这几年来对我的支持和通力合作，才能把武警总医院的骨科提高到今日的水平，成绩得来不易啊！没有医院领导大力的支持，没有全科同志的协助和努力是达不到的。

我信守我的诺言，到武警总医院两年以后，我坚决请辞骨科主任一职，理由是我的年纪大了，武警总医院现在要走出去，需要有年富力强的同志来领导，这样有利于与院外同年龄的其他单位的骨科主任交流，有利于武警总医院的骨科进一步发展。我不再适合这样的工作了，我愿意留下来做专家和顾问。我衷心希望全体同志、各科室的新的主任，能够很好地发挥老同志们的作用，能够和退下来的老同志们亲密结合，和谐协作。“莫道昆明池水浅，观鱼胜过富春江”，这些老同志们的“池子里”还是存有很丰富的经验的，在一些问题上把好关，对于年轻同志意想不到的问题，出一些主意，能起到很好的启示作用，有着不可代替的作用。一个大科室如果新老交替以后，关系处理不好，对于科室发展是有很大影响的，这样的例子太多了。我非常赞赏郑静晨院长在全院大会上提出来的，要搞四世同堂，他敏锐地看到这个问题的重要性。我非常赞同他的观点。

我在武警总医院工作点滴

走过失落，进入平静，我到了武警总医院骨科，有了一个能施展自己才华的地方，我又重新鼓帆启程，载满了希望，去追求自己想要继续做的事。我决心发挥自己的潜能，做出一点成绩来，报效医院和病人对我的信任。我把在协和脊柱外科，人工关节，脊柱肿瘤，骶骨软化症等方面的工作，拿到武警总医院骨科继续进行。

1．脊柱外科工作迈上新台阶　武警总医院为了使我的脊柱外科的临床研究工作能够继续下去，给我拨了20万的科研经费，院方还专门将我研制发明的PRSS装置进行了特殊的招标会，引进武警总医院，给予大力度支持，使我的“治疗生长中儿童脊柱侧弯”等工作能继续进行下去。

我到武警总医院骨科工作以后，脊柱外科病人的收容量迅速增加，很多病人打听到我的消息，跟踪而至。武警总部、基层单位和总医院各科的许多家属患者，纷至沓来，使得病人数量急剧增加。面对这样的形势，如何把工作做好？脊柱外科的工作在武警总医院原来就有了一定的基础，我和大家一起切磋，从改进提高手术方法、手术技术，提高疗效入手，如减少手术的创伤，减少出血，使椎管狭窄减压得更彻底，打椎弓根钉更准确和提高胸腰椎前路手术技术等。每开展一个新的手术，都要和全科医护人员及手术室的同志们一起讨论，放我过去手术的录像带，让大家一块来了解手术进行的情况，手术中怎么来配合，以及建立术后相关的护理措施，做到每开展一项工作，都有所准备，并建立治疗矫正脊柱侧弯等脊柱外科手术的必须遵守的一些规则和护理措施，使手术质量、速度很快就上去了。

很快，麻醉科的大夫就发现我们骨科大夫做手术不但速度快了，输血也明显减少了，术后病人的效果也很快显现出来，合并症明显减少了。好的治疗效果又召来了很多的回头客。刚到武警总医院的确是非常累，以前在协和医院时，一周顶多做2、3台手术，到武警以后一周要做4、5台手术，最多时做过8台手术，有的时候两个手术同时开台，我两边兼顾着做。在这里我要感谢手术室的护士长李爱民、孙玲等，给予我的大力支持，同时还有以雷主任为首的麻醉科同志的大力支持。有很多的儿童脊柱侧弯，都伴有很重的心肺功能减退，给麻醉医生带来很大的工作压力，即便这样，他们也都是全力支持，使我们的手术能够顺利地开展。

人们都认为累了之后，体重会减轻，我却不瘦反胖，因为要上下午连着手术，所以在饮食上就没有严格的控制，吃了干，累了吃，再加上武警总医院的早餐又比较好，都是高蛋白的食品，吃得很多，又加上心情愉快，就这样体重渐渐地直线上升，这是一个“副作用”。到现在千方百计想让体重降下去，却是非常难了。但是我一直坚持利用休息的时间去游泳和健步走，保持了身体的健康，力量与协调性。使能胖而不蠢，手术速度和质量不减当年。

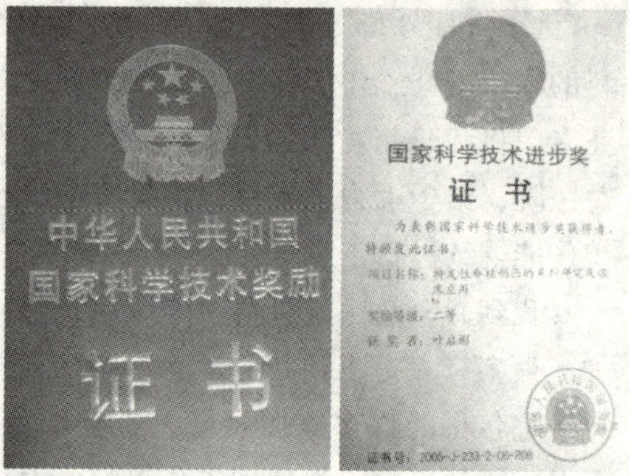

荣获2005年度国家二等奖

我在脊柱外科这几年，武警总医院做了500多例脊柱侧弯，其中130度以上的脊柱侧弯有50多例，严重脊柱侧弯合并有截瘫的有30多例，5岁以下早发的脊柱侧弯儿童（EOS）做了70多例。我们还完成PRSS矫正脊柱侧弯机理的光弹实验研究（与北工大合作），发表了有关脊柱侧弯的中英文论文十几篇。我们的成果和协和医院骨科一起申报获得了2005年度的国家科技进步奖二等奖。又带领着匡正达、张新宇、庞晓东、曹燕等同志完成总结了PRSS治疗生长中儿童脊柱侧弯的临床研究工作，发表了中英文论文，并且获得了2007年度的亚洲太平洋骨科协会

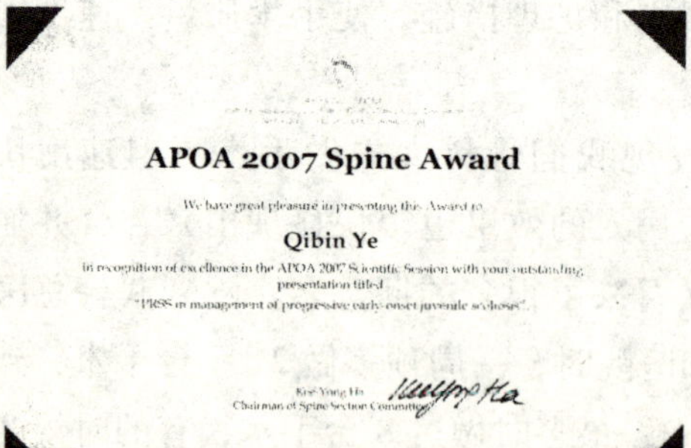
APOA 2007 Spine Award

We have great pleasure in presenting this Award to

Qibin Ye

in recognition of excellence in the APOA 2007 Scientific Session with your outstanding presentation titled

"PRSS in management of progressive early onset juvenile scoliosis"

Kee-Yong Ha
Chairman of Spine Section Committee

PRSS治疗生长中儿童侧弯获2007年度APOA大会奖

（APOA）的大会奖，每个人都有一个奖状。我还带着李禾等人完成了脊柱滑脱，脊柱骨折撑开复位矫正装置（DRFS）治疗机制的生物力学研究，是在301医院骨科研究所实验室的帮助下完成的。李禾等人将综合研究成果申报获得了2010年度的全军科技进步二等奖。

我们还和国外合作，首先在北京开展了治疗脊柱滑脱的Between手术，将要在C臂下吃X线半个多小时操作简化到只吃X线6秒钟；引进了韩国、德国的治疗脊柱滑脱、脊柱失稳的非融合技术的装置，汉森Yuan的人工椎间盘、人工髓核等手术。科里的研究工作也不是脊柱外科一枝独秀，张仲文医生和澳大利亚合作的自体软骨细胞移植的研究工作也一直在进行，并且取得了很大的进步。邢更彦主任的冲击波治疗无菌性股骨头坏死的临床研究工作也顺利地进行，并取得了好的成绩。我们大家在科研工作上互相支持，互相转病人，而不是互相拆台。团结合作得很愉快。

2. 人工关节手术日益提高和成熟　武警总医院在人工股骨头、人工髋关节方面，过去已做了很多工作，人工全膝关节表面置换工作则刚开始进行，病例比较少，我来了以后这方面的病人逐渐增多了。我们一起切磋，在髋关节的前关节囊的处理，如何掌握正确放置，在人工膝关节方面怎么做好解剖和截骨设计，减少创伤，减少术后的肿胀和获得满意的功能下工夫，所以，术后的功能明显地好转和提高。还一起建立了一套人工膝关节术后康复计划，让大家知道为病人做好术后康复指导的重要性。护士长带领着护士们按照我的要求，摸索出一套膝关节、胯关节术后的康复措施，术后的效果明显地显现出来了。我半开玩笑地跟他们说：评定一位合格的骨科大夫是500分，只会做手术，而不会康复的只能打一半，就是“二百五”，大家哈哈大笑起来。从医生到护士逐渐对术后康复重视起来，各种术后康复措施的建立，明显地提高保障了我们手术的质量。

3. 敞开了医院内外交流的大门　我到武警医院以后，建立了严格的术前讨论及病情较重的病人请各科室会诊制度。在我们这里有一些重的病人比如呼吸功能不好、心肺功能不好、糖尿病、营养不良等，骨科与相关科室的合作机会越来越多了，营养科、ICU、麻醉科、呼吸科、心脏外科。还有就是脊柱肿瘤方面的病人明显增加后，与肿瘤科建立了非常好的关系，共同参与术前、术后的治疗讨论。随着脊柱畸形、肿瘤病人的增多与医院医技科室的交往也频繁起来，CT室、磁共振室，请他们的支持也越来越多。非常感谢他们对我们的大力支持，我们合作得很愉快，合作很有成效，相互都得到了提高。一个科室要成熟，闭关自守是不行的，所以我们和院外的协和医院、301医院、人民医院、积水潭医院、东直门医院，还有我们周边其他兵种的总医院进行交流和协作，相互参加会议进行交流。请他们来我们这里手术演示，取长补短，共同提高。

在过去，武警总医院骨科和国外的交流比较少，我来以后先后邀请了2004年度的亚洲太平洋骨科协会（APOA）以马来西亚Sivaks教授（图中间者）为主席的一行14人的代表团，2007年的APOA主席韩国的moon教授（图右1），巴西圣保罗大学医学院的Iven教授、韩国广惠医院院长朴庆佑院长，美国的袁汉森教授，德国的，泰国的，日本的骨科、脊柱外科专家等进行学术科研讲座和手术交流。

越南武文坦教授（左）和Sivaks教授（右2）在武警总医院

韩国Moon教授在武警总医院

我们还跟加拿大合作引进他们治疗颈性眩晕、头疼的KKT项目及澳大利亚的自体细胞软骨移植研究项目。

我至今仍每年1~2次应邀到世界各地的国际学术会上进行学术演讲。我曾应美国圣地亚哥的著名教授Akbarnia邀请赴美，在他举办的《生长中儿童脊柱侧弯治疗》学习班上，进行学术讲座。Akbarnia教授是美国研究生长中儿童脊柱问题方面的著名专家，他把我研制发明的PRSS誉为“中国生长棒”。我还先后应邀到西班牙的马德里，美国、英国、日本、法国、马来西亚、泰国、印度、越南、澳大利亚等国家进行学术讲座交流，受到了国际同行们给予的较高的评价。

巴西圣保罗大学医院 Ivan 教授

我们与台湾地区各大医院特别是台大医院有着频繁而密切的交流，台大骨科主任陈博光教授多次应邀到武警总医院进行友好学术交流，对我们的工作提供了很多宝贵的意见和支持。特别点名索要我们在自体软骨细胞移植和脊柱方面的多篇论文稿件，推荐在亚洲的英文杂志上发表。

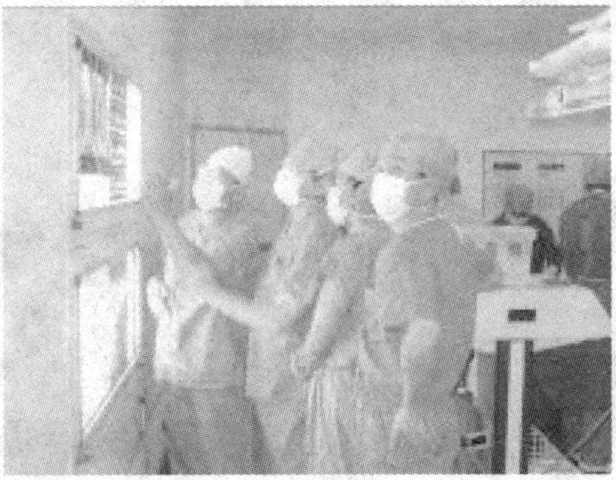

美国袁汉森教授在医院手术交流

国内外，院内外的交流给武警总医院的骨科带来了很多新鲜的空气，新的信息，对打开我们的眼界非常有利。

德国 Thomas 教授在武警总医院

一个篱笆三个桩，一个好汉三个帮。这几年把武警总医院的骨科提高到今日的水平，成绩得来不易啊！没有医院领导大力

医院领导接见加拿大 KKT 项目的中加成员

的支持，没有全科同志的协助和努力是达不到的，这是我心里话，只是我不善于言辞。不应把我的工作成绩全归功于我自己个人的智慧，而应归功于向我提供过不知多少次帮助的人们。成功了不能忘记帮过自己的人，在这里，

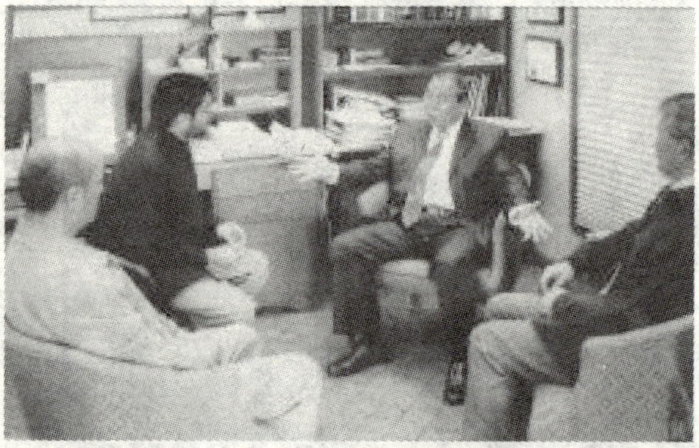

和 KKT 发明人探讨 KKT 治疗机制

我还要着重提一下，三位女士 6 年来对我在工作上进行帮助的功劳。三个女士一台戏，三位女士分别是护士长纪慧茹，我的秘书曹燕，高春华。

应 Akbarnia 教授邀请赴美讲学时留影

曹燕，我到武警总医院以后，院领导和护士长派曹燕做我的秘书，

她年轻，作风泼辣，办事很麻利，以她这样的性格作风，要在护理工作上可能会做出更多引人注意的贡献，可能早就立功受奖了，而做秘书是默默无闻的工作，要当配角，不能张扬，工作不显山不显水。人

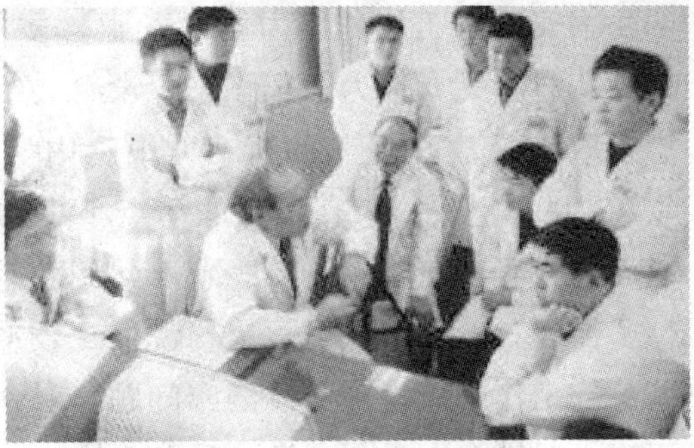

陈博光教授和我科医生进行交流

们看到科里的工作取得成绩时候，想到的是主任、医生和护士，很多人很难想到背后还有一位默默无闻工作的人——秘书。所以让曹燕这样一位性格比较外向的人做秘书，确实不是一件容易的事。6 年中，我看得出来，她在努力地完成领导交给她的工作。除了在生活上像照顾她的父母那样尽量照顾好

陈博光教授多次访问武警总医院

我以外，很努力学做秘书的工作，比如刚开始打字还不是很熟练，她就每天都练习打字，很快就适应了，速度也提高了。还学习一点英语，以接我从国外朋友那里来的电话，学习整理资料，建立文档，学习做我在国内外讲学用的 PPT（早期阶段高春华在这方面是帮了很多的忙的，不应该忘记），然而这些工作是不显眼的，不容易被人家看见的。所以说秘书的工作“只有疲劳和苦劳而没有功劳”。在我感谢全科同志 6 年来的支持、友爱时，还要特别感谢曹燕，多年来默默无闻地为我做的一些工作。就说我《漫漫从医路》这本小书吧，是由我口述，由曹燕打印整理成文字的，我说话的口音很重，在录音里听起来就更困难了，所以打字时，累得她常患腰肌劳损，贴膏药，没有她的辛勤的打印、整理，这本书可能出不来。

为领导和大主任们做秘书的，主任们退下来之前，都会为他们的秘书安排好工作，作为对他（她）多年来辛勤工作的一种慰藉。因为我自己无所作为，很无奈，没有为给我工作多年的秘书小曹同志争取一个立功受奖的机会，很感内疚。我只能在此说声“谢谢了”，并希望人们在表彰我的一点小小的成绩的时候，能够想到这里面包含着一份她的苦劳！曹燕年纪较轻，肯定会有一些缺点，如性子比较急，做事风风火火，说话比较冲，有时候为考虑到减轻我繁重的工作的负担和身体健康问题，对一些人的要求可能有时处理不当，对她会有一些意见，我在此替她表示歉意，请大家多多包涵。

护士长纪慧茹，美而慧，很能干。我刚到武警总医院工作的时候，开始，我最担心的是，一下子开展那么多脊柱、人工关节方面的手术，护理方面能否跟得上去？所以在每开展一项脊柱方面或者人工关节置换的手术前，我都会把全体医生护士叫到一起，放我过去的手术录像带，让大家知道术前该如何准备，术中怎么样配合及术后可能出现的合并症，及术后可能出现问题的处理，进行认真仔细的讨论。然后从术前开始，我就盯着护士们的术前准备工作，如备皮啊，如何与病人和家属交代啊等一些情况，手术以后，马上在床边与接手的护士详细交代病人刚下手术要立即观察那些项目，以后要观察那些项目：分别嘱咐术后第一天、第二天、第三天所要观察的项目，该如何注意，都要交代得一清二楚，这时我发现，我身后的年轻的护士长，带着她的护士团队每人手中拿一个小本，把我讲的东西认真详细地记录了下来，我相信她们是下了很大的工夫的。一台又一台新的手术在开展，我并没有发现在护理上面有什么漏洞，而且做过的手术，她们很快就建立起一套护理程序。把护理工作完成得有条不紊，这使我觉得很放心。从护士长到全体护士，每次查房都跟在医生的后面认真听

纪护士长

讲、认真记录，护士长还告诉她的护士们:“叶主任是一本书，你们要多学多问，把他掌握的我们需要的知识都拿过来。”更可贵的是她们善于从术后病人出现的问题中总结经验，比如我们以前做的个别病人出现乳糜胸，脑脊液漏等情况治好后，她们很快就总结出术后护理时，如何观察问题，总结出治疗和护理方法，并且写了有关的文章。我觉得从护士长到全体护士，能这么快就适应了我们开展的大量的新工作，是很不容易的，她们的学习精神是很值得发扬的。我到武警以后由于工作环境很生疏，除了上面讲到的老杨主任对我的帮助外，护士长她从护理角度，对科里的工作存在的问题，需要加强的问题也看得很清楚，经常帮我出主意，所以她也是我在工作中的一位重要的左右手。她和曹燕经常提醒我，在各个阶段该做的事情和需要准备的事情，这样补充了我比较粗心和对一些问题不是那么太细的一个缺点，她们对我的帮助确实是非常大的。现在我们可以说，这7年下来，我们武警脊柱外科，关节外科都开展很多新的工作：如严重的脊柱侧弯、先天性脊柱侧弯、各种畸形的脊柱侧弯，包括很多心肺功能、呼吸功能不全的患者，护士们的处理都很到位，积累了很多经验，处理得非常好，术后护理中发生合并症非常少。曾经有位在协和的老病人，我给她做过手术，这次来武警总医院，找我要做别的手术时，开始犯嘀咕，害怕这里的护理不如协和那边专业，随着住院手术几天后，我问她的感受，她说很不错，与协和医院的护理差不多。但协和做的要比这里做得更细一些。这样评价就很不错了，希望她们更加努力，向协和医院靠拢。

我在武警总医院感到愉快和充实

我在武警总医院工作转瞬已第7年了，承蒙各位院领导知遇之恩，使我在武警总医院感到愉快和充实。我不追求所谓的高薪（在武警工作期间，先后三次有几个医院高薪请我去工作，我都谢绝了）。我追求的是自己晚年的才智能得到充分施展，武警总医院已给我营造了这样一个乐园，使我能做我自己所喜爱的事情。在这里，无论我走到哪里，到哪个科室，都能得到友情与真情。而且7年来，不因院长、政委的更迭而有所变化，这就是我所要的快乐和幸福，所以心情是愉快的，态度是积极的。我现在和骨三科匡正达主任等全体医生和护士继续愉快地工作着。我认为正确对待成功与幸福，用正确态度享受成功与幸福，特别是从已经取得的成功和幸

和骨三科匡正达主任在一起

福出发，去创造更大的成功与幸福，是一种更为重要的人生智慧。新的一年里，我也想着再为他们做点什么，身心未觉老，完全融入在为医院、为病人服务的快乐中，好像忘记了自己的年龄。我没有人到老年叹息黄昏的茫然，在夕阳的余晖里，我看到的仍是风光无限，老有所用，老有所乐，老有追求，我每天仍然在想着为美好的明天再多做一点、一点……

新的一年里，我准备为武警总医院骨科编写一本脊柱外科著作，和出版我的小书《漫漫从医路》，希望继续得到全科同志的帮助和支持！

心系残疾人

我参加残疾人康复医疗工作有个过程。我的老师 Armstrong 教授对我国残疾人康复事业很关心，他是邓朴方同志的好朋友，好医生。他对北京建立康复中心和对中国残疾人的工作，都曾经给予很大的关注。1982 年我到加拿大学习的时候，Armstrong 教授带领着我到加拿大的康复中心去参观，他曾经有意让我在渥太华大学学习期间拿出一部分时间来，到康复中心去学习一些关于康复的问题。他觉得中国的康复工作，还需要大大地提高。当我在加拿大康复中心参观的时候，Armstrong 教授就和他的负责人讲:“我们准备送 Dr. Ye 到你这个地方来学习。”后来大概由于他医院的工作太繁忙了，医院里的工作离不开我的帮助，就没有让我去康复中心。几年之后，Armstrong 教授还是想法安排了康复中心的关骅教授，到加拿大的康复中心去学习。

中国是残疾人最多的发展中国家，大多数残疾人都有不同程度的康复需求。邓朴方同志领导的残联成立以后，我国的残疾人康复事业发展直接由比较落后的传统状态，转向了新的康复服务理念。邓朴方同志觉得残疾人的康复事业，应该通过大力的宣传，轰轰烈烈地搞个群众运动，才能引起全社会对残疾人康复事业的重视。于是20世纪80年代初，在残疾人联合会和康复协会领导下，在全国开展了白内障患者复明手术，小儿麻痹后遗症的矫正手术，聋哑人听力训练三项康复工程。当时称为抢救性的康复工程。报纸、电台大力宣传，残疾人联合会和康复协会组织专业的医疗队到全国各地区进行工作。

跟我们骨科有关系的小儿麻痹矫正工作，很早就由几所部队医院轰轰烈烈搞起来了。如长春208医院，镇江的359医院……当时开展这项工作的，在中小医院多一点，一些大的医院，响应号召的还是不大够，重视的程度也不一样。例如，我们要到各个省市去工作时，当地给我们安排的都是中小医院、区医院、镇上的小医院。他们内心认为，没有必要把儿麻矫治工作提得那么高，这些医院认为他们一直都在做儿麻矫正工作，没有什么了不起的。比如，一次我们去某省，医疗队到达已经三天了，在当地报纸上只先大量刊登介绍他们本省市过去对小儿麻痹矫正方面做的一些工作，那意思是说你们不来我们一样做得很好。三天以后，才报道残疾人联合会派遣医疗队的到来。在另外一个大城市，康复协会薄少晔同志去联系工作时，开始他们只给安排一所区医院，一所公社卫生院。康复协会联络同志跟他们讲，这些医院可能太小了点，医疗队来了以后不太好开展工作，能不能考虑换一所大一点、条件好一些的医院？他们说："嗨，小儿麻痹不就是做做三关节融合，肌腱转移嘛，我们看足够了。"后来康复协会的同志说："我们工作组的同志来了，还可以帮你们开展一些新手术、新技术嘛。"他们却说："有什么新的手术啊？""可以开展脊柱侧弯矫形术，人工关节置换术，这些手术你们做过吗？"他们愣了一下，沉默一会儿说："那好吧！我们把全市最大医院拿出来。"因为这些手术，在当时还算是较高精尖的手术技术，他们这些医院也很想学习这些手术技术。

在这种背景下，考虑为了调动当地一些大医院的积极性，每次派医疗队时，都请一些专家和年资比较高一点的医生，参加到儿麻医疗队中，这样有助于跟当地的医生配合工作。当时，有一个很好的例子说明这个问题。我们医疗队到X市里工作后，省卫生厅指示省里大医院说："中央派医疗队来了，你们派一些同志去学习学习。"而当时这些省立医院的同志，为了应付领导，连白大褂都没带就来了，只打算礼貌性地看看，待两天就回去。当他们进入工作时，看到我们不仅在儿麻矫形治疗上有很多的改进，很多新的手术很有成效，他们也没有开展过。儿麻治疗跟过去是不一样了。另外，我们还应当地医院提出的要求，跟他们合作开展一些疑难的手术，例如：脊柱骨折、脊柱畸形、人工关节等。到了周末，他们要求不回去了，愿意留下来跟我们学习新的手术技术，说："当初是认识不够，只是打算礼貌性地看两天，应付差事。现在看来有很多东西是值得留下来好好跟医疗队的同志们学习的。"这些同志一直参加到我们整个医疗队完成工作后才离开。

山西大同儿麻医疗队合影，右3为邬华彬同志

我当时就是在这样的背景下，应邀参加到儿麻医疗队中去的，便于更好开展工作。1987年我应邀参加了山西大同的儿麻医疗队，由已故的邬华彬同志带队，他是镇江359医院的骨科主任，在治疗儿麻矫正工作方面有很多的经验。我们到大同市二院、三院两所医院工作，由于电视台、报纸、中央新闻对此事的大力报道和宣传，很多病人闻讯云集到山西大同来了，我们一上街就看到各式各样的儿麻病人。医院床位不够，医院只好把等待手术的病人安排到两个教室里。一天要做好几台手术，过去，我们做过三关节融合，差不多一上午就只做一个病人，而在这边就要做两个到三个病人。一个屋子里摆好几张手术台，屋子那边的病人刚打好石膏，这边屋子病人的麻醉就打好了，一条龙作业。中午做完手术抽出一点时间吃饭，然后赶紧抽时间去检查病人和安排第二天手术，然后再继续做

悬空寺在建寺时，因地制宜，利用峭壁的自然状态布置和建造寺庙建筑，将一般寺庙平面建筑的布局建造在立体的空间中，山门、钟鼓楼、大殿、配殿等都有。寺内有佛像八十多尊，支撑的是十几根碗口粗的木柱，其实有的木柱根本不受力，所以人称“悬空寺”。忙碌的工作之余，我们抽空前去游览了一番。图片为我和雪非主任

下午的手术，就那么十来位医生和护士在一个月里面要做三四百例手术，非常紧张。

当时我在大同的时候除了邬华彬主任外，还有毕复海主任、张雪非主任，鲁玉来教授，积水潭医院崔甲荣教授，还有姚建祥大夫、张正西大夫等就这么几个人，其他就是麻醉师和护士了。在治疗儿麻工作期间，还给当地医生进行了骨科新进展的讲座，在二院、三院分别表演了脊柱侧弯的手术，人工髋关节的置换手术，先天性髋关节脱臼的截骨手术等，帮助抢救了很多危难的病人，受到热烈的欢迎。

这是我第一次接触到儿麻的工作，影响确实是非常的大。当时，邓朴方同志说：“残疾人工作对社会的发展，对社会的安定都是非常重要的，治好一个人，幸福一家人，影响一大片。”我确实深有此体会，身患残疾的小孩，通过我们的救治后，很快就见到了效果，能够自食其力，可以工作了，家庭生活质量马上有明显的改变，影响力是非常大的。我们一个月工作将要结束，在即将返回北京时，还有很多的病人等待手术，可是我们在大同只有一个月的时间，病人于是都尾随我们来到了北京。邓朴方同志指示说：“这是我们的客人啊，来了，我们要接待好，北京方面，想办法找几家医院继续进行工作吧。”当时选了北京市二院，国防大学医院，组建几个临时儿麻的矫正点。康复协会的有关领导跟我们说：“还需要你们

几位专家来，继续这方面的工作，善后工作还要做。”所以我和友谊医院的罗先正教授，积水潭医院的梁栋教授，康复中心的周天健教授四个人，每天一个人，轮流到国防大学医院去，偶尔也会到北京市二院去进行工作。国防大学医院，原来只是个门诊部，临时组建起来的，门诊部有丁大夫、柴胜云大夫，还有个学过麻醉的护士，他们把内科大夫全部都集中起来支持我们，在这样很简陋的条件下继续为残疾人工作。

左2为毛宾尧教授

一年后，又参加云南省康复医疗队。当时由儿麻协会滨州医学院的毛宾尧教授做队长，我和罗先正教授以专家身份做副队长。我们分三组，在曲靖、昆明、玉溪三个工作点。在这里，同样病人很多，我们有了第一批大同医疗队工作经验以后，工作更有序了，安排得更好了。我和罗先正教授、儿童医院的田世林大夫在玉溪当地医院进行了大量的儿麻矫正手术，同时给他们进行其他骨科的手术，毛宾尧教授和张振龙大夫等留守昆明。

我和罗先正教授（中），劳汉昌教授（左）

在曲靖那地方，有一家子“做儿麻的专业户”，其实是社会游医，到处骗钱的。由于当时缺医少药，照顾不到那个地方的儿麻病人，就让那些社会游医乘虚而入，打着儿麻医疗队名义在治疗儿麻，使当地很多的儿麻病人受害，残疾加重。他们手术后的病人，到了我们那儿还要重新做，改做后

和劳汉昌教授（左一），云南医生讨论工作

疗效很好，那几个骗人钱的社会游医只好卷起铺盖走人了。

在云南儿麻医疗队工作时碰到了我的老朋友劳汉昌教授，他对我们的工作非常支持。那些日子里，我们手术后比较重的病人就转到他那边去，他还邀请我和罗先正教授到他们医院帮他们开展脊柱侧弯和人工关节的手术。还专门组织了一个规模很大的习学班，让全省的主治以上的医生在昆明集中，让我们给他们讲解、报告残疾人的康复工作，儿麻矫正的一些经验和我们脊柱外科的髋关节，人

昆明石林是世界闻名的喀斯特地貌景观，誉为“天下第一奇观”，只见奇石拔地而起，参差峰峦，千姿百态，巧夺天工。传说阿诗玛是一个美丽、善良的女子，以她传奇性的故事成为世人心目中的美丽、善良和智慧的象征

工膝关节一些新技术的进展和治疗情况。

和门洪学主任合影

我们与昆明医学院附院、省医院、工人医院及部队医院合作得很愉快。忙碌的工作之余，我们还游览了云南的名胜石林。

我又奉命于1988年参加了厦门的儿麻医疗队，由208医院的门洪学主任当队长，我当副队长，带队到厦门市第一医院、厦门市开元医院、集美医院和杏林医院等全面开展儿麻的工作，在该地区影响很大，在厦门工作的台商知道后，很多的台湾儿麻病人也

在厦门第一市人民医院，和当年一起开展儿麻工作的部分医生合影，左一为尤元章主任

来找我们。医疗队手术量一次比一次多，在山西大同的时候做了三百多例，在云南时候做了四百多例，到了厦门医疗队我们做了五百多例。门洪学队长把工作抓得很紧，一定要超过上批医疗队的工作

量。在厦门市第一人民医院，我们除了儿麻以外还开展脊柱手术，人工关节手术。一天在集美、杏林工作的同志表示说："医疗队内部也要开展学术交流，我们要去看看叶教授做脊柱手术。"门洪学队长说："可以，你们看完手术后不能马上走，下午做2、3 个手术后再回去。"可想而知，当时的工作抓得有多紧，因为你没有一定的数字，是说明不了问题的。

和田世林大夫在一起

集美有个强直性脊柱炎的病人，在集美工作点的同志，强烈要求我能到他们下边的站点去演示手术。集美是一个公社卫生院，条件是比较差的，要开展脊柱强直矫正截骨手术，一般要全麻，那里没有，又没有路克棒什么的，条件很差。可病人又没有钱出省治疗，我就给病人做工作，动员他接受局麻下做手术。征得病人同意后，我们就给病人做了强直性脊柱炎截骨手术，又用路克钢丝固定方法，得到很好的矫正。我们在厦门还给他们开展了脊柱骨折、TB

鼓浪屿位于厦门岛西南面，岛上岩石峥嵘，挺拔俊秀，日光岩奇峰突起。岛上岩石因长年受海浪扑打，形成许多幽谷和峭崖，沙滩、礁石、峭壁、岩峰，相映成趣。

北京协和医院妇产科主任林巧稚就出生在这里

参加全国康复会议

后遗症和先天性髋关节发育不全的全髋手术，髋臼发育不良的加盖手术等，又和田世林大夫一起，成功为一例3岁的先天性腰2半椎体侧弯儿童，行一期前路半椎体切除加后路 Harrington 矫治，我们可能是国内最早（1988年）行一期前、后路脊柱手术的。

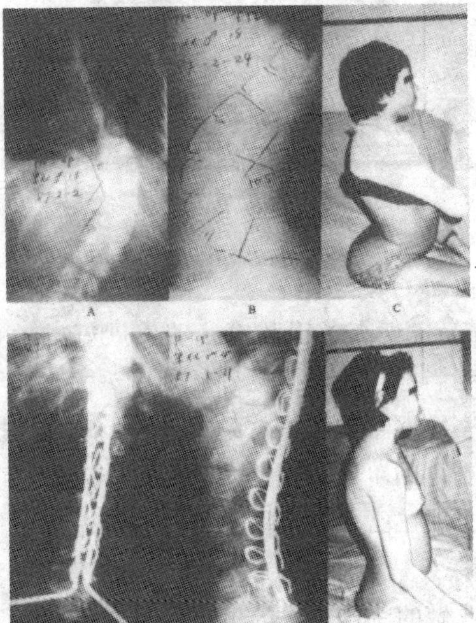

我国首例 Galveston 手术治疗儿麻侧弯

我们去了以后，不但儿麻治疗工作得到了推广，而且还在当地医院开展了一些当时还没开展过的骨科领域新的手术，所以和当地医院同志的关系非常好。康复协会工作总结经验时，特别提到“为了提高我们的康复协会残疾人医疗队的学术地位，一定要邀请一些大医院参加医疗队的工作，才能更好地把当地大医院的医疗力量更好地调动、发挥出来”。这是一个小小的经验。

以上是我简单介绍我参加过的三个儿麻医疗队经过，当时这样的医疗队属于群众运动轰轰烈烈的形式，但影响很大。在1988年以后就开始实施中国残疾人的五年纲要，在我们超额完成了白内障、小儿麻痹症和聋哑人矫治三项工程的基础上，在中国残联的大力推动下，就开始了第二阶段的康复工作，我国残疾人的事业得到了飞速的发展。各地纷纷建立了残疾人联合会，与当地民政部门联合建立了省市一级的康复中心，智障儿、脑瘫儿、聋哑儿童和低视力等训练和康复。各地还建立了与残疾人相关的配套的工厂、制作一些残疾人用的东西，假肢、矫形器，或者白内障手术用的器械等。同时还大力开展人员培训，进行康复指导。成为各地残疾人康复工作的重要的技术资源和服务整体。到现在全国也差不多每个省市都有残疾人康复中心，也可以叫做省康复中心，又建立很多的专业性的康复医院。

和宁志杰主编合影

从2002年8月以后，第三次全国康复工作会议上提出，到2015年要所有残疾人“人人都享有康复服务”的宏伟目标，制定了新时期康复服务的奋斗目标，指明了前进的方向。在全国康复工作已经采取社会化方式的推进阶段。随着我们国家的国民经济的发展和人民生活的提高，现在各级政府一些发展好的地区，都把残疾人康复工作纳入到当地国民经济发展规划里头去，普遍建立了残疾人康复工作办公室。逐年加大了财政的投入，现在已经进入我国的设计康复的一个更高的阶段。很遗憾，在这个阶段这些工作，我已经参与得很少了。现在已有一大批的年轻力量进行更复杂的，跟国际社会接轨的工作。

由于我在早年为残疾人事业做的一点小小的事情，受到他们的鼓励，很荣幸被选为康复协会的副理事长，卢世璧院士为理事长，同时又参加康复协会下属的、宁志杰任总编的《矫形外科杂志》的

朴方同志翻阅《脊柱侧弯外科学》

工作（任副主编）。虽然我现在无力参加更先进的康复工作了，但是我的骨科工作实际上大部分就是为残疾人服务的工作，所以我继续在我的本工作岗位上，尽可能为残人服务，有残疾人需要我会诊的，转来治疗的，我都给予尽量的照顾。我衷心祝福残联在海迪和新宪等领导下，不断取得进步和发展。

我继续在我的本专业里，大力开展脊柱畸形、关节畸形方面的矫正工作。我首先在我国开展治疗儿麻侧弯的 Galveston 手术。应用许多手术方法去减少残疾人的残疾的程度，让他们更健康地走上工作岗位。我们在康复方面做的一些工作，受到了国家领导人邓朴方同志、何鲁丽同志的鼓励，经常给我们很多的支持。

国家领导人何鲁丽副委员长，残联主席邓朴方同志和卫生部黄洁夫副部长接见

人生感悟

学会感恩

感恩是一种心态，是一种生活态度，是一种精神境界，心存感动，更是一个人的世界观。感恩，体现了人与人之间交往的准则，也是人与人之间一种凝聚力的内核。走过岁月，走过沧桑，我始终怀有一颗感恩的心。感恩父母，给了我生命；感恩老师，教了我知识；感恩朋友，给了我帮助……还要感恩社会、感恩地球和自然。只有懂得感恩的人，才会去爱别人，才能尊老爱幼，成功了，才会不忘记帮过自己的人，不会把成绩全归功于自己个人的智慧，才能谦虚谨慎，否则，就会头上顶了一个什么帽子后，忘了自己姓什么了。

母亲给予我们生命，是我们的生命之源。从我们还没有出生的时候，母亲就开始照顾我们、看护我们、爱护我们，给予我们无微不至的关怀了。从一个孩子呱呱坠地的那一刻起，他的生命就倾注了母亲无尽的爱与祝福，“母爱”是天下最伟大的“爱”。只要我们健康、开心，母亲就会比我们更开心。儿女的心中永远都有一首歌

——“世上只有妈妈好”。

我母亲的过早去世，至今仍让我感到锥心的痛。父母是我们人生的第一任老师，教导我们如何做人，如何做好人，当我们遇到困难的时候，会倾注所有一切，来帮助我们的人是父母。当我们受到委屈的时候，能耐心听我们哭诉的人也是父母。感恩便是感激，发自内心的感激。

大足石刻，摄于四川大足

父亲是一个农民，也当过小学老师，他额外教我学了许多古诗词，教给我许多做人的道理、生存的技巧，教会我要坚强、要真诚、要有毅力。所以我今天的坚强、毅力、生存之道都有他的影响，我的心中永远有一首歌谣——“草鞋是船，爸爸是帆……”但他的火爆脾气和生性过于耿直，也给了我坏影响。

家庭中每个成员，都应该拥有一颗感恩之心去回报父母。是他们使我有机会来到这五彩缤纷的世界里，体味人情冷暖，享受生活

和母亲在颐和园

回家看望老父亲

和恩师 Armsrong 教授

的快乐与幸福，他们给我无微不至的关怀，给我亲切的鼓励。只有懂得感恩父母的人，才能算是一个完整的人。一曲《烛光里的妈妈》和《常回家看看》为什么能风靡大江南北，经久不衰？是因为它冲动了萦绕在人们心田里感恩父母的情怀。

我要感谢老师们的谆谆教导，给予我知识。他们像一根永远不熄灭的蜡烛，以他们的光和热，为我点燃了希望的光芒。老师啊！您是只小船，您是座小桥，送一代又一代人走向智慧的彼岸。没有你们的帮助，我们在知识的海洋里就会迷失前进的方向。我的国内和国外的医学老师都一样的伟大，他们不仅教会了我医学知识，而且还教会了我利用这些知识的思维和方法。“他们给我们的是垂钓的渔竿而不仅仅是一两条鱼”（摘自张之生的《我的大学生活》）。尊敬的老师！您只知道给予而从不想收取，我怎能不用我所有的真诚向您表示由衷的敬意！

老师啊！我们多想再一次注视您的目光，多想再一次倾听您的讲课，多想再一次紧握您的双手，在这里我们向您衷心道声“谢谢！”

梅南中学90周年大庆

2004年11月7日

少小求学在“梅南”，师生无间共苦甜。
往事依稀今胜昔，欣看桃李舞蹁跹。
花甲之年庆九秩，千歌万曲不尽言。
遥祝母校春常在，开拓智海创新篇。

在京获悉初中母校梅南中学90周年大庆，抚今追昔，那艰难而又愉快的岁月，令人感慨良多，欣然提笔赋诗祝贺。

翻看梅南中学90周年校庆专刊

同 学 情

在人生的长河中，会常常让我们欣慰和乐怀的，就是那美好的、不可或缺的、值得终生回味的感情——同学情。小学同学，童心无邪，两小无猜。中学同学，豆蔻年华，同学间打打闹闹，印象已较蒙眬，只记得在课桌中间，画起“三八线”之类的事。但初中时参军的田宝生同学，在三年困难时期，匀出一双自己并不够用的军袜寄给我，不时在信中夹上从他几元的生活费中匀出来五毛、一块的给我……在35年后，我终于在家乡干休所找到他，大喜高歌：

60年后重访觉文小学旧址，已人去楼空，令人唏嘘不已

初中同学合影，后排右一为田宝生。后排左3为陈隋光

十五别离后，五十又重逢。
相视如初见，疑是梦里逢。
感念寄袜事，万事情独钟。
临别频回首，何日再相逢。

我每次返乡，陈隋光为首初中同学都组织聚会，和老同学相聚就像喝了客家娘酒，内心无比甘甜。

高中同学，已是花样年华，告别幼稚、走向成熟。当时，虽然

2009年10月，毕业50年，东山中学高三甲班同学和老师合影

一门心思考上大学，在学习上力争上游，一同搏击考场，但同学之间，说话至真至纯，一起探索人生目标，扬起理想的风帆，友情世界里跳跃起欢乐的节奏。

毕业五十周年重聚东山感赋

2008年10月于梅州东中　叶启彬

阔别五十载，东山喜相逢。
相识如初识，依稀旧时容。
昔年携手处，不与往日同。
今朝花更好，难忘旧芳丛。
把酒话往事，举杯干两盅。
知心话难尽，聚散苦匆匆。
临别常执手，相思添几重。

而我们在北医一起同窗六载中培养出来的同学情，是在纯洁校园里培育出来的情，在那里没有物欲横流，没有官场中的尔虞我诈，没有利益的冲突。因而，同学情，才能像用清泉酿出来的好酒，历久弥香，温馨着我的内心世界，陶醉了我的整个身心。

三组人丁最兴旺

毕业50年，北医59级同学合影于西安，2009年9月

2009 年北医毕业 50 周年西安相聚

相聚相识五十年感赋

阔别五十载，长安喜相逢。
相视如初识，依稀旧时客。
把酒话往事，举杯干两盅。
临别常执手，相思添几重。

从大学毕业后，步入五彩纷繁的社会，各奔前程，经历了人间沧桑，世态炎凉，官场风云，商海沉浮，甜酸苦辣，但在大学时，那上铺下铺，吃在“菜园”，住在“牛圈”，朝夕相处，风雨同舟，甘苦与共，共同走过的如歌的岁月，在脑海中永远是那么真切，那么清晰，难以忘怀。在毕业 50 年的同学聚会上，就能深深体会到那种纯真洋溢的感情。相互紧握久别的手，人生得意与沧桑尽刻脸上。乍一看，老

80 多了，依然精神矍铄——王伯

台上徐维国、姚大哥、王世民、张熙增

了！但两分钟过后，仿佛还是大学时的模样，大呼小叫，不叫官职，无论长幼，直呼其名或绰号，无所不谈，毫无顾忌之心。谈别后的挫折，艰辛与成功，大家的心情一起激动。回首往事，大家共鸣，开怀大笑，同学们的言谈和笑容永远是那么的逼真。岁月沧桑只能改变我们的容颜，却永远改变不了我们深深的同学情。毕业50年的同学聚会，成了人生的盛宴。临别时，同学间的语重心长的互勉，是一道温情的暖流，渗入到了血液里，每当血液循环到大脑时，心情又是一阵激动。悲欢离合，让人感觉踏实的、难以割舍的，还是浓浓的同学情。

叶启彬讲解祛病强身之道

有缘组合

"窝头"陈学泳书画已有大师风范

蓝天红叶相映红，老当益壮两妪翁，王世民、郑美娟

歌声依然嘹亮，王麟

茂斌的康复事业如日中天

我要弹钢琴，端木一

随遇而安和知足常乐

随遇而安和知足常乐，这是人们非常熟悉而且经常引用的两个概念，是人的一种处世哲学和生活态度。在现实生活中，你常常会发现每个人所处的社会环境是不一样的，你可能对生活充满了希望，也有积极上进的奋斗精神，但环境，在很多方面却不是尽如人意（包括条件和人为障碍），你想大展宏图也难以展翅，这就要求人们在这样的环境中，能乐天知命，安于现状。给你大的舞台，你

毕业50周年西安聚会

和西安同学王书森（中）在一起

演“雷雨”，给你小舞台，你演“放下你的鞭子去”。“知其不可奈何而安之若命，德之至也”《庄子》，你只能将随遇而安和知足常乐，作为适应社会的一种方法，否则会自寻烦恼，自我折磨，郁郁而终。但自己要时刻保持有足够的、持续向上的动力，暗中时刻保持足够的与他人竞争的勇气。没有积极的进取心，没有大胆的首创精神，你的聪明才智怎能有所发展？自己可提出切实可行的目标，并将这一目标“分解”成一个个不惹人注意的可以实现的“小目标”，并一步一步予以实现，你就会经常有“小乐”。实际上是在进行不断的自我激励，“先爬行，后爬坡，再爬山，爬来爬去终登顶”，时机一到，就终会达到你的目标，这是一个小小体会。

我有一个好同学，毕业后分到西安一个条件较差单位，像一个诊所，但他在这个小舞台上，表演得很好，单位同志都拥护他，他悠然自得，没有过高的要求，感到满足，他的精神生活像园中的鲜花一样灿烂，他一定会健康长寿。只要自己曾为人民做过一点有意义的事，就应该保持一种成功的心态而自慰。因此，随遇而安和知足常乐，并不是绝对的消极，它还具有自己对他人“谦让”的特征。

夫妻之间相处要学会宽容

我和夫人沈洁已经结婚几十年了，多年的夫妇，不会再有新婚时那般激情，温柔、缠绵会少了，我们已进入到另一种层次，在彼此心里边，早已占有了一个重要位置。我们一外出，就会相互挂念，一下飞机，第一件事，就是发短信报平安。我们没有多少钱，但我们有个平和的心态，婚后感情与日俱增，两情愉悦，恩爱有加。我和老伴都身心健康，老夫老妻相濡以沫，愈老情愈笃，发白爱更浓。可现在的社会，经济发展了，离婚率却愈来愈高，这是很不正常的现象，在这里我要公开一点我们夫妻之间相处之道，主要是夸一夸和感谢夫人在其中所起的重要的、主导的作用。

夫妻之间相处之道，主要是学会宽容。只有双方都能够在日常生活中抱着宽容的心态，家庭生活才会和谐美满。而且，宽容也是一个做人的最基本的素质。婚姻使两个人朝夕相对，天长日久，难免不发生点争吵，但要知道怎样去减少争吵的激烈程度和及时中止，不会升温，结婚了，成了一家人，双方都不要试图在婚姻中争取做赢家，而要时刻懂得做输家，才可能赢得自己想要的一切（有人戏称，能向老婆投降的男人是英雄，我想他一定从中得到不少好处）。总之，爱他（她）就要有时装装傻，只有懂得装傻的人，才是最聪明的人。因为，男人靠“捧”，女人靠“宠”是个定律。在大男子主义还有残留的社会里，聪明的女人都知道怎样在气头上，忍让一点，事后再让他感到知错和惭愧（在女强人主政的家庭里，则要颠倒过来），因为这比你歇斯底里吵闹，收到的效果要好得多。看看两口子是大学同学的，离婚率却比一般人高，就是都要强，小事不服输。为了个人一点虚荣和自尊，牺牲了一生的幸福，值吗？我太太出生在知识家庭，比较温柔，我脾气较急，她懂得以柔克刚，善于中止冲突，做得比我好。一事刚平息，双方都不要记仇和过长时间生闷气，不要再纠缠不休，硬要搞出个谁是谁非来，要的是顺坡骑骡，下！你正在书房生闷气，夫人从背后放一杯热茶在你书桌上，你多气（还不知是谁错呢?），也得大度地挤出一个（最好

累了，坐下来，歇一会吧！

两个）谢字，或先生主动有事没事找茬搭个话：“夫人吃什么水果？我给你削一块了。”“战争”不就解决了，等气完全平后，再沟通，相互批评，对方就会在愉快接受之余，感受到你的煞费苦心和体现出的爱，从而以加倍的爱来回报你。你想想，不迅速化解矛盾，把那么好的夫人（先生）气坏了，你不心痛！不只夫妻之间，社会上也是如此，人人多一分宽容，人类就会多一分理解，多一分真善，多一分珍重与美好，生活中的酸甜苦辣也将化作五彩的乐章。

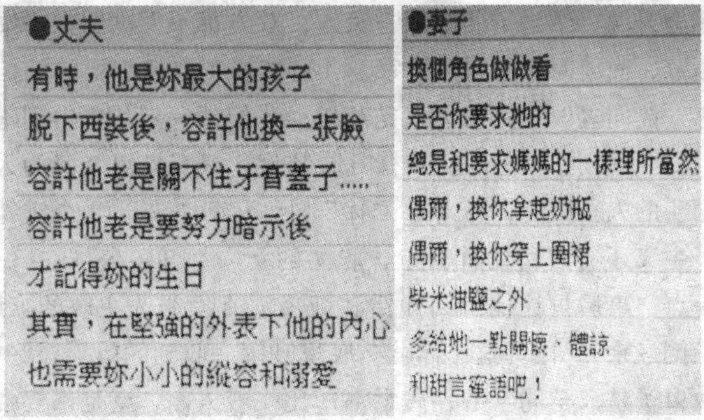

夫妻要相互理解、宽容和关爱

要处处体贴爱护妻子。一般妻子承担家庭义务的责任比男同志重，男同志则应细心体味到妻子的劳动和付出后，需要你一定赞赏的感受，要对妻子为你卖心力，看得见，常赞扬。这一点我和一些粗心的男人常常做得很不够，我还得常向我的小外孙学习，小外孙在得到外婆关爱后，总会说声“姥姥真好！”我也学着在夫人劳动或照顾之余，说声“夫人（老婆）真好！”“夫人辛苦了！”你看她听到后，那眉开眼笑的满足神情，就会感到我们男士平常在这方面太吝啬了。当你拥有成功和圆满，抱着大奖回到家中时，一定要对夫人说，这里有你一半功劳（实际如此，你的事业成功，有爱人支持），让她自我感觉非常良好，才会有不惜一切去为你卖力的心。不能强求对方牺牲自己钟爱的事业来服从自己，那样，只会损伤彼此的感情。夫妻双方既有追求自己事业的权利，也有承担家庭义务的责任。正确的做法应该是，想办法多挑一些家庭担子，热情地彼此支持爱人的事业。双方都能这样做，就能消释矛盾，增进感情。

1982～1985年，夫人去教育学院进修数学，我也大力支持。每天清早，推一个、抱一个接送两个孩子到幼儿园，上午7∶40赶回医院上班，开展脊柱外科手术。几十年前的陈年往事了，常常回忆、想想，或把它写出来，也许能翻新和增值一些夫妻之间的感情。

夫妻生活中，还需要感动。感动不一定需要盈眶的热泪，甜蜜的言辞，它可体现在许许多多的小事中，我们的生活需要它，需要它去联动人们的内心世界，促进人与人之间的感情，以激发出我们内心的潜在力量。在对方专心做事时，适时关怀地叫停："歇一会！""太累了，喝口水！"你立即感到一股暖流涌入全身，于细微之处见真情！拥有感动，便会产生感情，使你拥有了莫大的幸福。

在美国圣安东尼奥美丽小河旁

爱情还需要创新。有人说结婚是"爱情的坟墓"，此话并非全无道理。结婚后渐渐地不会再有新婚时那般激情，如上所述，各种矛盾处理不好，就会出现问题。爱情还需要创新，使双方都感到对方对自己仍怀有很深的爱意，不时给对方创造点意外惊喜：结婚纪念日、对方生日等等，在夫妻双方的重要日子里，采取适当形式，表示纪念，送点小礼品，附上一首小诗或从手机发个充满激情的祝福佳句，使对方能感到你对他（她）怀有的深切的爱意，你在意她（他），会起到感情"兴奋剂"的作用，对于巩固夫妻感情作用甚大。有条件时，两人出去旅游或去去馆子，跟太太（先生）在两人的世界里浪漫一番（浪漫不能全让给年轻人）等等。这些活动就会

在斯德哥尔摩的游轮上，祝福夫人生日快乐！

使对方觉得你是个很重情义、多情的人，爱你之情便会倍增，爱情之花就会常开不败。

总之，爱情意味着要对你的牵手之人承担责任，过日子需要的不是花前月下，要的是实实在在。要取得一个美满，要躲过多少磕磕绊绊，付出多少忍让。尘世的真挚情感，需要心灵的默契，也需要顺其自然的心灵交流，需要相互理解，相互尊重，相互体贴关爱。花儿草儿，荷塘月色，那不是过日子，唠唠叨叨，油盐酱醋茶，涮涮筷子洗洗碗，才是真实的生活。

修炼平常心，活得更潇洒

老年人只有保持良好的心态，身心才能健康，生活才有趣味。《黄帝内经》认为:“恬淡虚无，真气从之，精神内守，病安从来?”一个人精神完好，心理平衡稳定，疾病就不会发生。良好的心态不会自来，要努力修炼，修者：削去，修理也，去掉生理上或是心理上的各种不愉快的事情，放弃那些不该想的，不属于自己的一些东西，这是老年人心态调整重要内容；炼者：除了重视锻炼身体外，更重要的是陶冶情操，丰富精神生活，以确保身心健康。

1．去掉攀比心理　世界本来就是不平等的，人生总会遇到一些不公事。贾宝玉生下来嘴里就含着玉，有人他爹妈有钱，上小学就坐“大奔”，但何需去攀比呢？《论语》说得好：“不义而富且贵，于我如浮云”。有的人可能满腹经纶却始终生活在底层。有的人则没有多少真才实学却可以当大官或赚大钱，富得流油，一呼百应。你不要眼热，更不要生气，一定要随遇而安，适应生活环境，知足常乐，笑口常开。俗话说，“笑一笑十年少，愁一愁白了头”。修炼平常心，才能活得更潇洒。在此，我推荐大家读一读“红楼梦”中“好了歌”，歌云：

世人都晓神仙好，惟有功名忘不了！古今将相在何方？荒冢一堆草没了。

世人都晓神仙好，只有金银忘不了！终朝只恨聚无多，及到多时眼闭了。

世人都晓神仙好，只有姣妻忘不了！君生日日说恩情，君死又随人去了。

世人都晓神仙好，只有儿孙忘不了！痴心父母古来多，孝顺儿孙谁见了？

《好了歌》看似有些消极，但实际是对于当时社会和人生的真实写照，我看其中一两条现在仍有警世意义。

2．要学会放弃　一个人在时间的长河里，只不过是个匆匆的过客，来时，人赤条条来到这个世界，离去时，两手空空，什么也带不走，到头来终将要放下一切，一切都将归于黄土，化为乌有。如果能时刻想到这一点，就能做到像范仲淹所说的：“不以物喜，不以己悲”《岳阳楼记》，不因为外物的好坏和自己的得失而或喜或悲。人生不如意之事甚多，你不能背负着所有这些东西，走完人生的全程。所以，如果想要达到目标，就必须有所舍弃。一个人如果能坦然面对失去的、不如意的，迅速调整好心态，就不会让烦恼、忧愁久在心中停留，那他就一定活得轻松愉快。因为既然失而不能复得，何必戚戚于怀，徒伤身体。许多想不开的人，把那些并不要命的东西，郁结于心，患得患失，整天郁郁寡欢，身体垮了，教训呀！

人们还应能主动放弃那些可有可无的东西，或那些不该想的，不属于自己的，或渴望已久，但不可能得到的东西，才不会失望和迷失方向，许多人因为贪婪，想得到更多的东西，却把现在所有的也失掉了。人不可能拥有想要的一切，每个人生命所能够背负的重量是一定的，把那些无关紧要的、纷乱的杂念和欲望舍弃，眼中只有你想要达成的目标，这样就容易成功。减轻生命的包袱，放弃一些烦恼，放弃一些利益，你便能轻装上阵，就会与快乐结缘，舍得舍得，有舍才有得。因此，人必须要学会放弃，并知道该放弃什么，不该放弃什么，更轻松、愉快地度过健康快乐的人生。战士冲锋前，都会丢掉瓶瓶罐罐，轻装前进，否则，如何能达到理想的顶峰。

3. 生活需要感动，生活需要回忆　人到老年，都会怀旧，渴望真诚的情感交流。老同学，老朋友常坐在一起，往事回首，把存留在各自心底中的、感动着自己的陈年往事，娓娓道来。过去多少平凡小事，成了今天美好的回忆，在每个人成长过程中，受到周围同学的关爱之情，至今仍令人激动不已。同学和朋友间往昔的友情，就像一碗美味的菜汤，许多好的作料都沉到碗底去了，一定要经常坐在一起，去搅动、搅动，它们才能浮现出来，才能尝到鲜汤真正的美味。

20世纪70年代聚会

20世纪80年代聚会

我们老三组的同学，很好地做到了这一点，每年定期聚会，畅谈过去，品味现在，相互鼓励，经常“喝着美味的鲜汤”，情感日益增进。感动是一种美好的感觉，因为感动，我们才会感受到我们彼此的内心世界，从而折射人性的光辉；感动往往

20世纪90年代聚会，接待万黛、黄碧玉和周鹏

能激发出内心潜在的力量，因为感动，我们就会觉得我们应该做点什么，为父母，为孩子，为朋友，为需要帮助的人；因为感动，我们才会感恩……可见，生活是需要感动去支撑，去维持的。只有那样，内心才不会孤寂，老年痴呆就不会来找你。

2000年后，我们更常聚会

4. 要保持激情　激情依旧，可以使我们焕发出生命的活力。如今欣逢盛世，生活安逸，衣食无忧，但不要偷懒，要保持激情。人无激情，便会变得饱食终日，无所事事，意志消沉，精神颓废，有人因而感到失落，郁郁寡欢，心情和健康很快衰退，这是由于他们不知道人生中这一年龄段生活的态度、打算与追求的目标是什么。这种缺乏信念与理想的心态，就难以产生快乐的幸福感。个人未来的一切都取决于他的人生目标，到了老年，一言一行，仍需要

2000年后，我们更常聚会，各家轮流做东

反映出自己对在这一年龄段生活的态度和打算。人到老年，60多岁以后，就必然会逐渐衰老，这是不可抗拒的自然规律，人老了，好多事情就会变得力不从心了，人们大可不必再不切实际地想去再造辉煌，你想大展宏图也难以展翅了，但仍可以切切实实做一些力所能及的事，如看看门诊，教教学生，或回首昔日的辉煌和坎坷，把成败的原因总结成宝贵的经验和教训，化作后人的财富，供后人借鉴，也是一快事，要相信晚年同样是一道风景线。正像诗人刘禹锡的“莫道桑榆晚，为霞尚满天”古诗所说的，老年人还可发挥余光、余热。请看：我们的老同学，王世民老班长创办了放射学杂志；在偷偷地唱着《我们的歌》；张之生同学正在编审中国的大百科全书；王茂斌的康复事业正如日中天；朱国英同学还在为亚心拼命，该医院的胸心内科连三年全国排名第三（但她该适当休息了）；“窝头”陈学咏书画大有精进，已有大师风范；伍赞群等大多数同学，还在门诊或者研究工作中发光、发热；老姚还在刊物上不时发表“古文新解读”的文章，使很多人得到了教益；高润霖院士声誉日增；彭玉同学仍抱着一颗慈悲之心，普济病人、广结善缘，就是和老同学不怎么来往，有些不好；张熙增同学能官能民，脱下蟒袍，又搞起老年保健来了；张宏誉同学不但擅长控制“痒痒”（变态反应成绩卓著），他自己也有些“变态”，在音乐作词方面“上火”了；王书森同学不但潜心研究园林花卉，打乒乓球的激情也已超过庄则栋啦；老猫功成勇退，但仍保持着她那新潮的发式，唱唱歌，读读书，写自传，留出足够富裕的时间，过着有滋有味的生活，聪明也！我们许多70上下的同学，还学会了电脑，而且学得很好，打字、上网、发邮件、处理照片等等，样样在行。当我们收到

伍赞群、陆少美、朱国英、张之生

少美，赞群和建渝伉俪寄来的那带有倩影的贺年片时，就会为他们的快乐所感染而快乐。看到他们的成就和欢乐，我们就会心情激荡。

西安的同学们

退休后，我在武警总医院工作，转瞬已6年，武警总医院给我营造了一个使我的晚年才智能得到充分施展的乐园，使我能做我自己所喜爱的事情。喜看总医院骨科日益发展，顿觉身心未老，完全融入在为医院、为病人服务的快乐中，好像忘记了自己的年龄。我没有人到老年叹息黄昏的茫然，在夕阳的余晖里，我看到的仍是风光无限，老有所用，老有所乐，老有追求，我常自娱自乐地击节而歌：老骥伏枥天地宽，达人暮年志益坚。欣看夕阳无尽时，明日依旧照云山。我每天仍然在想、望着为美好的明天再多做一点、一点……

破压而出(摄于广西西山)

5，要豁达，要宽容　记人之善，忘人之过，以宽广的胸怀和度量对待身边的人和事，能做到这一点的人是高贵的。宽恕伤害自己的人，这是君子的作风，是智者的行为，蔺相如三让廉颇，是宽容，诸葛亮七纵孟获，也是宽容。宽容曾经深深伤害过自己的人，是困难的，我曾长时间记得别人对自己的龃龉、排挤、甚至诬陷，并曾用各种方法抗争，如遇上表面笑嘻嘻，暗中使绊子的人，只要他心中有愧不敢明着来（也说明他怕我的力量和我对他反击的恐慌），我对此还有点轻蔑，不上当生闷气，只以一点阿Q精神和方法对待之："XXX，儿子欺负老子啦!"，哈哈一笑，冷漠处之，冷漠者，即蔑视，在自己心中不给他一个位置。或你给我穿小鞋，制造障碍，我偏要在舞台上跳出个美妙的芭蕾舞，搞出个成绩来，以标榜自己的"天地正气"和宁折不弯，从石块下也要钻出来的气概，这还有点耿耿于怀，缺少点宽容。

宁折不弯

到了60岁以后，才逐渐明白事理，看待一切也都与过去不同。过了60岁之后，自己好像是一条在山峡中急奔的小河，进入了大海，立刻有一种心明眼亮、开阔的感觉，油然生出"何必如此"的意识。这也许因为到了老年，回首往事时，一生中历尽的风风雨雨，尝过的甜酸苦辣，饱经了升降沉浮，这些阅历和各种对比（包括自己对别人和别人对自己），都在发酵，于是，内心生出许多不同的感触，进入感悟之境，逐渐地，产生了宽容的良好心态。每当我碰到过去有些疙瘩的同志，我都会主动微笑问候，它是发自内心的、是真诚的、是自然的，是对被我犯错时伤害过的同志，表示愧疚，是对伤害过自己的人表示宽恕，这比纠缠不休更好。有了这些感悟后，逐渐就发现自己的内心，是如此轻松和仿佛远离了失落，远离了烦恼，远离了郁结，活得更自在，活得更潇洒，活得更快乐。让我深深感到只有宽容地看待人生和体谅他人时，我们才可以获取一个放松、自在的人生，才能生活在欢乐与友爱之中。

大爱无边！

以德报怨，则是宽容的最高境界，是人性中最美丽的花朵，马克·吐温说:“紫罗兰把它的香气留在那踩扁了它的脚踝上，这就是宽恕。”

宽容是一种博大精深的境界，是人的涵养。它是处世的经验，待人的艺术，为人的胸怀；它能包容人世间的喜怒哀乐，使人生跃上新的台阶。世界上最宽阔的是海洋，比海洋宽阔的是天空，比天空更宽阔的是人的胸怀。人人多一分宽容，人类就会多一分理解、多一分真善、多一分珍重、多一分美好，生活中的酸甜苦辣就终会化作五彩的乐章。让我们一起为之修炼吧！

做叶老秘书6年的感悟
——曹燕自述

2004年10月的一天早晨，正在忙于临床护理工作的我，被叫到了时任骨科主任杨传铎主任的办公室，一进门，看到护士长、协理员都在，似乎有什么事情要发生……“曹燕同志，考虑到你在骨科护理岗位较长时间，业务技能扎实，工作表现不错，院党委决定让你担任我院外聘专家叶启彬教授专职秘书，在叶主任在我院骨科工作期间，协助叶主任完成工作。”

我于1996年毕业于武警天津医学院护理系，分配至总医院工作，一直以来从事的是护理工作，“秘书”是个什么概念？让我这个从没接触过文秘工作的“小兵”，去给一位享有盛誉的骨科专家当秘书，我能完成组织交给我的这一项光荣而艰巨的任务吗？但是军人以服从命令为天职，“我坚决完成上级领导交给我的任务”是我标准的军人式回答，就这样，我离开了9年的护理岗位。我没考虑过这样的决定，会对我将来的发展有没有什么影响，只是一心扑在了准备迎接叶教授的筹备工作中，忙得不亦乐乎！

慈祥而严格的老人。2004年11月的第一天，我终于见到了这位堪称我国脊柱外科界泰斗式人物叶启彬教授，也就是后来被我一

曹燕秘书

直亲切喊为“老爷爷”的叶教授。第一次见面，就被他那张充满亲切微笑的面容所感染。他耐心地告诉我需要我做的几方面工作和具体的要求，并告诉我应该怎么做，几次交谈之后，很快就消除了我这个从没接触过文秘工作的“小兵”怕搞不好的担心，在他耐心指导下，工作很快走上正轨。

一眨眼跟随叶老已六七年了，虽然作了一些不起眼的工作，但也常常给叶老添一些麻烦，甚至还会惹他老人家生气，有太多的地方需要他老人家的包容和谅解，没有他老人家像对待自己女儿那样地精心调教和耐心指导，我是不会有今天的成熟和稳重的。在做他的秘书的这几年里，让我开拓了眼界，增长了知识；更多的是看到了像他这样老一辈的医学专家，是如何地一步步在完善我们国家的医疗事业的。他古稀之年还在孜孜不倦地学习新的技术，每天忙着上网查阅和整理资料，制作 PPT，撰写讲稿和论文……让我深受感动。

严谨的医学专家，高尚的医德医风。在工作中，我也亲眼看到他那高尚的医德医风。他是一位非常严谨的医学专家，他每做一个手术都很严谨，一般都要构思几个方案，有时看见他凝视着复杂的片子，一待就是半天，他的精湛技艺的背后，全都是辛勤的汗水。我记得他来的第一天就上手术，那是一个颈椎肿瘤压迫脊髓病人，已瘫了，刻不容缓。他顾不上休息，立即跟随张仲文博士上了手术台，手术有相当的难度，肿瘤压迫部位在颈部脊髓，稍有不慎，后果可想而知，这以前，在我医院基本上还未开展。很快手术顺利结

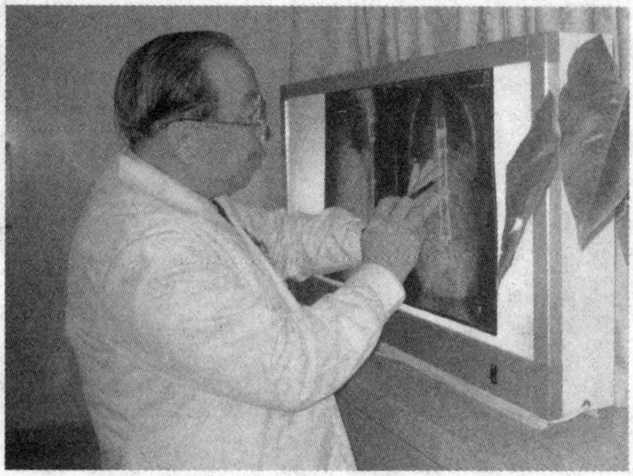

曹燕摄于叶老办公室

束了，看着叶老精神抖擞地从手术室走了出来，那架势和气魄，一点不像一位六十多岁的老人，而且是在手术台上已经站了两三个小时的主刀医生。“手术做得很顺利！”叶老神定自若地告诉在门外等候消息的患者家属，当时患者家属对医院、医生的感激之情，无以言表，我想这就是为什么武警总医院要请叶老来的原因了。

叶教授勇于为病人承担风险的精神令人敬佩。叶老来我院的这几年里，我亲眼看到他做过许多别的医生不愿意做的疑难重症手术，他们有些是下面医生或者是叶老的学生介绍来的，更多是病人自己仰慕协和医院和我们武警总医院的医疗技术，专门找上门来的。他一个、一个地精心治好了这些疑难重症病人，这些手术做下来，常常需要连续几小时，他手术成功完成后，回到办公室，喜悦的笑容也掩盖不住他疲惫的神情，毕竟他是七十高龄的老人了，许多好心人劝他“都这把年纪了，不要做太难的手术了，做成了在您叶老的光环上也添不了多少光辉，一旦失败了将会把您的一世英名……”，他说：“我也确实犹豫过，但当我看到病人及其家属眼睛中充满了对医生祈盼的眼神时，我又不忍心说不给做了，让病人失望和伤心。”但愿世人和我们的病人家属能够理解医生的苦心，人们往往认为治病救人是医生的使命，治好病是必需的，治不好却是万万不该的。人们哪里理解医生也是人，不是神，千万不要伤了像叶老这样一心一意想为病人治好病的好医生的心。

病人为了能请到叶教授亲自主刀手术，找关系的、托人的，还有送红包的，这几年里，我在办公室门里、门外，看到过多少次他拒收红包的动人情景。患者家属有的明着递上红包，说:“叶教授，我孩子的手术就托付您了……”有的趁我起身离开办公室时，慌忙进来，拿出准备好的红包塞给叶教授:“您看，我们也没准备什么，这点小意思……”但无论是怎么样的方式，怎么样的祈求，叶老总是诚恳地对他们说:“收受患者及家属红包是绝对不允许的，这是多年来对自己的一条铁的纪律，我不能收你的钱，这样做，会玷污我行医以来半生的清白，你放心，我一定会亲自主刀。”有时，还他会半开玩笑安慰病人说:“你放心，快走吧！我拿了你的钱，心会不安，手术时，手就会抖，不小心手一抖，把手术做坏了怎么办?”病人含着感动的眼泪，放心地离去。他常对我和科室的其他工作人员说:“大多数患者来自我国的偏远地区，为了治病，凑足支付高额的治疗费用，甚至不惜卖房、借钱，负债累累，医者仁心，作为医生，你怎能忍心伸手去接过他们的红包?”患者的心情是可以理解的，他们以为红包的意义是“感谢、托付，是一种心理安慰”，也有不少误认为:“不给医生送红包，就不会好好做手术，”但是在叶老这里，他们绝对可以放心，在他眼中只有病人，没有高低、贫贱之分。

最近我在整理打印叶教授的书稿，打印中，我深受教育，在这里，我要对叶老说一声：尊敬的叶老，能给您完成《漫漫从医路》这本书稿的打印工作，实在是我，小燕的荣幸，它让我了解到您毕生的奋斗过程，体会着您这一路走来的辛劳和艰苦，这也是我人生路上一笔丰厚的宝贵财富，将激励我在今后的发展中，保持坚强不息的奋斗精神。

报刊文章选登

著名骨科专家叶启彬

记者 李 威

人生于世，不管是做哪一行，都有艰难险阻，误会与委屈，可

《京华梅州人》报道叶启彬教授的文章

以说是五味杂陈。医生这个职业更是这样，尤其是当今这个时代，误解多于理解，医患关系紧张，人们往往认为治病救人是医生的使命，治好病是必需的，治不好却是万万不该的。人们哪里理解医生也是人，不是神，其中滋味，也只有医者自知。一些医生无奈换了职业，一些医生发誓不让自己的子女学医，但大多数医务工作者，仍然无怨无悔地工作着，虽有千辛万苦，仍在忍辱负重、痴心不改，叶启彬教授就是其中突出的一位。已经在北京协和医院干了大半辈子（退休）了，武警总医院一声招呼"您为地方干了大半辈子，到我们部队来服务一下吧"，他又披上戎装，在武警总医院一干又是第五个年头了。

我想他一定是真的体味到了医中真味，能摆平医疗行业中的苦与乐，所以已年届70高龄，仍然马不停蹄，壮心不已！

天才在于勤奋

"对同志对人民极端热忱"，"对工作极端负责任"，"对技术精益求精"。讲辩证的毛主席在三句话里用了两个"极端"，足见他寄希望于医生极深。

当你见到坐在观片灯前的叶启彬教授，与他聊过之后，你或许会对毛主席的这些话有更深刻的理解，观灯片前的叶启彬教授，专注而严谨，他说当医生重要的一条就是要仔细，要把遇到的问题研究明白，解释清楚才行，不能凑合——得先说服自己，才能说得服病人。他讲起病来，好像是在和病人唠家常，几句话把那些片子解释得清清楚楚，把那些病理讲得明明白白。冬去春来，不知道度过了多少个岁月，一张片子又一张片子，一张处方又一张处方……解决了无数病人的病痛，他就是这样做着平凡而又伟大的工作，也可以说，笼在他身上的光环，是他在观片灯前，无影灯下的无数个日日夜夜换来的。

他的勤奋是出了名的。在学校的时候，老师自己精心编的教材包罗万象，并将各学科：药理的、生化、生理的、病理的，相互融会贯通，涉及面很广，很有启发，打开了他的视野，让他学到了很多东西。他常常在作业做完后，仍待在教室里冥思苦想，按照老师思路，综合各学科之间相互联系的知识，试图去融会贯通，这无疑培养了他以后在医学生涯中的科研能力。

叶启彬在北京医学院以优异的成绩毕业后，就在协和医院工作。协和医院卧虎藏龙，那里的学习气氛很好，有很多好的传统，在那里，老医生教导他对任何医学现象，不仅要知其然，更要知其所以然，要往深层思考，这些教导，在叶大夫以后的医疗、教学、科研道路上一直起着重要作用。

1982年他留学加拿大渥太华大学医院骨科在国际著名教授Gordon Armstrong指导下研修脊柱外科和人工关节，能在国际级大师的手下学习，叶启彬十分珍惜这个机会，整天整理病人资料，做幻灯片，一次没搞清楚的问题，标记下来，下次再问。他问得有水平，工作勤奋，所以外国老师很喜欢他，常常让他单独上台手术锻炼，老师当第一助手或台下指导，能在国外进修时单独在外国人身上手术的，在当时，可以说是绝无仅有的。导师寄厚望于他，回国后能在中国推广脊柱外科工作，临回国前老师问他："你还需要学什么东西?"叶启彬道："脊柱前路手术还差点。"老师被这个"贪婪"的学生打动了，就从院外调了相关病例，并安排手术亲自做给他看。回国的时候他很多东西都不要了，随身衣箱中塞满了他在国外学习时候做的幻灯片和病历摘要，所以回国后，能立刻在国内开展脊柱外科各项工作。刚回到国内医院就让他协助吴之康教授组织举办中国首届现代脊柱外科学习班，参与授课和讲解手术录像。此后他经常应邀在全国各地做学术报告和手术交流，他扎实的理论知识和精细的手术技术为同行所称道。

对技术的精益求精的追求是他前进的动力，但更难得的是他并不保守，经常毫无保留地将自己的临床经验（包括失败的经验）和体会教给别人，尽量互相交流学习。曾有个医生私底下告诫他："别什么都跟人说，小心别人都超过你啦……"叶启彬教授心想能多教出一些人才，才可以救治更多的患者。他知道要想不被超越，不能靠掖着、藏着，要靠自己创新和前进一步，他豁达地说重要的不是自己有多大的能力和本事，能掌握多大权力，而是你教给了别人多少本事和能力。你给后辈留下了什么……

对技术精益求精的他在无影灯下、手术台上，更像是个工程师、艺术家。很多人都说看他的手术是一种享受，但他从不骄傲，永不知足。有的医生有时候和他开玩笑："叶教授，什么时候你给我们表演表演个手术看看?"叶启彬听了这话就说："可不能有这种思想，不管你们做过多少手术，都应该像第一次做手术那样小心谨慎，否则，非出事不可，手术不是什么杂技，不能表演……”人们常说京戏是台上一分钟，台下十年功，手术台上更是这样，在他精湛技艺的背后，全都是辛勤的汗水。有人说医生是一个活到老学到老的行业，他只要走上了这条路，就注定一辈子不能休息，医学中未知数太多了，你要不断追新，更新，赶上世界发展潮流。叶启彬教授做一个手术一般都要准备几个方案，上班时在医院是上班，下了班在家里还是在“上班”，还在准备第二天的手术，还要看书，充实自己，将书上新的东西加入到自己的体系里面，为自己所用，他在学习从外国引进的东西时，不是直接拿来照搬套用，而是要弄懂其原理，还要找出其中不足，特别关注手术后的并发症发生的原因和防治手段。

他不但善于从书本上学习，还注意从实践中总结，一般人写论文是报告成果，他写论文时非常注意总结错误经验，并认为这也是应该学习的重要方向，他是我国第一位收集写作报道手术失误和并发症的人，他的“脊柱侧弯治疗中的失误和并发症探讨，63 例报告”论文发表后，对学术界震动很大，《中华骨科杂志》还特别授予他优秀论文奖。有一位台湾医生专程到协和医院来见他，拉着他和他讲：“我不认得你，但在台湾就听说过你，我来见你是因为我喜欢你的书，你的书讲手术怎么做才能成功，怎么做才能预防失败，是真的教人做手术的，你的书很有启迪，有新的东西……”叶启彬教授是一位多产的作家，他主编有《脊柱外科新手术》等脊柱外科专著等 5 部，参加编写《骨科手术学》等 8 部，发表中英文学术论文 80 余篇，发表科普论文 200 余篇，曾先后 4 次获得国际和国内的优秀论文奖。

愿为医学献终身

从医是叶启彬的不二志愿。出生在广东梅县梅南镇山村里的叶启彬，从小就目睹了山区里缺医少药和治病难的艰辛，这些经历在叶启彬的心田里中投下了一颗种子，他要立志做一个受老百姓欢迎的医生。

他 1956 年进入了全国知名高中——梅县东山中学，在叶剑英元帅的母校，那美丽的校园里，殷殷的同学情，浓浓的师长爱，使他的学识首次获得明显升华。当时的学校里，大多数同学都满怀豪情，要上名校清华和北大，成绩好的应该去考一类理工科，医学是第二类。叶启彬在报志愿前一直隐瞒着考医的想法。直到分类复习的时候，一向喜欢叶启彬并对其寄予厚望的班主任，发现在考一类的班里没有了他的身影，一问同学，才知道这个好苗子居然要考第二类的医。非常不满意:“乱弹琴，叫他来找我。”叶启彬紧张地来到班主任的办公室，班主任问道:“为什么不考一类？你知不知道国家需要一类人才?”叶启彬紧张地愣头愣脑地脱口而出答道:“国家也需要二类人才呀……”班主任听他这近于顶人的回答，气得脸马上涨红起来，但还好他没有发火，很有修养地让了一步:“那当然，但国家更需要一类人才，你自己考虑吧。”但一心想做医生的叶启彬，还是痴心地坚持把所有志愿全部填写上医学院“医疗系”。因为怕冷，所有的学校都是未过长江的，第一志愿是中山医学院。班主任看到这个，又不满意了“为什么不考国家重点?”因为当时中山医学院还不是国家重点，叶启彬只好让步说:“那你帮我点一个吧。”班主任大笔一挥，在他的志愿单上用红笔批上了北京医学院。

天从人愿，他被北京医学院录取，从遥远的南方经三天三夜火车来到北京前门火车站，恰逢医学院马旭院长前来视察新生接待站工作，他和一位保定的女同学一起，享受了一次规格不低的接待

中为高中班主任——谢诚歆老师

——坐着校长的小车来到了校园。

在北京医学院这所高等医学学府里，学习条件很好，又受到学校和同学们的关怀和照顾，他暗下决心，要为祖国医学事业拼搏，做一个人民需要的好医生。他就是这样做的，从课堂到医院，到工厂到农村，他的足迹遍布全国二十几个省市地区，改革开放后又走遍了大半个世界，到过三十多个国家进行学术交流，踏上了从医的漫漫长路，虽然学习工作条件越变越好，但做一个老百姓需要的好医生的初衷始终未变。他现在已经是协和医院骨科资深教授，博士生导师并兼武警总医院骨科中心主任，享受国务院特殊津贴；他还担任中国残联康复协会副理事长，中国矫形外科杂志副总编等社会和学术职务，他常说：这是翻过去的一页，重要的是应该想想你明天能为病人做些什么？

善于发明创造的人体工程师

学习光勤奋是不行的。有很多人是死读书，而叶启彬教授是真的活学活用，善于将书本上的东西融会贯通后，创造新的方法，在实践中应用，这些例子太多了，还在医学生时，假期返乡，一个小学时的老师带着她的女儿来找他说：“你给看看，我的女儿生下来耳朵里就有一块大耵聍，影响听力，影响学习，地方医院用耵聍水也不好用……”叶启彬一想耵聍是油脂，油脂怕什么？汽油啊，滴两滴，耵聍果然化了。还在西藏医疗队的时候，他脸上长了个皮脂腺囊肿，惯例需手术切除，无法自己给自己手术的他，忽然想起皮脂腺囊肿造成的原因是皮脂腺分泌出口给油性分泌物和灰尘的混合物堵塞了，他用棉棒沾汽油涂擦，没有几天果然好了，回来以后还用此法治了很多人……这样的小例子有很多，叶教授笑着说：这其实也是科研工作，涉及生理、生化、病理生理等知识，你要在脑子之中储存丰富的知识才会有灵感，才能找到发病规律，提出解决方法。

正是由于叶教授在学生时代开始，就非常勤奋好学，他博览群书，在脑海中积累了丰富的知识，所以他不仅医生当的好，而且还是个心灵手巧的发明家，或者可以把他说成是人体工程师——他的“脊柱侧凸症研究”获1989年度卫生部二等奖，国家科技进步三等奖，于2005年再度获国家科技进步二等奖，“中华通用脊柱内固定装置”获2004年中华科技进步二等奖，其中“脊柱侧弯板——棍矫正装置（PRSS）”并获国家发明专利及生产许可证。“Steffee手术治疗脊柱滑脱椎管狭窄临床应用研究”获1997年度国家教委科技进步三等奖，“DSS脊柱侧弯体表电刺激治疗仪的研制和应用”获1988年度中国医学科学院科技二等奖，“脊柱滑脱撑开装置（DRFS）的研制与临床应用”获医科院二等奖，2010年度全军科技二等奖；“髌骨病综合研究”获1997年北京市科技进步奖，其中“髌骨软化症治疗仪”获国家实用新型专利，为过去束手无策的髌骨软化症提供了有效的治法，1983年开始进行“全膝关节表面置换”的临床与研究工作，研制成国产人工膝关节表面置换手术器械，“股骨髁远端截骨定位器”获国家实用新型专利……

哪个成果拿出来都是沉甸甸的。尤其要说说他的“中华通用脊柱内固定装置（PRSS）”。这是他一生精华所在，达到世界先进水平。自从Harrington法成功治疗脊柱侧弯以后，国外已有多种脊柱侧弯矫正装置问世，但这些方法可引起过度矫正截瘫，还有可能影响脊柱的生长发育，不适合生长发育中的儿童。因此如何克服既矫正脊柱侧弯又不影响儿童脊柱生长和运动这一矛盾成为骨科的一个难题。叶启彬看到了外国方法的缺陷，也为那些患儿为了生长，每半年就要开一次刀去延长矫正器的痛苦而难过，他认为好的方法应能通过一次手术既能满意矫正脊柱侧弯并维持其矫正，不需反复手术去延长或更换内固定，还能自动随儿童长高而延长……凭借他做过3000多例脊柱侧弯手术的丰富经验，他要解决这个问题！

发明过程是艰苦的历程，成功就像一层窗户纸，但你要捅破它，就得付出艰辛的努力。他是首先将骨科金定律Hueter - Volkmann定律，应用于脊柱外科临床的第一人，他根据该定律阐述的压力抑制骨骺生长，牵张力刺激骨骺生长的原理，画了几百张草图，构思出脊柱侧弯矫正装置PRSS。他把东山中学高中的同学曾桓标找来，请他将设计草图变成机械加工图，经过多少个日日夜夜、多少次修改和校正。他终于成功了。经香港大学生物力学测试，北工大光弹试验研究及协和医院的动物实验，证明它治疗脊柱侧弯的先进性、科学性和优越性，目前已用于治疗了500多小儿脊柱侧弯，荣获2007年度中华医学科技进步二等奖，并且获得2008年度APOA（亚洲太平洋骨科协会）大会奖，他的加拿大老师评价说，这成果为脊柱侧弯治疗开辟了新途径，并对脊柱侧弯病因研究也有很大价值。美国脊柱外科专家将该项装置称为“中国生长棒”，2010年度亚洲太平洋骨科协会主席陈博光教授也说，这是一项革命性的创造。叶教授感到欣慰地说：今后在世界脊柱外科器械之林中，也有了中国的一棵小树。

真味是淡，至人如常

从医40多年的医疗生涯，经受过无数个难忘的经历，回忆起来大多让他高兴，还带点自豪，但也有一些愧疚、遗憾和自责，他忽略了许多委曲和忧伤，但有些他还在想，还想不通，他不知道为什么今天医患关系会变成这个样子？他常常想起在过去困难的岁月里，病人含着眼泪将自己亲人托付给医生的情景，病人家属常常追到手术室电梯口说："叶大夫，我把孩子交给您了，他（她）就是您的孩子……"医患之间充满了相互信任，他自己心中也充满着责任感，真心诚意将病人当成自己的亲人，当有些病人抢救不过来时，家属反而过来安慰心情沉重的医生："谢谢，你们已经尽到责任了……"哪像现在一些人，想方设法找茬子打官司，甚至辱骂殴打医护人员。有些人还甚至恶意将医生比作"白狼"，让叶大夫感到十分伤怀，但他并不灰心，他对年轻大夫说："要忽略和忘记这些不愉快的事，踏踏实实做人、做事，会感动我们的上帝——广大病人的。"他身先士卒，仍不辞辛苦地设法救治危难重症，想法为他们少花钱治好病……他不知道救治了多少个别人不愿再做的疑难重症病人的手术：病人自己仰慕叶大夫的医德医术找上门来的，下边医生或他自己的学生介绍来的……许多好心人劝他不要再做太难的病人了，对他说，做成了在您老的光环上也添不了多少光辉，一旦失败，将会把您的一世英名……他犹豫过，但当他看到病人及其家属眼中充满对医生祈求的眼神时，他又不忍心让病人失望和伤心。当他读到患者来信："谢谢叶大夫圆了我爱美的梦……"；"手术前我常常觉得自己是盛夏的一片黄叶，是您用高超的技艺恢复它本来的青绿……"他又不忍心放下他们，他说：自己身体还很健康，眼不花、手不颤、思维还敏捷，开刀速度不减当年……那就再继续干吧！他可能早就忘记了他在2000年时立下的承诺，"再做500例脊柱侧弯后就放下手术刀"。如今此数字早已被超越，可他仍然立马横刀。他说："自己别无他求，如果自己的所作所为，能让病人形体更美丽，心情更愉快，为建立和谐的医患关系做出一点贡献，而且能让后辈同仁领悟到：要想成为一名受人欢迎的医生，不仅要有志气，还要奋斗，要有自我牺牲精神，更要不断修炼自己的仁爱之心，如此则吾愿足以。”

这或许就是他体会到的医中真味的感言吧。

中德医生交流宝贵经验

脊柱外科医生叶启彬教授访问基恩 Diakonie 医院

来自北京的脊柱外科医生叶启彬教授说，德国乡村的绿色美景深深吸引了他，并且，他所遇到的人都非常友好。如果谈起德国高质量的产品公司和全球知名企业，他就会马上想到奥迪或西门子。

然而，叶教授来德国并不是为了进行游览，他访问德国是因为学术。在参加这周末在弗莱堡举行的脊柱专家会议之前，他访问了德国一些医院。其中一家医院就是基恩 Diakonie 医院。对于该医院脊柱和骨科主任 Dr. Thomas Hallbauer 来说，叶教授并不陌生，因

KIRN Donnerstag, 26. Mai 2011 9

Austausch nutzt beiden Seiten

MEDIZIN Orthopäde und Wirbelsäulenchirurg Professor Qibin Ye besucht Kirner Diakonie-Krankenhaus

Von Michael Schuf

Dr. Thomas Hallbauer (li.) konnte am Mittwoch Professor Qibin Ye im Kirner Diakonie-Krankenhaus begrüßen. Foto: Michael Schuf

Gemeinsam am Operationstisch

Die beiden Mediziner während Dr. Hallbauers Besuch in China im Jahr 2010. Foto: privat

德国 KIRN 日报报道叶教授的文章

为，Dr. Hallbauers 去年在北京访问武警总医院时就与叶教授交流过，叶教授是该医院的骨科主任。在 Dr. Hallbauer 去年访问中国期间，他还讲了几次课。

共同手术。昨天访问的重点与2010年北京会面一样，就是交流知识和经验。两个医生对此评论说，这是典型的双赢局面。两个医生在北京和基恩都一起做过一台手术。去年，Dr. Hallbauer 访问北京时，主要讨论的是动态固定退变脊柱。同时，也讨论了一些其他疾病，比如侧凸（脊柱弯曲）和膝关节置换。

Dr. Hallbauer 对叶教授是不吝赞赏：他是一名非常有经验和卓越的骨科和脊柱外科医生。同时，他说，叶教授所在医院高质量的医疗给他留下了深刻的印象。他说，双方都可以从对方那里学到很多很多，并且他可能在今年下半年访问中国，希望可以继续交流。

能够邀请中国同仁——北京协和医科大学72岁的叶教授在基恩一起手术，这对基恩的医生来说是很大的荣幸。安排的手术是“标准的”脊柱手术，脊柱节段融合手术。来自北京的教授也看到，中德之间除了经济方面的合作，还有很大的合作空间。尤其是医学方面的交流，将使双方都受益。德方人员同意他的观点，并且说，与中国的同仁交流知识和经验并且就有关病例进行讨论对他们的提高非常重要。

这不是叶教授第一次访问德国。他曾访问过德国东部的一些城市。他也提到，他在1983年就使用过 Dr. Klaus Zielke——德国脊柱外科之父——发明的 Zielke 内固定系统。

（摘译自德国 KIRN 日报）

“后乐”教授

——记骨科专家叶启彬

钟卫宁

协和医院巍峨的大屋顶，一直象征着中国医学科学的“宝塔尖”。“高高在上”的专家教授们，有时让人觉得可敬又可畏。其实，走进“大屋顶”，你会发现许多医术高超又平易近人的医生们。

叶启彬，就是这样一位教授。作为博士生导师，享受国家特殊津贴的专家，叶大夫并没有什么大架子。他爽快、热情，虽然有时

北京日报　　1997年1月31日　星期五　第七版

科技英才

“后乐”教授

——记骨科专家叶启彬

钟卫宁

协和医院巍峨的大屋顶，一直象征着中国医学科学的“宝塔尖”。“高高在上”的专家教授们，有时让人觉得可敬又可畏。其实，走进“大屋顶”，你会发现许多医术高超又平易近人的医生们。

叶启彬，就是这样一位教授。作为博士生导师、享受国家特殊津贴的专家，叶大夫并没有什么大架子。他爽快、热情，虽然有时挺严厉，可那全都是为工作、为病人。57岁的人了，工作起来还像年轻人一样。有时出门诊，一看几十号病人等着他，就着急了，往嘴里塞片心痛定，一干就四五个小时，非一口气把病人都看完不可。上了手术台，更是典型的外科医生作风，胆大心细，干净利落。用他的话说是：“你的技术过硬不过硬，关系着病人的生命啊。”

先天性脊柱侧弯、脊柱后凸矫正手术是一种难度很大的大手术，有的医生说是“走钢丝”。可是看到年轻的病人背上背个“包袱”，挺秀气的小姑娘成了“弯人”，叶启彬心里就不是滋味儿。多年来，他刻苦钻研，熟练掌握了目前国内外流行的各种脊柱外科新手术、新技术，研制开发了好几项脊柱外科装置，应用于临床，光是脊柱侧弯、脊柱后凸、脊柱滑脱、椎管狭窄等大手术就做了上千例，还主编了《脊柱外科新手术》、《脊柱侧弯的预防与治疗》等著作。发表有关论文20多篇。

叶大夫不仅手术做得漂亮，而且敢于创新。在协和医院，钳工组的师傅们一看见叶大夫上门，就知道他又要搞什么发明、改进了。前几年，叶启彬教授用从国外引进的手术器械进行脊柱外科手术时，经常发现“洋”器械也存在这样那样的问题。下了手术台，他又是画草图，又是找工程师，一共进行了8、9项发明、改进，获得过多项国家专利。他的成果，不是使两次大手术一次完成，就是缩短了手术时间，提高了疗效，让病人少流血、少受苦。叶启彬把这些改革发明都以“协和”的名字命名，并拿到国际会议上去做报告，使来自东方的“协和脊椎钢板”、“协和环钻”赢得了一片掌声。

攻下了脊柱侧弯的难题，叶启彬又忙开了新的工作。最近他又完成了一项通过卫生部鉴定的科研成果“髌骨软化症的综合研究”。照说，髌骨软化症既不是高精尖的大课题，也不是上面派下来的硬任务，更没有厂家的赞助、支持，可是叶启彬和协和医院骨科上到著名教授吴之康，下到年轻的研究生们，却一起干了六七年。为什么？因为得这种病的病人很多，因为这是一个骨科常见的难题。尽管国内的专家们就这个项目进行了大量研究，手术的、非手术的方法搞了很多，效果却都不太理想。有的教授可以把髌骨软化症的生物力学、解剖学关系论述得很全面、很深刻，可一到临床却没有什么好的治疗方法。叶大夫对此也一直十分苦恼，他说：“病人老远地来找你看病，挂一个号就十元钱，可是你只能给病人开点止痛药，心里愧不愧？”

叶大夫研究的着眼点不仅仅是髌骨软化症的理论和学术问题，更重要的是想找到一条切实解除病人痛苦的治疗方法。从1989年至今，叶启彬教授等研制成功了一种JKY型肌肉康复治疗仪，巧妙地用电刺激波作用于病变肌肉，使半脱位的髌骨复位，解除了病人膝关节疼痛的痛苦，防止病情进一步发展、恶化，也避免了一些病人以后“挨一刀”。

研究进展到这儿，已经不容易，叶启彬教授却远没有满足。他又在髌骨人工关节上动开了脑筋。自行设计了高分子聚乙烯人工髌骨和供其滑行的金属轨道，手术简单、实用，创伤小，45分钟就可完成，两周后病人就能自己走着出院了。目前他们已经成功地为全国39位病人的48个膝关节进行了人工髌骨关节表面置换术，使病人重返工作岗位，过上了正常人一样的生活。一位中年妇女说：“原来我夜里膝盖疼得睡不着觉，下楼得‘横’着搬腿。手术后关节不疼了，还挺有劲儿。有一次坐火车我下错了车，只好背着包走了10多公里。等走到了我发现，原来的病腿比没做手术的那条腿还有劲儿。”

每当听到病人这样的描述，叶启彬大夫都开心地笑了。他特别欣赏范仲淹的名句“后天下之乐而乐”，并以此自勉躬行。他说：“只要病人说声满意，我就满足了。这是我最大的享受。”这位“后乐教授”在骨科干了三十多年，除了工作，很少业余活动，回到家，还惦记着腰直不起来的病人，关节打不了弯的患者……琢磨着，设计着，如何更多地减轻他们的痛苦。

《北京日报》资深记者钟卫宁报道叶教授的文章

挺严厉，可那全都是为工作、为病人。57岁的人了，工作起来还像年轻人一样。有时出门诊，一看几十号病人等着他，就着急了，往嘴里塞片心痛定，一干就四五个小时，非一口气把病人都看完不可。上了手术台，更是典型的外科医生作风，胆大心细，干净利落。用他的话说是：“你的技术过硬不过硬，关系着病人的生命啊。”

先天性脊柱侧弯、脊柱后凸矫正手术是一种难度很大的大手术。有的医生说是“走钢丝”。可是看到年轻的病人背上背个“包袱”，挺秀气的小姑娘成了“弯人”，叶启彬心里就不是滋味儿。多年来，他刻苦钻研，熟练掌握了目前国内外流行的各种脊柱外科新手术、新技术，研制开发了好几项脊柱外科装置，应用于临床，光是脊柱侧弯、脊柱后凸、脊柱滑脱、椎管狭窄等大手术就做了几千例，还主编了《脊柱外科新手术》、《脊柱侧弯的预防与治疗》等著作。发表有关论文60多篇。

叶大夫不仅手术做得漂亮，而且敢于创新。在协和医院，钳工组的师傅们一看见叶大夫上门，就知道他又要搞什么发明、改进了。前几年，叶启彬教授用从国外引进的手术器械进行脊柱外科手术时，经常发现“洋”器械也存在这样那样的问题。下了手术台，他又是画草图，又是找工程师，一共进行了八九项发明、改进，获得过多项国家专利。他的成果，不是使两次大手术一次完成，就是缩短了手术时间，提高了疗效，让病人少流血，少受苦。叶启彬把这些改革发明都以“协和”的名字命名，并拿到国际会议上去做报告，使来自东方的“协和脊椎钢板”、“协和环钻”赢得了一片掌声。

攻下了脊柱侧弯的难题，叶启彬又忙开了新的工作。最近他又完成了一项通过卫生部鉴定的科研成果“髌骨软化症的综合研究”。照说，髌骨软化症既不是高精尖的大课题，也不是上面派下来的硬任务，更没有厂家的赞助、支持，可是叶启彬和协和医院骨科上到著名教授吴之康，下到年轻的研究生们，却一起干了六七年。为什么？因为得这种病的病人很多，因为这是一个骨科常见的难题。尽管国内的专家们就这个项目进行了大量研究，手术的、非手术的方法搞了很多，效果却都不太理想。有的教授可以把髌骨软化症的生物力学、解剖学关系论述得很全面、很深刻，可一到临床却没有什么好的治疗方法。叶大夫对此也一直十分苦恼，他说:“病人老远地来找你看病，挂一个号就十多元钱，可是你只能给病人开点止痛药，心里愧不愧?”

叶大夫研究的着眼点不仅仅是髌骨软化症的理论和学术问题，更重要的是想找到一条切实解除病人痛苦的治疗方法。从 1989 年至今，叶启彬教授等研制成功了一种 JKY 型肌肉康复治疗仪，巧妙地用电刺激波作用于病变肌肉，使半脱位的髌骨复位，解除了病人膝关节疼痛的痛苦，防止病情进一步发展、恶化，也避免了一些病人以后“挨一刀”。

研究进展到这儿，已经不容易，叶启彬教授却远没有满足。他又在髌股人工关节上动开了脑筋。自行设计了高分子聚乙烯人工髌骨和供其滑行的金属轨道，手术简单、实用，创伤小，45 分钟就可完成，两周后病人就能自己走着出院了。目前他们已经成功地为全国 39 位病人的 48 个膝关节进行了人工髌股关节表面置换术，使病人重返工作岗位，过上了正常人一样的生活。一位中年妇女说:“原来我夜里膝盖疼得睡不着觉，下楼得‘横’着搬腿。手术后关节不疼了，还挺有劲儿。有一次坐火车我下错了车，只好背着包走了 10

多公里。等走到了我发现，原来的病腿比没做手术的那条腿还有劲儿。”

每当听到病人这样的描述，叶启彬大夫都开心地笑了。他特别欣赏范仲淹的名句“后天下之乐而乐”，并以此自勉躬行。他说：“只要病人说声满意，我就满足了。这是我最大的享受。”这位“后乐教授”在骨科干了三十多年，除了工作，很少业余活动，回到家，还惦记着腰直不起来的病人，关节打不了弯的患者……琢磨着，设计着，如何更多地减轻他们的痛苦。

叶启彬攻治膑骨病

罗月英

膑骨病是一种常见的多发病，患此病者以老年女性居多，中青年也不少见。怎样治疗这种病，是目前世界骨科医生面临的一个难题。已在脊柱外科方面颇有建树的北京协和医院教授叶启彬主持的研究小组，经过五年的探索，对膑骨病在科研和临床方面，已取得了多项成果，为解决膑骨病打开了希望之门。

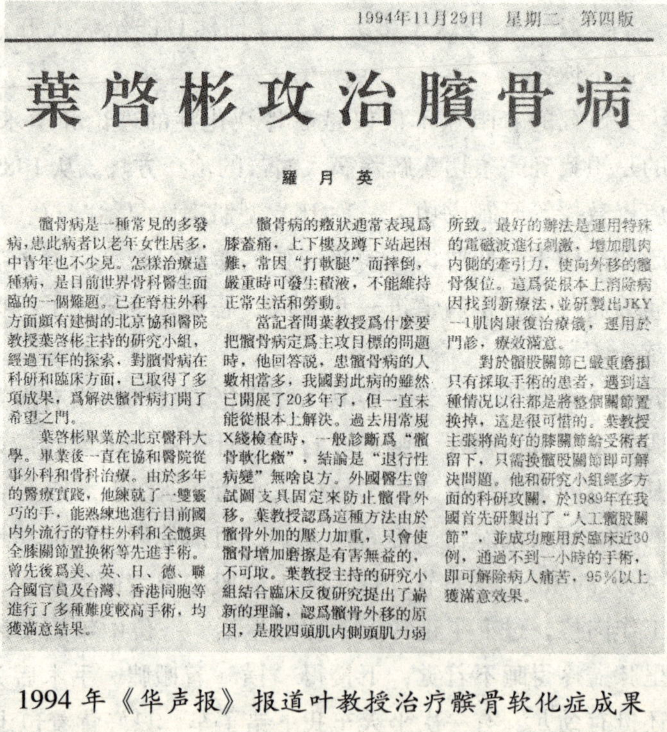

1994年11月29日　星期二　第四版

葉啓彬攻治髕骨病

羅　月　英

髕骨病是一種常見的多發病，患此病者以老年女性居多，中青年也不少見。怎樣治療這種病，是目前世界骨科醫生面臨的一個難題。已在脊柱外科方面頗有建樹的北京協和醫院教授葉啓彬主持的研究小組，經過五年的探索，對髕骨病在科研和臨床方面，已取得了多項成果，爲解決髕骨病打開了希望之門。

葉啓彬畢業於北京醫科大學。畢業後一直在協和醫院從事外科和骨科治療。由於多年的醫療實踐，他練就了一雙靈巧的手，能熟練地進行目前國內外流行的脊柱外科和全髖與全膝關節置換術等先進手術。曾先後爲美、英、日、德、聯合國官員及台灣、香港同胞等進行了多種難度較高手術，均獲滿意結果。

髕骨病的癥狀通常表現爲膝蓋痛，上下樓及蹲下站起困難，常因“打軟腿”而摔倒，嚴重時可發生積液，不能維持正常生活和勞動。

當記者問葉教授爲什麼要把髕骨病定爲主攻目標的問題時，他回答説，患髕骨病的人數相當多，我國對此病的雖然已開展了20多年了，但一直未能從根本上解決。過去用常規X綫檢查時，一般診斷爲“髕骨軟化癥”，結論是“退行性病變”無啥良方。外國醫生曾試圖支具固定來防止髕骨外移。葉教授認爲這種方法由於髕骨外加的壓力加重，只會使髕骨增加磨擦是有害無益的，不可取。葉教授主持的研究小組結合臨床反復研究提出了嶄新的理論，認爲髕骨外移的原因，是股四頭肌內側頭肌力弱所致。最好的辦法是運用特殊的電磁波進行刺激，增加肌肉內側的牽引力，使向外移的髕骨復位。這爲從根本上消除病因找到新療法，並研製出JKY—1肌肉康復治療儀，運用於門診，療效滿意。

對於髖股關節已嚴重磨損只有採取手術的患者，遇到這種情況以往都是將整個關節置換掉，這是很可惜的。葉教授主張將尚好的膝關節給受術者留下，只需換髕股關節即可解決問題。他和研究小組經多方面的科研攻關，於1989年在我國首先研製出了“人工髕股關節”，並成功應用於臨床近30例，通過不到一小時的手術，即可解除病人痛苦，95％以上獲滿意效果。

1994年《华声报》报道叶教授治疗髌骨软化症成果

叶启彬毕业于北京医科大学。毕业后一直在协和医院从事外科和骨科治疗。由于多年的医疗实践，他练就了一双灵巧的手，能熟练地进行目前国内外流行的脊柱外科和全髋与全膝关节置换术等先进手术。曾先后为美、英、日、德、联合国官员及台湾、香港同胞等进行了多种难度较高手术，均获满意结果。

髌骨病的症状通常表现为膝盖痛，上下楼及蹲下站起困难，常因“打软腿”而摔倒，严重时可发生积液，不能维持正常生活和劳动。

当记者问叶教授为什么要把髌骨病定为主攻目标的问题时，他回答说，患膑骨病的人数相当多，我国对此病的研究虽然已开展了20多年了，但一直未能从根本上解决。过去用常规X线检查时，一般诊断为“髌骨软化症”，结论是“退行性病变”，无啥良方。外国医生曾试图支具固定来防止髌骨外移。叶教授认为这种方法由于髌骨外加的压力加重，只会使髌骨增加摩擦，是有害无益的，不可取。叶教授主持的研究小组结合临床反复研究提出了崭新的理论，认为髌骨外移的原因，是股四头肌内侧头肌力弱所致。最好的办法是运用特殊的电磁波进行刺激，增加肌肉内侧的牵引力，使向外移的髌骨复位。这为从根本上消除病因找到新疗法，并研制出JKY－1肌肉康复治疗仪，运用于门诊，疗效满意。

对于髌股关节已严重磨损只有采取手术的患者，遇到这种情况以往都是将整个关节置换掉，这是很可惜的。叶教授主张将尚好的膝关节给受术者留下，只需换髌股关节即可解决问题。他和研究小组经多方面的科研攻关，于1989年在我国首先研制出了“人工髌骨关节”，并成功应用于临床近30例，通过不到一小时的手术，即可解除病人痛苦，95%以上获满意效果。

我国矫正脊柱侧弯手术不再昂贵

人的脊柱，男性长约70厘米，女性长约65厘米，贯穿人体背部中央，作为人体的中轴，支撑着人的整个身体，维持人体健美曲线和左右对称的体形。人的脊柱一旦由于某种原因而偏离人体的中轴线时，就形成脊柱侧弯畸形。

脊柱侧弯不仅使人体的优美形态遭受破坏，造成一侧胸廓塌

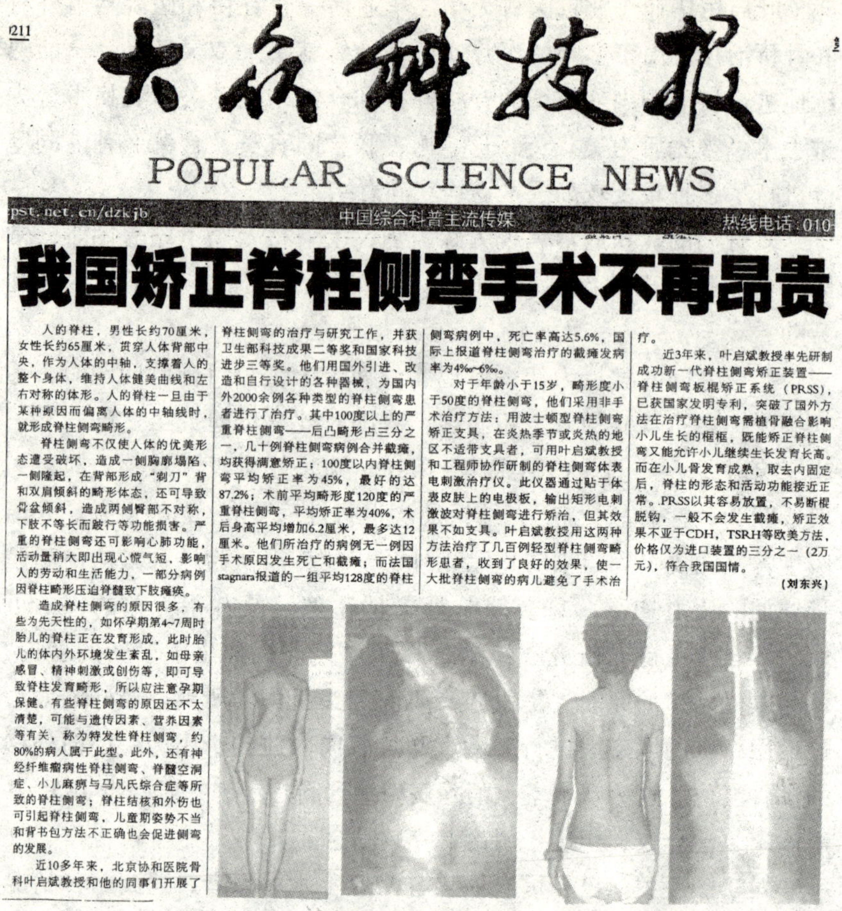

211 大众科技报

POPULAR SCIENCE NEWS

pst.net.cn/dzkjb　中国综合科普主流传媒　热线电话 010

我国矫正脊柱侧弯手术不再昂贵

人的脊柱，男性长约70厘米，女性长约65厘米，贯穿人体背部中央，作为人体的中轴，支撑着人的整个身体，维持人体健美曲线和左右对称的体形。人的脊柱一旦由于某种原因而偏离人体的中轴线时，就形成脊柱侧弯畸形。

脊柱侧弯不仅使人体的优美形态遭受破坏，造成一侧胸廓塌陷、一侧隆起，在背部形成“剃刀”背和双肩倾斜的畸形体态，还可导致骨盆倾斜，造成两侧臀部不对称，下肢不等长而跛行等功能损害。严重的脊柱侧弯还可影响心肺功能，活动量稍大即出现心慌气短，影响人的劳动和生活能力，一部分病例因脊柱畸形压迫脊髓致下肢瘫痪。

造成脊柱侧弯的原因很多，有些为先天性的，如怀孕期第4~7周时胎儿的脊柱正在发育形成，此时胎儿的体内外环境发生紊乱，如母亲感冒、精神刺激或创伤等，即可导致脊柱发育畸形，所以应注意孕期保健。有些脊柱侧弯的原因还不太清楚，可能与遗传因素、营养因素等有关，称为特发性脊柱侧弯，约80%的病人属于此型。此外，还有神经纤维瘤病性脊柱侧弯、脊髓空洞症、小儿麻痹与马凡氏综合症等所致的脊柱侧弯；脊柱结核和外伤也可引起脊柱侧弯，儿童期姿势不当和背书包方法不正确也会促进侧弯的发展。

近10多年来，北京协和医院骨科叶启斌教授和他的同事们开展了脊柱侧弯的治疗与研究工作，并获卫生部科技成果二等奖和国家科技进步三等奖。他们用国外引进、改造和自行设计的各种器械，为国内外2000余例各种类型的脊柱侧弯患者进行了治疗。其中100度以上的严重脊柱侧弯——后凸畸形占三分之一，几十例脊柱侧弯病例合并截瘫，均获得满意矫正；100度以内脊柱侧弯平均矫正率为45%，最好的达87.2%；术前平均畸形度120度的严重脊柱侧弯，平均矫正率为40%，术后身高平均增加6.2厘米，最多达12厘米。他们所治疗的病例无一例因手术原因发生死亡和截瘫；而法国stagnara报道的一组平均128度的脊柱侧弯病例中，死亡率高达5.6%，国际上报道脊柱侧弯治疗的截瘫发病率为4‰~6‰。

对于年龄小于15岁，畸形度小于50度的脊柱侧弯，他们采用非手术治疗方法：用波士顿型脊柱侧弯矫正支具，在炎热季节或炎热的地区不适带支具者，可用叶启斌教授和工程师协作研制的脊柱侧弯体表电刺激治疗仪。此仪器通过贴于体表皮肤上的电极板，输出矩形电刺激波对脊柱侧弯进行矫治，但其效果不如支具。叶启斌教授用这两种方法治疗了几百例轻型脊柱侧弯畸形患者，收到了良好的效果，使一大批脊柱侧弯的病儿避免了手术治疗。

近3年来，叶启斌教授率先研制成功新一代脊柱侧弯矫正装置——脊柱侧弯板棍矫正系统（PRSS），已获国家发明专利，突破了国外方法在治疗脊柱侧弯需植骨融合影响小儿生长的框框，既能矫正脊柱侧弯又能允许小儿继续生长发育长高。而在小儿骨发育成熟，取去内固定后，脊柱的形态和活动功能接近正常。PRSS以其容易放置，不易断棍脱钩，一般不会发生截瘫，矫正效果不亚于CDH，TSRH等欧美方法，价格仅为进口装置的三分之一（2万元），符合我国国情。

（刘东兴）

《大众科技报》报道 PRSS 矫治侧弯的优点

陷、一侧隆起，在背部形成“剃刀”背和双肩倾斜的畸形形态，还可导致骨盆倾斜，造成两侧臀部不对称，下肢不等长而跛行等功能损害。严重的脊柱侧弯还可影响心肺功能，活动量稍大即出现心慌气短，影响人的劳动和生活能力，一部分病例因脊柱畸形压迫脊髓致下肢瘫痪。

造成脊柱侧弯的原因很多，有些为先天性的，如怀孕期第 4 ~ 7 周时胎儿的脊柱正在发育形成，此时胎儿的体内外环境发生紊乱，如母亲感冒、精神刺激或创伤等，即可导致脊柱发育畸形，所以应注意孕期保健。有些脊柱侧弯的原因还不太清楚，可能与遗传因素、营养因素等有关，称为特发性脊柱侧弯，约 80% 的病人属于此型。此外，还有神经纤维瘤病性脊柱侧弯、脊髓空洞症、小儿麻痹与马凡综合征等所致的脊柱侧弯；脊柱结核和外伤也可引起脊柱侧弯，儿童期姿势不当和背书包方法不正确也会促进侧弯的发展。

近10多年来，北京协和医院骨科叶启彬教授和他的同事们开展了脊柱侧弯的治疗与研究工作，并获卫生部科技成果二等奖和国家科技进步三等奖。他们用国外引进、改造和自行设计的各种器械，为国内外2000余例各种类型的脊柱侧弯患者进行了治疗。其中100度以上的严重脊柱侧弯——后凸畸形占三分之一，几十例脊柱侧弯病例合并截瘫，均获得满意矫正；100度以内脊柱侧弯平均矫正率为45%，最好的达87.2%；术前平均畸形度120度的严重脊柱侧弯，平均矫正率为40%，术后身高平均增加6.2厘米，最多达12厘米。他们所治疗的病例无一例因手术原因发生死亡和截瘫；而法国stagnara报道的一组平均128度的脊柱侧弯病例中，死亡率高达5.6%，国际上报道脊柱侧弯治疗的截瘫发病率为4‰~6‰。

对于年龄小于15岁，畸形度小于50度的脊柱侧弯，他们采用非手术治疗方法：用波士顿型脊柱侧弯矫正支具，在炎热季节或炎热的地区不适带支具者，可用叶启彬教授和工程师协作研制的脊柱侧弯体表电刺激治疗仪。此仪器通过贴于体表皮肤上的电极板，输出矩形电刺激波对脊柱侧弯进行矫治，但其效果不如支具。叶启彬教授用这两种方法治疗了几百例轻型脊柱侧弯畸形患者，收到了良好的效果，使一大批脊柱侧弯的病儿避免了手术治疗。

近3年来，叶启彬教授率先研制成功新一代脊柱侧弯矫正装置——脊柱侧弯板棍矫正系统（PRSS），已获国家发明专利，突破了国外方法在治疗脊柱侧弯需植骨融合影响小儿生长的框框，既能矫正脊柱侧弯又能允许小儿继续生长发育长高。而在小儿骨发育成熟，取去内固定后，脊柱的形态和活动功能接近正常。PRSS以其容易放置，不易断棍脱钩，一般不会发生截瘫，矫正效果不亚于CDH，TSRH等欧美方法，价格仅为进口装置的三分之一（2万元），符合我国国情。

（刘东兴）

协和医院研制成功
领先国际脊柱侧弯矫正术
让孩子们长正长高

北京协和医院骨科主任医师叶启彬教授告诉我们：人的脊柱，男性长约70厘米，女性长约65厘米，贯穿人体背部中央，作为人体的中轴，支撑着人的整个身躯，维持人体健美曲线和左右对称的体形。人的脊柱一旦由于某种原因而偏离人体的中轴线时，就形成脊柱侧弯畸形。

脊柱侧弯的病人可能一侧胸塌陷，一则隆起，背部形成“剃刀”背和双肩倾斜的畸形体态

“脊柱侧弯” scoliosis 一词最早见于希腊语，作为对脊柱的扭

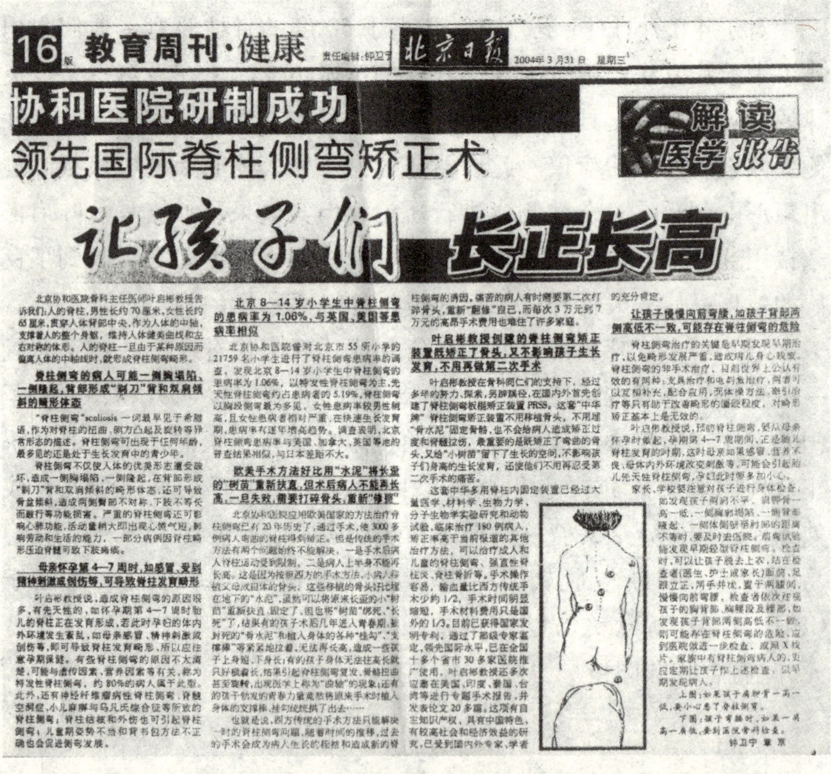

16版 教育周刊·健康 责任编辑：钟卫宁 北京日报 2004年3月31日 星期三

协和医院研制成功
领先国际脊柱侧弯矫正术
让孩子们长正长高

解读医学报告

北京协和医院骨科主任医师叶启彬教授告诉我们：人的脊柱，男性长约70厘米，女性长约65厘米，贯穿人体背部中央，作为人体的中轴，支撑着人的整个身躯，维持人体健美曲线和左右对称的体形。人的脊柱一旦由于某种原因而偏离人体的中轴线时，就形成脊柱侧弯畸形。

脊柱侧弯的病人可能一侧胸塌陷、一侧隆起，背部形成“剃刀”背和双肩倾斜的畸形体态

“脊柱侧弯”scoliosis一词最早见于希腊语，作为对脊柱的扭曲、侧方凸起及旋转等异常形态的描述。脊柱侧弯可出现于任何年龄，最多见的还是处于生长发育中的青少年。

脊柱侧弯不仅使人体的优美形态遭受破坏，造成一侧胸塌陷、一侧隆起，在背部形成“剃刀”背和双肩倾斜的畸形体态，还可导致骨盆倾斜，造成两侧臀部不对称、下肢不等长而跛行等功能损害。严重的脊柱侧弯还可影响心肺功能，活动量稍大即出现心慌气短，影响劳动和生活的能力，一部分病例因脊柱畸形压迫脊髓可致下肢瘫痪。

母亲怀孕第4—7周时，如感冒、受到精神刺激或创伤等，可导致脊柱发育畸形

叶启彬教授说，造成脊柱侧弯的原因很多，有先天性的，如怀孕期第4—7周时胎儿的脊柱正在发育形成，若此时孕妇的体内外环境发生紊乱，如母亲感冒、精神刺激或创伤等，即可导致脊柱发育畸形，所以应注意孕期保健。有些脊柱侧弯的原因不太清楚，可能与遗传因素、营养因素等有关，称为特发性脊柱侧弯，约80%的病人属于此型。此外，还有神经纤维瘤病性脊柱侧弯、脊髓空洞症、小儿麻痹与马凡氏综合征等所致的脊柱侧弯；脊柱结核和外伤也可引起脊柱侧弯；儿童期姿势不当和背书包方法不正确也会促进侧弯发展。

北京8—14岁小学生中脊柱侧弯的患病率为1.06%，与英国、美国等患病率相似

北京协和医院曾对北京市55所小学的21759名小学生进行了脊柱侧弯患病率的调查，发现北京8—14岁小学生中脊柱侧弯的患病率为1.06%，以特发性脊柱侧弯为主，先天性脊柱侧弯约占患病者的5.19%，脊柱侧弯以胸段侧弯最为多见。女性患病率较男性稍高，且女性患病者相对严重，在快速生长发育期，患病率有逐年增高趋势。调查表明，北京脊柱侧弯患病率与美国、加拿大、英国等地的普查结果相似，与日本差距不大。

欧美手术方法好比用“水泥”将长歪的“树苗”重新扶直，但术后病人不能再长高，一旦失败，需要打碎骨头，重新“修整”

北京协和医院应用欧美国家的方法治疗脊柱侧弯已有20年历史了，通过手术，使3000多例病人弯曲的脊柱得到矫正。但是传统的手术方法有两个问题始终不能解决，一是手术后病人脊柱运动受到限制，二是病人上半身不能再长高。这是因为按照西方的手术方法，小病人移植父母或自体的骨头，这些移植的骨头好比埋在地下的“水泥”，虽然可以将原来长歪的小“树苗”重新扶直、固定了，但也将“树苗”绑死、“长死”了，结果有的孩子术后几年进入青春期，被封死的“骨水泥”和植入身体的各种“挂勾”、“支撑棒”等紧紧地拉着，无法再长高，造成一些孩子上身短、下身长；有的孩子身体无法往高长就只好横着长，结果引起脊柱侧弯复发、骨骼扭曲甚至旋转，出现医学上称为“曲轴”的现象；还有的孩子勃发的青春力竟然将原来手术时植入身体的支撑棒、挂钩统统拱了出去……

也就是说，西方传统的手术方法只能解决一时的脊柱侧弯问题，随着时间的推移，过去的手术会成为病人生长的桎梏和造成新的脊柱侧弯的诱因。痛苦的病人有时需要第二次打碎骨头，重新“翻修”自己，而每次3万元到7万元的高昂手术费用也难住了许多家庭。

叶启彬教授创建的脊柱侧弯矫正装置既矫正了骨头，又不影响孩子生长发育，不用再做第二次手术

叶启彬教授在骨科同仁们的支持下，经过多年的努力、探索，另辟蹊径，在国内外首先创建了脊柱侧弯板棍矫正装置PRSS。这套“中华牌”脊柱侧弯矫正装置不用移植骨头，不用埋“骨水泥”固定骨骼，也不会给病人造成矫正过度和脊髓拉伤，最重要的是既矫正了弯曲的骨头，又给“小树苗”留下了生长的空间，不影响孩子们身高的生长发育，还使他们不用再忍受第二次手术的痛苦。

这套中华多用脊柱内固定装置已经过大量医学、材料学、生物力学、分子生物学实验研究和动物试验，临床治疗180例病人，矫正率高于当前极端的其他治疗方法，可以治疗成人和儿童的脊柱侧弯、强直性脊柱炎、脊柱骨折等。手术操作容易，输血量比西方传统手术少约1/2，手术时间明显缩短，手术材料费用只是国外的1/3。目前已获得国家发明专利，通过了部级专家鉴定，领先国际水平，已在全国十多个省市30多家医院推广使用。叶启彬教授还多次应邀在美国、印度、泰国、台湾等进行专题手术报告，并发表论文20多篇。这项有自主知识产权、具有中国特色、有较高社会和经济效益的研究，已受到国内外专家、学者的充分肯定。

让孩子慢慢向前弯腰，如孩子背部两侧高低不一致，可能存在脊柱侧弯的危险

脊柱侧弯治疗的关键是早期发现早期治疗，以免畸形发展严重，造成病儿身心残疾。脊柱侧弯的非手术治疗，目前世界上公认有效的有两种：支具治疗和电刺激治疗，两者可以互相补充，配合应用，而体操方法、牵引治疗等只有助于改善畸形的僵硬程度，对畸形矫正基本上是无效的。

叶启彬教授说，预防脊柱侧弯，要从母亲怀孕时做起，孕期第4—7周期间，正是胎儿脊柱发育的时期，这时母亲如果感冒、营养不良、母体内外环境改变刺激等，可能会引起胎儿先天性脊柱侧弯，孕妇此时要多加小心。

家长、学校要注意对孩子进行身体检查，如发现孩子两肩不平、肩胛骨一高一低、一侧胸廓塌陷、一侧背部隆起、一侧体侧与垂肘间的距离不等时，要及时去医院。前弯试验能发现早期轻型脊柱侧弯。检查时，可以让孩子脱去上衣，站在检查者（医生、护士或家长）面前，足跟立正，两手并拢，置于两膝间，慢慢向前弯腰，检查者依次注视孩子的胸背部、胸腰段及腰部，如发现孩子背部两侧高低不一致，则可能存在脊柱侧弯的危险，应到医院做进一步检查，或照X线片。家族中有脊柱侧弯病人的，更应定期让孩子作上述检查，以早期发现病人。

上图：如果孩子肩胛骨一高一低，要小心患了脊柱侧弯。

下图：孩子弯腰时，如果一肩高一肩低，要到医院骨科检查。

钟卫宁 章京

《北京日报》报道叶教授研制成功矫治生长中儿童脊柱侧弯的PRSS装置

曲，侧方凸起及旋转等异常形态的描述。脊柱侧弯可出现于任何年龄，最多见的还是处于生长发育中的青少年。

脊柱侧弯不仅使人体的优美形态遭受破坏，造成一侧胸塌陷、一侧隆起，在背部形成“剃刀”背和双肩倾斜的畸形体态，还可导致骨盆倾斜，造成两侧臀部不对称、下肢不等长而跛行等功能损害。严重的脊柱侧弯还可影响心肺功能，活动量稍大即出现心慌气短，影响劳动和生活的能力，一部分病例因脊柱畸形压迫脊髓可致下肢瘫痪。

母亲怀孕第4～7周时，如感冒、受到精神刺激或创伤等，可导致脊柱发育畸形

叶启彬教授说，造成脊柱侧弯的原因很多，有先天性的。如怀孕期第4～7周时胎儿的脊柱正在发育形成，若此时孕妇的体内外环境发生紊乱，如母亲感冒、精神刺激或创伤等，即可导致脊柱发育畸形，所以应注意孕期保健。有些脊柱侧弯的原因不太清楚，可能与遗传因素、营养因素等有关，称为特发性脊柱侧弯，约80%的病人属于此型。此外，还有神经纤维瘤病性脊柱侧弯、脊髓空洞症、小儿麻痹与马凡综合征等所致的脊柱侧弯；脊柱结核和外伤也可引起脊柱侧弯；儿童期姿势不当和背书包方法不正确也会促进侧弯发展。

北京8～14岁小学生中脊柱侧弯的患病率为1.06‰，与英国、美国等患病率相似

北京协和医院曾对北京市55所小学的21 759名小学生进行了脊柱侧弯患病率的调查，发现北京8～14岁小学生中脊柱侧弯的患病率为1.06‰，以特发性脊柱侧弯为主，先天性脊柱侧弯约占患病者的5.19%。脊柱侧弯以胸段侧弯最为多见，女性患病率较男性稍高，且女性患病者相对严重，在快速生长发育期，患病率有逐年增高趋势。调查表明，北京脊柱侧弯患病率与美国、加拿大、英国等地的普查结果相似，与日本差距不大。

欧美手术方法好比用“水泥”将长歪的“树苗”重新扶直，但术后病人不能再长高，一旦失败，需要打碎骨头，重新“修整”

北京协和医院应用欧美国家的方法治疗脊柱侧弯已有20年历史了，通过手术，使3000多例病人弯曲的脊柱得到矫正。但是传统的手术方法有两个问题始终不能解决，一是手术后病人脊柱运动受到限制，二是病人上半身不能再长高。这是因为按照西方的手术方法，小病人移植父母或自体的骨头，这些移植的骨头好比埋在地下的“水泥”，虽然可以将原来长歪的小“树苗”重新扶直、固定了，但也将“树苗”绑死、“长死”了，结果有的孩子术后几年进入青春期，被封死的“骨水泥”和植入身体的各种“挂勾”、“支撑棒”等紧紧地拉着，无法再长高，造成一些孩子上身短，下身长；有的孩子身体无法往高长就只好横着长，结果引起脊柱侧弯复发，骨骼扭曲甚至旋转，出现医学上称为“曲轴”的现象；还有的孩子勃发的青春力量竟然将原来手术时植入身体的支撑棒、挂勾统统拱了出去……

也就是说，西方传统的手术方法只能解决一时的脊柱侧弯问题，随着时间的推移，过去的手术会成为病人生长的桎梏和造成新的脊柱侧弯的诱因。痛苦的病人有时需要第二次打碎骨头，重新“翻修”自己，而每次 3 万元到 7 万元的高昂手术费用也难住了许多家庭。

叶启彬教授创建的脊柱矫正装置既矫正了骨头，又不影响孩子生长发育，不用再做第二次手术

叶启彬教授在骨科同仁们的支持下，经过多年的努力、探索，另辟蹊径，在国内外首先创建了脊柱侧弯板棍矫正装置 PRSS。这套“中华牌”脊柱侧弯矫正装置不用移植骨头，不用埋“骨水泥”固定骨骼，也不会给病人造成矫正过度和脊髓拉伤，最重要的是既矫正了弯曲的骨头，又给“小树苗”留下了生长的空间，不影响孩子们身高的生长发育，还使他们不用再忍受第二次手术的痛苦。

这套中华多用脊柱内固定装置已经过大量医学、材料学、生物力学、分子生物学实验研究和动物试验，临床治疗 180 例病人，矫正率高于当前报道的其他治疗方法，可以治疗成人和儿童的脊柱侧弯、强直性脊柱炎、脊柱骨折等。手术操作容易，输血量比西方传统手术少约 1/2，手术时间明显缩短，手术材料费用只是国外的 1/3。目前已获得国家发明专利，通过了部级专家鉴定，领先国际水平，已在全国十多个省市 30 多家医院推广使用，叶启彬教授还多次应邀在美国、印度、泰国、中国台湾等地进行专题手术报告，并发表论文 20 多篇。这项有自主知识产权、具有中国特色、有较高社会和经济效益的研究，已受到国内外专家、学者的充分肯定。

让孩子慢慢向前弯腰，如孩子背部两侧高低不一致，可能存在脊柱侧弯的危险

脊柱侧弯治疗的关键是早期发现早期治疗，以免畸形发展严重，造成病儿身心残疾。脊柱侧弯的非手术治疗，目前世界上公认有效的有两种：支具治疗和电刺激治疗，两者可以互相补充，配合应用，而体操方法、牵引治疗等只有助于改善畸形的僵硬程度，对畸形矫正基本上是无效的。

叶启彬教授说，预防脊柱侧弯，要从母亲怀孕时做起，孕期第4~7周期间，正是胎儿脊柱发育的时期，这时母亲如果感冒、营养不良、母体内外环境改变刺激等，可能会引起胎儿先天性脊柱侧弯，孕妇此时要多加小心。

家长、学校要注意对孩子进行身体检查，如发现孩子两肩不平、肩胛骨一高一低、一侧胸廓塌陷、一侧背部隆起、一侧体侧壁至肘部的距离不等时，要及时去医院。前弯试验能发现早期轻型脊柱侧弯。检查时，可以让孩子脱去上衣，站在检查者（医生、护士或家长）面前，足跟立正，两手并拢，置于两膝间，慢慢向前弯腰，检查者依次注视孩子的胸背部，胸腰段及腰部，如发现孩子背部两侧高低不一致，则可能存在脊柱侧弯的危险，应到医院做进一步检查，或照X线片。家族中有脊柱侧弯病人的，更应定期让孩子作上述检查，以早期发现病人。

钟卫宁　章　京

出生时背上多出一只手臂　四处求医11年难治创伤

“翅膀”女孩来京手术

一周前，武警总医院骨科医护人员组成的医疗救助小组，长途跋涉，几经周折，来到山西省长治县的一个边远山村，他们此行的目的只有一个，就是要用一场爱心接力救助，去帮助一个背上长有“翅膀”、急需医疗救助的小女孩欣欣（化名）。来京一周后，欣欣已经做好各项检查，正在等待专家本周进行会诊。

“翅膀”就像一只手

昨天，当记者见到小欣欣的第一眼，就觉得很心疼。虽然她已经11岁了，可是个子只有1.12米，就像个四五岁的孩子。肩膀由

责任编辑 / 孙海东　版面设计 / 安旭红　BEIJING EVENING NEWS

14　北京新闻/**科教**

出生时背上多出一只手臂　四处求医11年难治创伤

“翅膀”女孩来京手术

一周前，武警总医院骨科医护人员组成的医疗救助小组，长途跋涉，几经周折，来到山西省长治县的一个边远山村，他们此行的目的只有一个，就是要用一场爱心接力救助，去帮助一个背上长有“翅膀”、急需医疗救助的小女孩欣欣（化名）。来京一周后，欣欣已经做好各项检查，正在等待专家本周进行会诊。

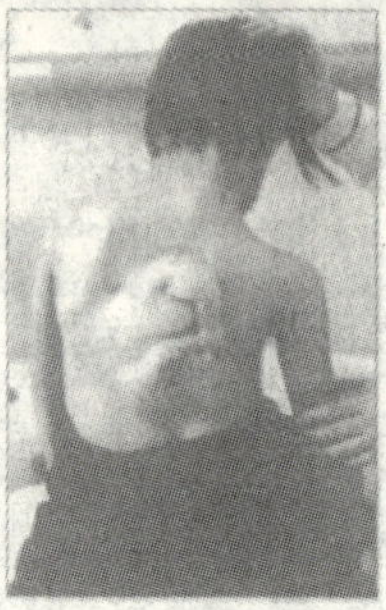

“翅膀”就像一只手

昨天，当记者见到小欣欣的第一眼，就觉得很心疼。虽然她已经11岁了，可是个子只有1.12米，就像个四五岁的孩子。肩膀由于脊柱侧弯一边高一边低，肋骨突出，天生左脚马蹄外翻，比右腿短了4厘米，腿上的肌肉萎缩得很厉害，脚指头蜷在一起。背上多出一只寄生胎手臂，这条没有发育成形的手臂长有肩胛骨、大前臂、前臂、两个手指头，还长有指甲，手臂的下面有一个大鼓包，一直到腰间处，上面长有一对乳房，还有一处像是肛门，一直有黏性黄色的分泌物流出。

欣欣从出生时就与别的孩子不一样，她的背上多长出一个“翅膀”。这个“翅膀”确切地说是一只寄生胎手臂。不仅如此，她还患有严重的脊柱侧弯和脊髓纵裂，弯度达到了120度。这个“翅膀”给小欣欣带来了巨大的身心创伤。尽管父母四处求医，也辗转多家医院求治，或是因为医疗条件所限，或是因为无法支付高额的医治费用，小欣欣的病一直没得到有效治疗，而“翅膀”还在不停生长。

差点被遗弃的孩子

据小欣欣的母亲张女士讲，欣欣的出生很曲折，临盆的那一天，张女士难产，好不容易才生下了欣欣，可是她没有听见孩子的哭声。接生婆偷偷将爸爸喊到了另一个房间劝他扔掉这个孩子，因为孩子背上多长了一只手。

欣欣的爸爸当时愣住了，亲属都劝他，很难养的，扔了吧！可是他舍不得。虽然家境贫寒，但爸爸妈妈用无私的爱呵护着欣欣，看着她一点一点长大。如今欣欣已经上了小学五年级，虽然家境贫寒，身体也不好，但她年年都是三好生。

欣欣的父母都是普通的农民，以务农为生，一年收成好了也就赚个两三千块钱，为了给女儿看病，这些年把家里的积蓄基本上都花光了，一家人生活非常清贫。

随着欣欣一天天长大，背上那只手也随着身体的发育越长越大，更加明显。为了能把女儿的病治好，父母到处打听，多方求治，可是高昂的手术费用让一家人望而却步。病一直拖着，病情也一天一天严重。直到今年10月，妈妈又带着孩子来到了太原，经一位骨科专家的介绍，他们一家人抱着试试看的想法，给武警总医院发出了求助信。

“翅膀”原是寄生胎

欣欣来到医院后，武警总医院组成了由叶启彬教授为组长的专家会诊组，用三天时间，使用医院最好的仪器设备为小欣欣做了20多项身体检查。按照计划，本周四上午，医院将组织全院专家进行会诊，并将根据病因、病情采取相应的治疗措施。

叶启彬教授是我国著名的脊柱侧弯诊治专家，先后成功为2000余名轻重度脊柱侧弯患者进行过治疗。但叶教授说，小欣欣的病还是真罕见。根据检查结果，初步判断，“翅膀”是只寄生胎，母亲怀孕时应该是一对双胞胎，但其中一个胎儿因某种原因没能发育成活，却有一部分肢体寄生在另一个成活胎儿的体外或者体内寄生。

小欣欣的病情更复杂，她不仅仅是简单的寄生胎，与其他单纯寄生胎不同的，欣欣身上的寄生胎脊柱与她的三节脊柱椎体相连并融合在一起，占据了椎管的2/3，造成了严重的椎管狭窄，并直接导致左下肢畸形、肌肉萎缩和功能障碍。寄生胎有一根比较大的血管与欣欣的脏器和脊髓血管相连。欣欣合并患有严重的先天性的脊柱侧弯及脊髓纵裂，达到120度，矫形很困难。寄生胎上有一个窦道，不断的分泌黏性液体，有臭味，经常发炎，像是寄生胎的畸形肠管。

叶启彬教授为欣欣提出了分期手术的设想，切除寄生胎经常发炎的部位，切除寄生胎肢体，进行脊柱侧弯的矫形术。整个手术费用估计需要10万元。武警总医院为欣欣开通了绿色通道，并计划为欣欣减免部分费用。

知道自己马上就能做手术了，欣欣非常高兴，“我的病要是能够治好，我就可以上学了，将来我还要考大学。病好了我要去天安门看升旗！”

本报记者贾晓宏

通讯员程莹　肖斌摄　J146

《北京晚报》报道叶启彬教授和武警总医院骨科救治严重畸形女孩

于脊柱侧弯一边高一边低，肋骨突出，天生左脚马蹄外翻，比右腿短了4厘米，腿上的肌肉萎缩得很厉害，脚指头蜷在一起。背上多出一只寄生胎手臂，这条没有发育成形的手臂长有肩胛骨、大前臂、前臂、两个手指头，还长有指甲，手臂的下面有一个大鼓包，一直到腰间处，上面长有一对乳房，还有一处像是肛门，一直有黏性黄色的分泌物流出。

欣欣从出生时就与别的孩子不一样，她的背上多长出一个“翅膀”。这个“翅膀”确切地说是一只寄生胎手臂。不仅如此，她还患有严重的脊柱侧弯和脊髓纵裂，弯度达到了120度。这个“翅膀”给小欣欣带来了巨大的身心创伤。尽管父母四处求医，也辗转多家医院求治，或是因为医疗条件所限，或是因为无法支付高额的医治费用，小欣欣的病一直没得到有效治疗，而“翅膀”还在不停生长。

差点被遗弃的孩子

据小欣欣的母亲张女士讲，欣欣的出生很曲折，临盆的那一天，张女士难产，好不容易才生下了欣欣，可是她没有听见孩子的哭声。接生婆偷偷将爸爸喊到了另一个房间劝他扔掉这个孩子，因为孩子背上多长了一只手。

欣欣的爸爸当时愣住了，亲属都劝他，很难养的，扔了吧！可是他舍不得。虽然家境贫寒，但爸爸妈妈用无私的爱呵护着欣欣，看着她一点一点长大。如今欣欣已经上了小学五年级，虽然家境贫寒，身体也不好，但她年年都是三好生。

欣欣的父母都是普通的农民，以务农为生，一年收成好了也就赚个两三千块钱，为了给女儿看病，这些年把家里的积蓄基本上都花光了，一家人生活非常清贫。

随着欣欣一天天长大，背上那只手也随着身体的发育越长越大，更加明显。为了能把女儿的病治好，父母到处打听，多方求治，可是高昂的手术费用让一家人望而却步。病一直拖着，病情也一天一天严重。直到今年10月，妈妈又带着孩子来到了太原，经一位骨科专家的介绍，他们一家人抱着试试看的想法，给武警总医院发出了求助信。

“翅膀”原是寄生胎

欣欣来到医院后，武警总医院组成了由叶启彬教授为组长的专家会诊组，用三天时间，使用医院最好的仪器设备为小欣欣做了20多项身体检查。按照计划，本周四上午，医院将组织全院专家进行会诊，并将根据病因、病情采取相应的治疗措施。

叶启彬教授是我国著名的脊柱侧弯诊治专家，先后成功为2000余名轻重度脊柱侧弯患者进行过治疗。但叶教授说，小欣欣的病还是真罕见。根据检查结果，初步判断，“翅膀”是只寄生胎，母亲怀孕时应该是一对双胞胎，但其中一个胎儿因某种原因没能发育成活，却有一部分肢体寄生在另一个成活胎儿的体外或者体内寄生。

小欣欣的病情更复杂，她不仅仅是简单的寄生胎，与其他单纯寄生胎不同的，欣欣身上的寄生胎脊柱与她的三节脊柱椎体相连并融合在一起，占据了椎管的2/3，造成了严重的椎管狭窄，并直接导致左下肢畸形、肌肉萎缩和功能障碍。寄生胎有一根比较大的血管与欣欣的脏器和脊髓血管相连。欣欣合并患有严重的先天性的脊柱侧弯及脊髓纵裂，达到120度，矫形很困难。寄生胎上有一个窦道，不断的分泌黏性液体，有臭味，经常发炎，像是寄生胎的畸形肠管。

叶启彬教授为欣欣提出了分期手术的设想，切除寄生胎经常发炎的部位，切除寄生胎肢体，进行脊柱侧弯的矫形术。整个手术费用估计需要10万元。武警总医院为欣欣开通了绿色通道，并计划为欣欣减免部分费用。

知道自己马上就能做手术了，欣欣非常高兴，“我的病要是能够治好，我就可以上学了，将来我还要考大学。病好了我要去天安门看升旗！”

本报记者贾晓宏

通讯员程莹　肖斌摄

后　记

本书总算告一段落，准备交给出版社付印了，临末想说说几句感谢的话和表示一些歉意。

东山中学原高三甲同学合影，后排左1为钟小先同学

本书如果没有老前辈冯传汉教授的多次建议和督促，是出不来的，他老人家在视力不好的情况下，还精心地为本书的初稿，提了许多宝贵意见和很多的修改，并亲自为本书做了序，给了很多鼓励的话，让人感动，催我奋进。让我们在感激之余，也遵循老一辈对我们殷切的希望，继续发奋图强，更好为病人服务。

本书的出版还有赖于我的几位老同学们的“捧场”和催促，他（她）们的“想看”，加强了我写下去的欲望，并不敢停笔，我高中时代的同学钟小先更是自觉地充当了我的“责任编辑”，他十分精心地对我每次发去的初稿，进行文字的修改，标点符号的校正，一些数字的核实，其负责的精神让我感动。在此，我要对鼓励我的老同学们表示深切的谢意。

本书是由我口述录制，再由曹燕秘书打印出来的，如果没有她的打印，要我又要写书，又要抄稿子的话，我的惰性可能就会让我要懒停笔。由口述的文字，变成一篇篇文章，要几经修改，她反复地打印毫无怨言，有时久坐在那里打字，诱发了她的腰肌劳损，在本书出版之际，致以谢意！

我多年养成一个又好又不好的习惯，在读书、读报的时候，看到好的文章句子，就会禁不住的击节赞赏，并抄下来。然而，我的疏懒性格，又使我常常只抄文章、句子，不抄出处。所以本书中引用了不少自认为有感悟别人的好句子，可真的忘却了这些句子来自何作者，何文章。好在，好句子写出来，总是为给别人有所启迪，并不是为了名利，就好像仓颉造字一样，造出来是为了让后人用的，他肯定不会在地下抱怨我们后代子孙，剽窃了他发明的字吧，但我还是要在此感谢那些作者，我做了你们的传声筒，感到荣幸。

叶启彬

2011年秋于北京

照片选登

向老前辈和精英们学习，记住他们的教导和帮助

和王桂生教授在美国丹佛 SRS 会上合影

朱预院长、姚岱教授和他们的三个弟子：李士英、叶启彬和邱贵兴教授

我的外科启蒙老师吴蔚然教授

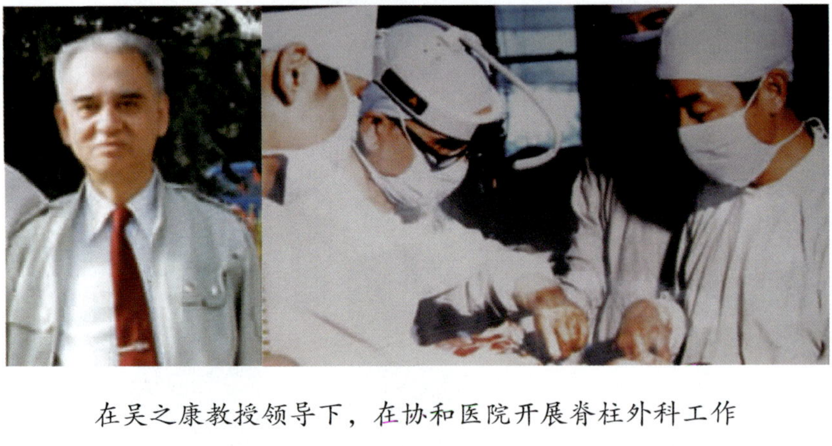

在吴之康教授领导下，在协和医院开展脊柱外科工作

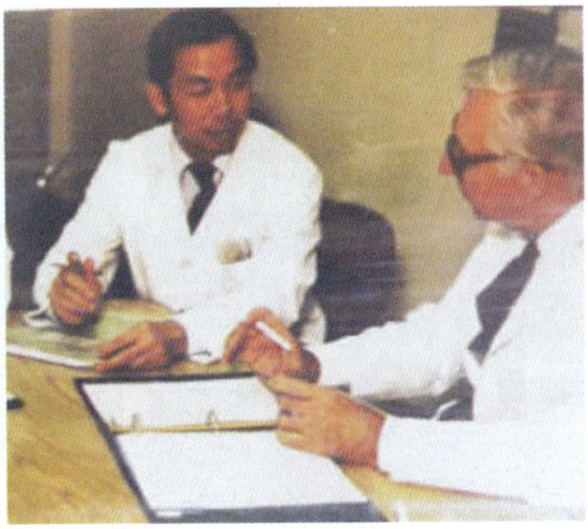

GWD. Armstrong 教授是 SRS 创始人之一，他的精心培养使我能在协和医院较全面开展脊柱外科工作

冯传汉老教授　　　　卢世璧院士

王树寰院士

钟世镇院士

戴克戎院士

郭世绂教授（中）和程中伟院士（右1）

唐天驷教授（中），梁锦主任（左1）

陈之白教授

胥少汀教授（中）、潘少川教授（右1）

黄洁夫副部长

罗先正教授

马景坤教授

国内外学术交流

——相互学习，朋友遍天下

巴塞罗那欧洲脊柱外科会议，右3陈仲强教授

澳大利亚SICOT会议

泰国WPOA脊柱外科会议

在 WPOA 首次报告 PRSS 论文后引起大家浓厚的兴趣和热烈的讨论

2007 年韩国 APOA 会上报告，PRSS 治疗青少年儿童侧弯临床结果荣获 APOA 大会奖

应 Akbarnra 教授邀请在圣地亚哥做 PRSS 治疗生长中儿童脊柱侧弯的报告，PRSS 被誉为“中国生长棒”(Chinese Growing Rod)

PRSS 论文在首尔 APOA 会议上报告后引起许多学者的兴趣

巴西圣保罗大学 Iwan 教授来武警总医院交流

Ogelvie 教授到 PRSS 展台前咨询

越南武文坦教授

韩国 Moon 教授、马来西亚 Siva 教授、泰国 Chareon 教授来武警总医院切磋

台大陈博光教授多次来武警总医院切磋交流

先后在国内外进行了十多场有关 PRSS 治疗生长中脊柱侧弯儿童的学术演讲

参加脊柱侧弯学术研究活动获多项奖励

2005年中华医学二等奖

奖盘

参加北京康复国际会议

国家领导人何鲁丽、邓朴方、黄洁夫接见会议代表

在 BTV 讲述应用 PRSS 治疗脊柱侧弯

在健康之友频道谈髌骨软化症治疗

在中央电视台等各家新闻频道和媒体讲述脊柱侧弯和脊柱疾患的诊治常识（左一，匡正达主任）

KIRN　Donnerstag, 26. Mai 2011　9

Austausch nutzt beiden Seiten

MEDIZIN Orthopäde und Wirbelsäulenchirurg Professor Qibin Ye besucht Kirner Diakonie-Krankenhaus

德国媒体报道两国学术交流

在日本岗山大学医学院做一小时学术讲座后，接受感谢状

两岸学术交流

接受奖状

在越南胡志明市参加国际会议

日本 Kenada 教授

和美国 Kustuik 教授在西雅图

残联邓朴方主席翻看《脊柱侧弯外科学》

参加韩国世界脊柱侧弯会议

参加西雅图北美脊柱外科会议

国内外专家交流座谈

在马来西亚与国外专家交流座谈

参加北京残疾人康复会议

在红会医院参加深圳脊柱外科会议

在温哥华与 KKT 发明人交流

印度 Mayel 教授

Armstrong 教授在协和讲座

在青海学术讲座

和美国 Emans 教授在上海

在广东骨科年会讲座

和印度尼西亚朋友在夏威夷

日本 Natyuyama 教授

在 SICOT 会议上 Suk 教授（右 1），海涌教授（右 2）

左 2 起：张文智、Giane 新加坡王其杰教授 Abumi 教授（右 2）在 ApoA 会上

右1印度 Jayasvel 教授，右2韩国 Moon 教授

韩国郑在润和王以朋教授

左起：吴其常、陈博光、门洪学、宁志杰主任

美国 Gianes 教授

访问哥伦比亚大学

在纽约特殊外科（hospital for special surgery）医院访问

美 Winter 教授（右 2）和 Blackbord 教授（左 2），右 1 为李子荣教授

右 2 为法国 CD 创始人之一 Dubersset 教授

澳大利亚 R. Butz 教授

右起陈博光教授、泰国 Charoen 教授

马来西亚 Siva 教授

左起：李佛保教授、韩国 Suk 教授

印度前骨科协会主席

日本 Kokubun 教授

宁志杰教授

香港大学陆飚骥教授

东京立石昭夫教授

右起余南生教授、袁汉森（美）教授

右起肖增明教授、王国照教授

郭耿南教授和夫人

右起：田慧中教授、卢世壁院士、沈永训院长

日本朋友 Yamamoto、Takemitsu、Kenada 教授等

右 2 印度 Raza 教授，2011 年 APOA 主席

刘广杰教授（右）门洪学主任（中）

右2李起鸿教授、右3胥少汀教授

王尚坤教授（右1）、崔宽龙教授（左1）

田伟教授

王岩教授

香港梁智仁教授（左 1）

在家乡梅县黄塘医院交流

在梅县中医院交流

汕头王忠禄主任（左 1）

德国朋友在武警总医院

在协和外科大家庭中成长

姚岱大夫和医院科室领导

2010 上海康复会议

左起王以朋教授、台湾宋教授

右起杨惠林教授、娄思权教授和唐天驷教授（中）

台湾陈英和教授

黄公怡教授

王家让教授（中）

在新疆医学院医院

新疆兵团总医院，右2为阿力主任

和武警总医院王奇主任在甘肃电视台讲座

在夏威夷国际会议上报告

长春徐新香教授

梁秉中（右）和日本Yamamoto教授（中）

尹庆水教授

▲左起刘少瑜、梁锦和刘尚礼诸位教授

陈建庭教授

华西尧书诚教授

福州卢森桂教授

重庆谭富生教授（左1）、吴祖尧教授（中）、李怀先教授（右1）

厦门尤元璋主任（右1）

日本岗山 Inoue 教授

和冯巩切磋相声

右起侯树勋教授、王菊芳教授

左起许立教授、田成瑞教授于天津

内蒙杨善卿（前排右2）、院长和李力（后排中）教授

徐州郭开金主任

扬州王静诚院长（左1）和张主任（右1）

广州李健主任（左2）

贵州陈艺兴主任和陈大夫贾大夫

西宁钟生才主任

宁夏宋福麟教授

云南劳汉昌教授

左起：胡有谷、毛滨尧、唐天驷、党耕町教授

左 3 吴汝舟教授、左 4 王亦聪教授

陈力主任

吕维嘉博士

梅州田家炳医院刘展亮主任

福州林谦主任（左 1）

长春 208 医院门洪学主任

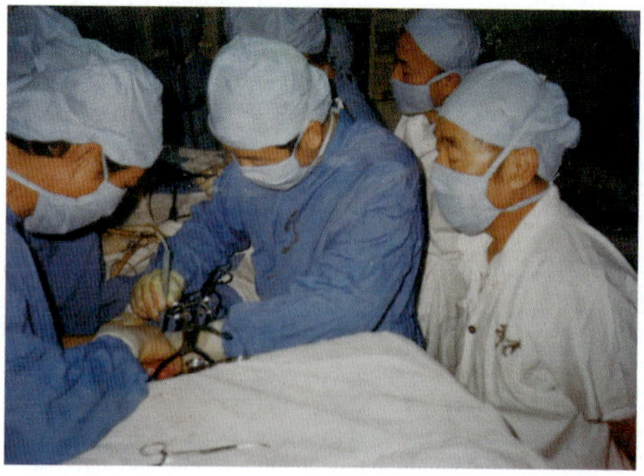

在银川手术，右 1 为牛精主任

Armstrong 的三个弟子：左起 Shinot（日本）、叶启彬（中国）和 Suzuki（日本），女性为夫人

右起崔庆麟教授、贾连顺教授

德国 Thomas 教授

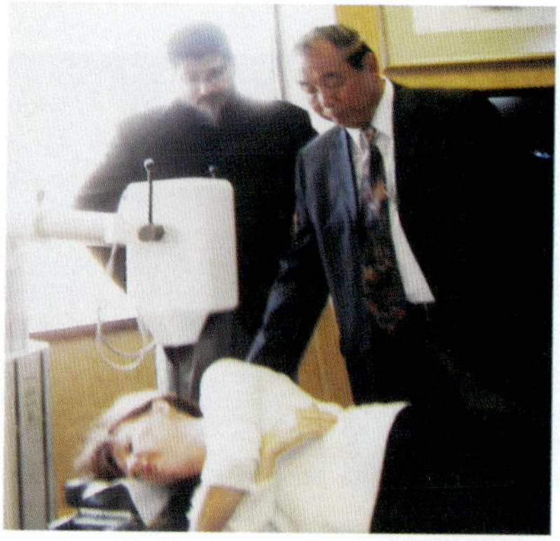

KKT 治疗颈性头晕

在全国骨科会议上演讲

APOA 代表参观武警总医院后游颐和园

左起：常敏、余南生、罗先正、劳汉昌、叶启彬、胡祯明等教授，云南腾冲

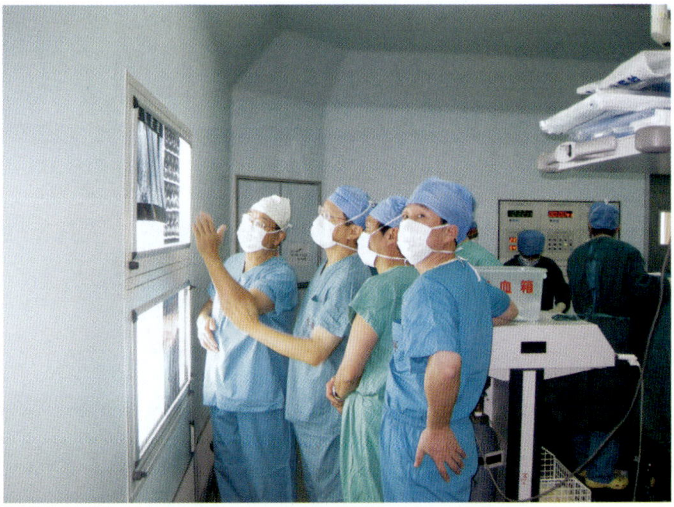

美国袁汉森教授在武警总医院手术交流

左起周建生教授，美国 Betz 教授

赵定麟教授

泰国魏清教授

协和医院骨科代表在台湾日月潭。

和翁习生主任

在多伦多安大略湖边和水生

在爱琴海畔，左 1 为张永刚教授